47都道府県の青年たち

わが県の明日を担う
　青年のすがた

舞田敏彦

47都道府県の青年たち
わが県の明日を担う青年のすかた

[目次]

[第1章]本書のねらいと方法 ►3
　[1]問題関心 ►5
　[2]本書のねらい ►6
　[3]そのための方法 ►8
　[4]青年の状況を測る指標 ►9

[第2章]青年の状況の都道府県別診断 ►29
　[1]スコア値の算出 ►31
　[2]都道府県別診断 ►34
　[3]まとめ ►130

[第3章]青年をとりまく環境の都道府県別診断 ►135
　[1]青年をとりまく環境について ►137
　[2]環境を測る指標 ►140
　[3]都道府県別診断 ►149
　[4]まとめ ►198
　[5]資料 ►203

[付論]青年の状況の時代診断—自殺率に依拠して— ►209
　[1]長期的な視点による時代診断 ►211
　[2]自殺率の規定要因—時系列分析をもとに— ►216
　[3]青年の自殺率の将来予測 ►224

あとがき ►227

[第1章]

本書のねらいと方法

1 問題関心

　私は、1976（昭和51）年生まれで、現在33歳です。いわゆるロスト・ジェネレーション、「ついてない世代」です。このようにいわれるのはあまり愉快ではありませんが、確かに思い当たるふしはあります。団塊ジュニアの少し後の世代で、同年代の人口が多く、大学受験などで苦労した覚えがあります。また、大学を出た時（私の場合は1999年）はちょうど就職氷河期の只中にあり、多くの者が正規雇用の職に就けず、非正規雇用へと流れていきました。新卒採用の慣行が根強いわが国では、後から挽回を図るのはなかなか難しく、今でも、不安定就労や無職の状態におかれている層が、われわれの世代には比較的多いといわれています。

　このことの反映でしょうか。最近、彼らによる逸脱行動の増加も懸念されています。2009年5月14日の毎日新聞夕刊は、「自殺者：30代過去最多、氷河期世代、道失い」という、いささかショッキングな記事を掲載しています。それによると、2008年中の30代の自殺者数が過去最多を記録したそうです。「政治に力なく、希望持てぬ」、「非正規就業で高齢扱いに」、「給料減り暮らせない現実」…痛々しいフレーズが並んでいます。

　なお、30代の自殺者数は、最近数年間の増加率という点でも、他の年齢層を圧倒しています。下図は、警察庁『平成20年中における自殺の概要資料』をもとに、1997年から2008年までの自殺者数の推移を指数（97年＝100）でみ

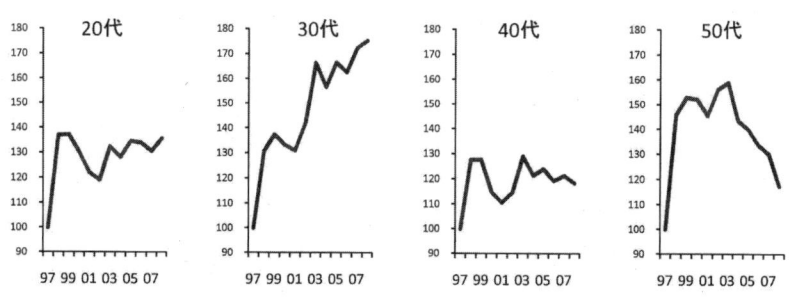

たものです。

　図をみると、どの層でも、97年から98年にかけて自殺者数が激増しています。この時期にかけて、わが国の経済状況は大きく悪化しました。いわゆる「98年問題」です*1。このような状況のなか、とくに50代の自殺者数がグンと増えました。無慈悲なリストラに起因する自殺も多かったことでしょう。しかるに、その後の状況をみると、自殺者数の増加が著しいのは、もっぱら30代であることが分かります。2008年の指数値は175、97年のおよそ1.8倍です。

　以上は30代の状況ですが、総じて、現在の若者は厳しい状況におかれているといってよいでしょう。こうした事態の打開を図りたい。本書執筆の基底にある問題関心（意識）は、このようなものです。

2　本書のねらい

　つい大風呂敷を広げてしまいましたが、私のような一凡人にできることは限られています。私ができること（なすべきこと）は、若者に関するオリジナルなデータを提示して、政策立案に役立ててもらうことであると考えます。とはいえ、若者に関するデータというものは、巷にあふれかえっています。就労状況や逸脱現象など、若者のすがたについては、公的機関が白書などの形で膨大なデータを提示していますし、多くの研究者が、独自の社会調査によって、彼らの社会意識を緻密に明らかにしています*2。こうした先人の功績に一石を投じるのは容易ではありませんが、私は、本書にて、若者の状況を地域別に細かく明らかにしてみたいと思います。

　みなさんもご存知のように、日本は、統一政権のもとにある国家ではありますが、地域色が非常に豊かな国です。所違えば天気が異なるのと同様、所違えば若者のすがたも大きく異なるものと思われます。しかるに、そうした地域差の視点を鮮明に打ち出した論考ないしはデータというものは、あまりないのではないでしょうか。このことに、私は若干の不満を抱いております。

　なお、このような状況は、政策立案にとっても不都合なものでしょう。若者に関する施策の大綱を打ち出すのは国ですが、それを具体化する役割を担うのは、それぞれの地域です。たとえば、地域計画や教育計画を多くの県が独自に

*1―――大手の証券会社、山一證券が倒産したのは1997年であったことは記憶に新しいところです。
*2―――たとえば、浅野智彦編『検証・若者の変貌』勁草書房、2006年。

出していることは、よく知られています。地方分権化の趨勢のなか、こうした傾向は、今後ますます強まっていくでしょう。にもかかわらず、各地域が参照できるデータは、国から送られてくる全国単位のデータだけ。これでは、効果のある施策の立案はおぼつかないでしょう。私は以前、(財)社会安全研究財団の若手研究助成を受けて、「青少年問題の地域特性に関する研究」と題する研究を行った際、いくつかの自治体の担当者の方とお話する機会を持ちましたが、多くの方々が、同じような不満を抱いておられることを知りました。本書で提示するデータが、それぞれの地域ごとの政策立案にいささかでも寄与することができれば、望外の幸せであります。私は、2008年7月、『47都道府県の子どもたち―あなたの県の子どもを診断する―』と題する書物を公刊しましたが、この本を地域計画立案の参考にしてくださった自治体もあるようです*3。本書は、この前著の続編としての意味合いを持っています。双方併せて、ご活用いただければと思っております。

　さて、本書では、前著と同様、地域を都道府県単位で捉えることとします。それは、前著と足並みを揃える、資料が得やすい、というやや消極的な理由によるものですが、そればかりではありません。国（大社会）と市町村（小社会）の間に位置する県は、双方の結節点でもあり、重要な政策主体であるといえます。事実、教育計画や若者関連の施策などは、市町村単位よりも県単位で策定されることが多いようです。むろん、一つの県の中には、社会的特性を著しく異にする複数の市町村があり、そうした末端の多様性を捨象することは好ましくないのですが、本書では、診断技法の開発・提示という意味合いを込めて、県レベルの診断に終始することとします。しかるに、ゆくゆくは、本書の内容に触発されたどなたかが、市町村レベル、さらには地区レベルにまで目線を落として、類似の試みをしてくださることを願っております。

　あと一点、研究（診断）対象の呼び方ですが、本書では、若者ではなく、青年という言葉を使います。それは、前著との関連を考慮してのことです。子ども-若者というよりも、子ども-青年といったほうが、人間の発達段階論的な考え方にも即していると考えるからです。かくして、本書の課題は、副題にあるように、各県の青年たちの状況を診断することと定めます。

---

*3――たとえば福井県。「ふくい2030年の姿」検討会編『ふくい2030年の姿・II―私たちの暮らし・つながる希望と幸福―』（2009年3月）

3 そのための方法

　前著と同様、本書でも、都道府県別の統計資料の整理・分析を行うこととしています。さて、統計を用いる以上、最初に、青年の年齢的な定義を定めておく必要があります。官庁統計では、おおよそ5歳刻みの形でデータが公表されているようですが、青年をして、何歳から何歳までの層と定めればよいでしょうか。結論からいいますと、本書では、25～34歳の層を青年と定めます。それでは、青年ではなくてオジサンだろう、といわれるかもしれません。そもそも青年とは、子どもと大人の間の中間的な存在、社会における役割遂行を猶予された存在であるという原義に寄り添うならば、15～24歳あたりを青年と定めるのが常道でしょう。しかるに、近年、進学率の上昇[*4]により、この層の多くが学校に囲い込まれており、その生活状況は子どもとさして変わらず、分析してみても面白くないことに気づきました。そのようなわけで、一つ上がって、25～34歳の層に着目したわけです。とはいえ、30代前半までを含めるのはいかがなものか、という意見もありましょうが、冒頭でみたような悲惨な状況におかれているのは、まぎれもなくこの層です。自分と同じロスト・ジェネレーションの状況が地域的にどのように異なるのかを診てみたい。このような思いから、この層を研究（診断）の対象に含めることとした次第です。

　では、各県の青年をどのような視点から診断するかについて述べます。最初に、青年の健康状態を診てみたいと思います。人は、病に冒されることなく、あるいは病に脅かされることなく、心身ともに健康な生を送りたいと願っています。とくに、前途ある青年層については然りでしょう。しかるに、最近の青年層をとりまく状況から推測するに、彼らの多くが、心身いずれか、あるいは双方の病にかかっても何ら不思議ではないように思えます。本書では、各県の青年がどれほど病を患っているかを3つの指標で計測してみようと思います。この第1の視点を、（A）病と名づけます。

　続いて、第2の観点として、青年の役割遂行の側面を診てみたいのですが、この点については、適切な指標を見出すのは難しいようです。子どもの場合は、期待される役割遂行がどのようなものかが比較的明確です。一定水準の学

＊4───2007年春の高校進学率は97.7％、大学・短大進学率（浪人込）は53.7％です。文部科学省『文部科学統計要覧・平成20年版』を参照。

力、体力、そして徳力を身につけるなど。ところが、本書でいう25〜34歳の青年層の場合、それは甚だ不明確です。一昔前ならば、就業してガシガシ稼ぐ、結婚して家庭を持ち、家族を養う、というようにいわれていたかもしれません。ですが、個性化、多様化、そして私事化が著しく進行している現代社会では、そのような考え方はほとんど支持されなくなっています。そこで次善の策として、彼らの活動の側面を診てみようと思います。彼らのエネルギーが、学習行動やスポーツのような（健全な）活動にどれほど向けられているか、ということです。青年の健全な姿を診るには、就業率（就職すべし）や既婚率（結婚すべし）のような指標を持ち出すよりも、こちらのほうがベターかと思います。この第2の視点を（B）活動と名づけます。ここでも、3つの指標を用います。

さて、最後に診てみたいのは、青年の逸脱行動です。逸脱行動とは、社会の標準（規範）を逸した行為です。当然、どの方向に逸脱するかはさまざまですが、ひとまず、外向き（外向タイプ）の逸脱と内向き（内向タイプ）の逸脱を考えてみます。冒頭でみた自殺などは、後者の典型に位置します。この自殺が青年層において激増していることは既にみた通りです。また、それと対をなす外向型の逸脱についても、最近、青年による無差別大量殺人事件[*5]が続発するなど、憂うべき状況になっています。しかるに、われわれが認識している事態は、全国レベルのものです。これが地域的にどのように異なるのかが注目されます。そこで、それぞれの県について、青年の逸脱行動の頻度を測定してみます。この第3の視点を（C）逸脱行動と名づけます。先の（A）、（B）と同様、3つの指標を用意します。

以上、47都道府県の青年の状況を診る視点について述べました。次節では、こうした枠組みのもとで収集された9つの指標について説明し、それぞれの値の都道府県差がどれほどのものかを明らかにします。

4　青年の状況を測る指標

　（A）病を測る3指標、（B）活動を測る3指標、そして（C）逸脱行動を測る3指標の順にみていきます。

[*5] 2008年6月、東京の秋葉原で起きた無差別殺傷事件が、25歳の青年によるものであったことは、記憶に新しいところです。

| 青年の病を測る指標① | [病死率] |

　各県の青年は、どれほど病を患っているのでしょうか。それは後にみることにして、ここでは、事態の極限の部分、すなわち、事故や自殺のような外因によらない、内因性の病で命を落とす青年の割合をみてみます。青年の病を測る第1の指標は、病死率です。

　2007年の厚生労働省『人口動態統計』によると、2007年中の25〜34歳の死亡者総数9,051人のうち、外因による死亡者は5,195人です。よって、内因（病気）による死亡者数は、9,051−5,195＝3,856人と考えられます*6。この年の25〜34歳人口（およそ17,158,000人*7）に占める比率は、10万人あたりでみて、22.5人です。なお、この比率は、10年前の1997年では26.7人でした。青年の病死率は、最近10年間で減少しているようです。私は、このことに少し意外な感じがしています。

　では、青年の病死率を都道府県別にみてみましょう*8。右頁の表によると、病死率が最も高いのは和歌山で35.4、最も低いのは鳥取で15.1となっています。この両県では、病死率に倍以上の開きがあります。次に、右の地図をご覧ください。この図は、病死率の順位に依拠して、各県を色分けしたものです。色が濃いほど、率が比較的高いことを意味します。なお，各階級に含まれる県の数はほぼ同じにしています。これによると、病死率が高い県の多くが、周辺部に位置しています。逆に病死率が低い県は、中部地方に固まっているようにみえます。

　わが国の医療の地域的均質性を考えますと、この差は、医療水準の差ではなく、青年層をとりまく社会環境の差に由来するように思えます*9。本書では、第3章にて、青年をとりまく環境の県別診断を行うこととしています。そこで用いられる諸指標と、ここで取り上げている病死率とがどのように相関するか、興味が持たれます。そのような分析は、最後に行うこととします。

*6————このうち多いのは、悪性新生物（1,257人）、心疾患（771人）、そして呼吸器系の疾患（237人）による死亡となっています。
*7————総務省統計局『人口推計年報』2007年版によります。
*8————年齢層別・死因別の死亡者数の県別データは、次の資料から得ました。厚生統計協会『人口動態死亡統計／死因（都道府県編）』2007年版。この資料は、電子媒体（CD-ROM）の形で販売されています。
*9————近年、健康問題の社会学という学問領域が確立しつつあります。文献として、川上憲人ほか編『社会格差と健康』東京大学出版会（2006年）などがあります。

	実値	順位		実値	順位		実値	順位
北海道	23.90	18	石川	15.89	46	岡山	22.27	25
青森	29.81	5	福井	21.00	32	広島	20.43	33
岩手	23.38	21	山梨	16.04	45	山口	26.79	9
宮城	20.00	36	長野	19.85	38	徳島	18.09	42
秋田	20.17	35	岐阜	24.72	17	香川	28.23	6
山形	25.19	15	静岡	17.41	43	愛媛	25.58	13
福島	21.14	31	愛知	23.70	19	高知	25.56	14
茨城	26.48	11	三重	21.85	27	福岡	21.51	29
栃木	30.86	3	滋賀	19.49	39	佐賀	24.75	16
群馬	20.00	36	京都	21.55	28	長崎	30.86	2
埼玉	23.12	22	大阪	23.52	20	熊本	26.54	10
千葉	21.42	30	兵庫	22.33	24	大分	21.99	26
東京	20.33	34	奈良	18.86	41	宮崎	23.08	23
神奈川	19.44	40	和歌山	35.40	1	鹿児島	27.46	8
新潟	25.96	12	鳥取	15.07	47	沖縄	30.73	4
富山	17.39	44	島根	27.50	7	全国	22.43	**

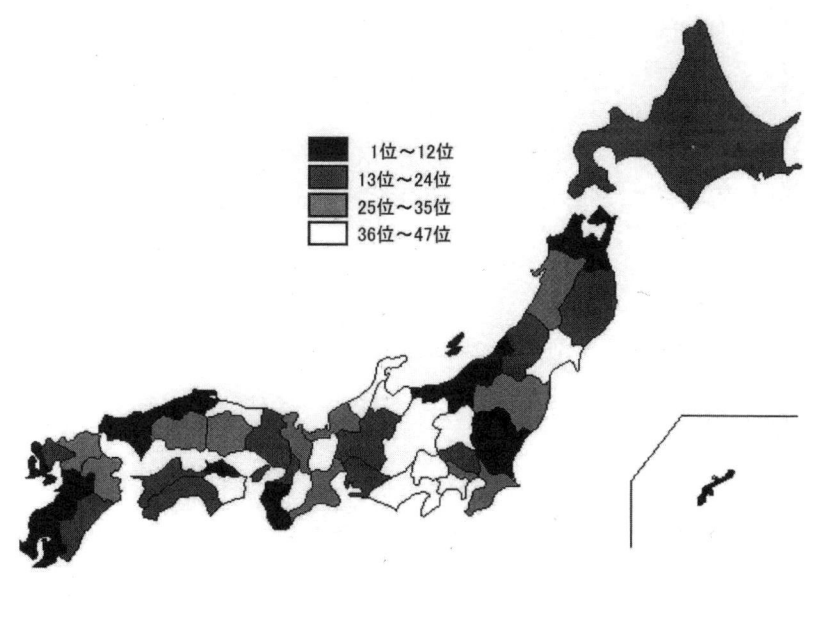

4 青年の状況を測る指標

青年の病を測る指標② **[有訴率]**

　先ほどは、病で命を落とす青年の割合をみました。これは、シリアス度が最も高い極限の部分ですが、死に至らずとも、病やけが等の自覚症状を持っている青年は少なくないでしょう。青年の病を測る第2の指標は、これらの症状の訴えが「有る」者の割合、すなわち有訴率に求めることとします。

　2007年の厚生労働省『国民生活基礎調査』*10によりますと、調査対象となった世帯の、25〜34歳の世帯員（15,576千人*11）のうち、有訴者*12は3,972千人であったそうです。後者を前者で除すと、3,972／15,576＝25.5％という数字が得られます。この値が、本書でいう青年の有訴率です。青年の4人に1人が、病ないしはけがの自覚症状を持っていることが知られます。

　では、青年の有訴率の都道府県差をみてみましょう。右頁の表によると、有訴率が最も高いのは三重の28.6％で、以下、東京、滋賀、神奈川、そして大阪と続いています。有訴率は、都市的な県で高くなっています。下の地図をみても、黒色の高率県のほとんどは、関東や近畿の大都市県ないしはその近郊県、あるいは宮城や広島のような地方中枢県であることが分かります。

　なぜ、都市的地域で有訴率が高いのでしょうか。大気が汚染されている都市では、呼吸器系の疾患にかかりやすいのでしょうか。モータリゼーションが進行している都市では、事故などに遭いやすいのでしょうか。単身者が多いなど、青年層の孤立化が進行している都市では、心の病にかかりやすい、ということでしょうか。想像を書けばキリがありませんが、さまざまな事情が関与していることと思います。この有訴率も、第3章で取り上げるような環境の諸指標とどのような相関関係にあるのか、興味が持たれるところです。

*10————この調査は、無作為抽出された特定地区内の全世帯を対象としたものであり、調査対象となった世帯の世帯員が調査票に記入し、後日、調査員が回収する、という方法がとられています。

*11————この値は、サンプルの値から、全体の規模を推計した値です。有訴者の数についても同様です。

*12————『国民生活基礎調査』の用語説明によりますと、有訴者とは、「世帯員（入院者を除く）のうち、病気やけが等で自覚症状のある者」とされています。

	実値	順位		実値	順位		実値	順位
北海道	26.26	10	石川	23.17	30	岡山	23.63	24
青森	22.91	31	福井	23.18	29	広島	26.69	8
岩手	22.73	37	山梨	22.90	32	山口	25.58	15
宮城	27.77	6	長野	22.35	41	徳島	24.98	16
秋田	24.91	17	岐阜	22.78	35	香川	26.59	9
山形	21.76	44	静岡	22.12	43	愛媛	24.39	20
福島	22.49	39	愛知	25.84	14	高知	22.76	36
茨城	22.29	42	三重	28.62	1	福岡	23.88	23
栃木	22.90	33	滋賀	28.09	3	佐賀	23.45	27
群馬	23.56	25	京都	25.87	13	長崎	24.13	21
埼玉	26.26	11	大阪	27.93	5	熊本	22.79	34
千葉	24.52	18	兵庫	27.56	7	大分	20.99	46
東京	28.15	2	奈良	25.99	12	宮崎	21.32	45
神奈川	28.08	4	和歌山	24.43	19	鹿児島	22.47	40
新潟	22.71	38	鳥取	23.99	22	沖縄	19.56	47
富山	23.45	26	島根	23.26	28	全国	25.50	**

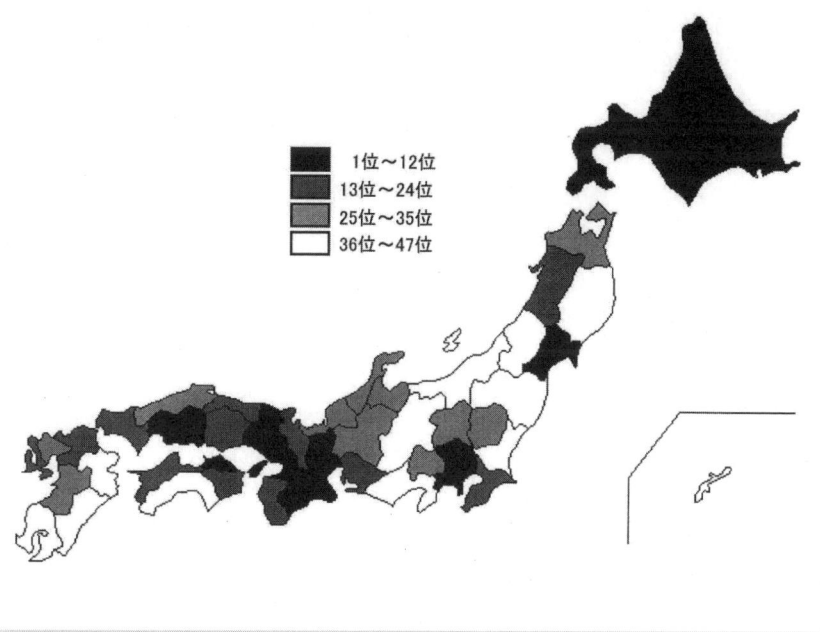

1位〜12位
13位〜24位
25位〜35位
36位〜47位

4 青年の状況を測る指標

青年の病を測る指標③

［心の負担感］

　最近、心の病についてよく言及されるようになりました。病というと、発熱や腹痛など、身体の病が想起されがちですが、当然、病とはそれに限られるものではありません。管理化や孤立化が進行している現代社会では、心の病を患う人、あるいは、そこまで行かずとも、心に何らかの負担感を抱えている人が増えていることと思います。とくに、青年層にあってはなおさらでしょう。臨床心理士のような「心の専門家」に対する需要が高まっているのも、こうした事情によるものであると推察されます。青年の病を測る第3の指標は、心の負担感です。

　2007年の『国民生活基礎調査』は、対象者の「こころの状態」について調査しています。それによると、25〜34歳の世帯員[*13]のうち、「神経過敏に感じましたか」という質問に対し、「いつも」、「たいてい」、あるいは「ときどき」と回答した者の割合は24.1％となっています[*14]。この値を肯定率としますと、「絶望的だと感じましたか」の肯定率は10.7％、「そわそわ、落ち着きなく感じましたか」の肯定率は14.8％、「気分が沈み込んで、何が起こっても気が晴れないように感じましたか」の肯定率は19.5％、「何をするのも骨折りだと感じましたか」の肯定率は15.3％、「自分は価値のない人間だと感じましたか」の肯定率は11.4％、です。これら6つの値の平均値（16.0％）をもって、心の負担感とします。

　さて、心の負担感は、県によってどれほど異なるのでしょうか。表をみると、最も高いのは宮城で19.1％、最も低いのは沖縄で11.3％です。46位の和歌山は、病死率では1位であるのに、心の負担感は反転して低くなっています。下の地図をみると、高率県には、都市県も農村県も含まれるようです。単純に考えるならば、孤立化が進んでいる都市と、就業機会が少ない農村、ということになるでしょうか。

　ここで、シリアス度の高い「絶望的だと感じましたか」と「自分は価値のない人間だと感じましたか」の肯定率の最上位県をみると、前者が秋田、後者が岩手となっています。いずれも、東北の農村県です。

[*13]　　調査対象となった世帯の世帯員です。『国民生活調査』の調査方法に関する説明は、12頁の脚注10をご参照ください。

[*14]　　質問に対する選択肢は、「いつも」、「たいてい」、「ときどき」、「少しだけ」、「まったくない」、「不詳」、の6つとなっています。ここでは、前三者の回答者の比率を肯定率としています。

	実値	順位		実値	順位		実値	順位
北海道	17.57	4	石川	12.62	44	岡山	14.91	37
青森	15.73	21	福井	13.79	43	広島	15.56	24
岩手	18.37	2	山梨	15.12	33	山口	16.44	11
宮城	19.05	1	長野	16.74	8	徳島	14.23	40
秋田	17.40	6	岐阜	14.92	36	香川	16.38	13
山形	15.68	23	静岡	14.43	39	愛媛	16.23	16
福島	16.11	17	愛知	13.85	42	高知	12.60	45
茨城	15.49	26	三重	15.30	31	福岡	14.97	35
栃木	15.12	34	滋賀	16.36	14	佐賀	16.32	15
群馬	15.14	32	京都	15.97	19	長崎	15.41	27
埼玉	15.93	20	大阪	15.73	22	熊本	15.51	25
千葉	16.71	9	兵庫	15.99	18	大分	15.35	29
東京	18.13	3	奈良	16.44	12	宮崎	14.65	38
神奈川	17.11	7	和歌山	11.86	46	鹿児島	14.10	41
新潟	17.41	5	鳥取	16.67	10	沖縄	11.32	47
富山	15.40	28	島根	15.32	30	全国	15.97	**

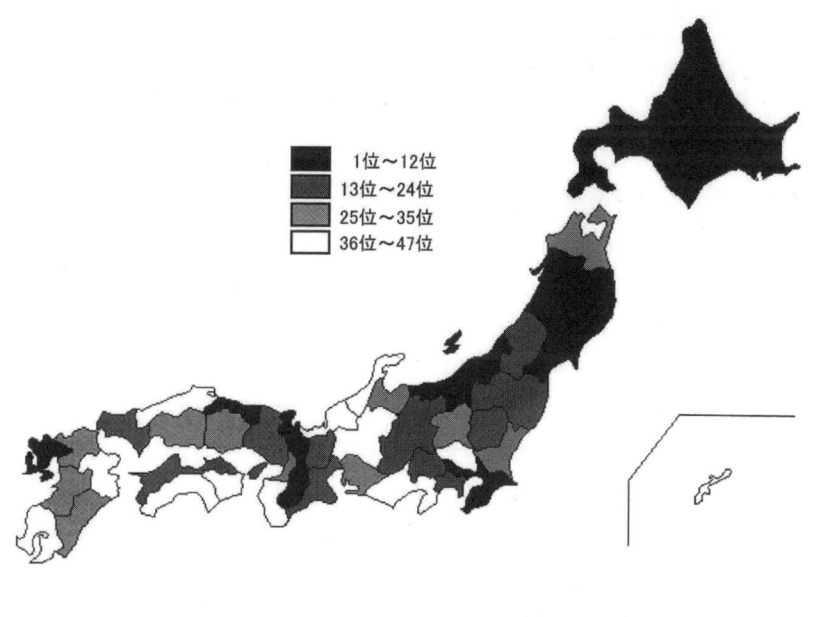

4 青年の状況を測る指標

青年の活動状況を測る指標① **［学習行動実施率］**

　人間は、年齢段階に応じて、遂行すべき役割というものを持っていると思いますが、本書でいう25～34歳の青年の場合、それは何でしょうか。この問いに答えるのは、容易ではありません。子どもでしたら、一定水準の学力や体力を身につけるなど、期待される役割が明確です。ところが、学校教育を修了した青年層にあっては、そうではない。むろん、きちんと働いているか、結婚して家庭を持っているか、という観点もあろうかと思いますが、価値観の多様化が進んだ今日、そのようなことを声高にいうのは、いささか勇気が要ります。そこで私は、青年が、一般に望ましいとされる活動をどれほど行っているかを診ることにしました。このような観点を、青年の活動状況と名づけます。

　さて、それを測る第1の指標は、学習行動実施率[14]です。生涯学習という言葉が使われるようになって久しいですが、勉強は学校卒業と同時に終わるものではありません。人は、生涯にわたって学び続ける存在です。こうした考えのもと、成人の学習行動を促進すべく、さまざまな条件整備がなされるようになっています。

　では、25～34歳の青年のうち、学習行動を行っている者はどれほどいるのでしょうか。2006年の総務省『社会生活基本調査』の標本から、過去1年間に何らかの「学習・研究[15]」を行った25～34歳人口は、7,235千人と推計されます。この数は、同標本から推計される25～34歳人口の41.3％に該当します。この値をもって、学習行動実施率とします。

　青年の学習行動実施率を県別にみると、上位5位は、神奈川、奈良、千葉、東京、そして京都と、明らかに都市的地域で高くなっています。都市県ほど、交通網が発達し、学習の機会も豊富であるからであると思われます。また、富裕層や高学歴層が多く、学習費用負担能力や学習モチベーションに長けている人々が比較的多いからであるとも考えられます。こうみると、学習行動実施率の都道府県差は、単なる「差」ではなく、是正を要する「格差」問題としての性格を持っているようにも思えます。

---

[14]　ここで一つお断りしておきたいのですが、本書で取り上げるもの（学習、スポーツ、ボランティア）の他にも、青年の（前向きな）活動は数多くあります。各種の趣味や娯楽だってそうでしょう。ここでの指標選定は、あくまで事態を単純化した便宜的なものである、ということを申し上げておきたいと思います。

[15]　『社会生活基本調査』でいう「学習・研究」には、社会人の仕事として行われるものは含まれないようです。

	実値	順位		実値	順位		実値	順位
北海道	38.43	20	石川	33.77	40	岡山	42.63	8
青森	34.57	37	福井	40.20	13	広島	41.69	10
岩手	35.03	36	山梨	43.52	7	山口	32.75	44
宮城	33.54	43	長野	34.55	38	徳島	41.05	11
秋田	31.67	46	岐阜	33.70	41	香川	34.38	39
山形	35.29	32	静岡	39.72	16	愛媛	36.00	27
福島	35.74	30	愛知	39.47	18	高知	33.70	42
茨城	38.04	21	三重	35.25	33	福岡	37.86	22
栃木	35.04	35	滋賀	44.44	6	佐賀	38.61	19
群馬	35.45	31	京都	44.57	5	長崎	37.42	23
埼玉	40.04	14	大阪	41.71	9	熊本	39.62	17
千葉	48.53	3	兵庫	39.73	15	大分	35.92	28
東京	48.36	4	奈良	50.00	2	宮崎	36.64	25
神奈川	54.01	1	和歌山	35.04	34	鹿児島	40.72	12
新潟	30.69	47	鳥取	36.99	24	沖縄	36.46	26
富山	32.17	45	島根	35.80	29	全国	41.31	**

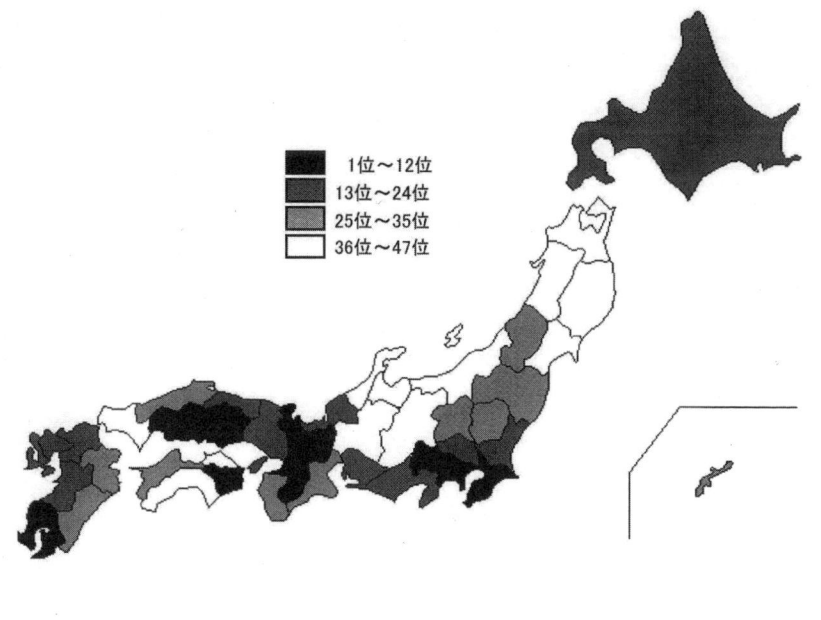

4 青年の状況を測る指標

青年の活動状況を測る指標② [スポーツ実施率]

　生涯学習と並んで、生涯スポーツという言葉も使われるようになりました。平均寿命が伸びるなか、生涯にわたって心身ともに健康な生活を送るためにも、生涯スポーツの重要性が高まってきているように思います。むろん、一生スポーツをしなければならないという、お節介じみたことをいっているのではありません。当局の言葉を借りれば、「国民のだれもが、いつでも、どこでも、いつまでもスポーツに親しむことができる生涯スポーツ社会の実現」*16が重要である、ということです。そうした社会の実現の度合いは、スポーツを行っている者の割合*17で計測することができるでしょう。本書では、学習に続いて、スポーツを行っている青年がどれほどいるかをみてみます。青年の活動状況を測る第2の指標は、スポーツ実施率です。

　2006年の総務省『社会生活基本調査』の標本調査をもとにすると、過去1年間に「スポーツ*18」を実施した25～34歳人口は12,474千人と推計されます。この数は、同じ標本から推計される25～34歳人口全体の71.2％に該当します。本書でいう青年のおよそ7割が、過去1年間にスポーツをやっていることになります。予想以上に値が高いことに、私は少し驚いています。

　しかるに、このスポーツ実施率は、県によってかなり異なっています。最高は鹿児島の78.4％、最低は長崎の62.6％です。双方とも九州県ですが、値が16ポイントも違っています。ほか、高率県を5位まで挙げると、神奈川、東京、長野、そして千葉です。首都の3都県が入っていますが、下の地図からは、都市地域ほど率が高いという、明瞭な傾向はみられません。おそらく、各県のスポーツ実施率は、スポーツ環境の整備状況と少なからず関連していることでしょう。実証的な検討が待たれます。と同時に、スポーツ環境整備の水準が低いにもかかわらず、スポーツ実施率が高い県があるならば、その県ではどのようなことをやっているのか、という問題を追究することも重要であると思います。

＊16───『平成19年度・文部科学白書』の229頁より引用。
＊17───2000年9月に旧文部省が策定した「スポーツ振興基本計画」では、「生涯スポーツ社会の実現のため、できるかぎり早期に、成人の週1回以上のスポーツ実施率が50パーセントとなることを目指す」と明言されています。
＊18───『社会生活基本調査』でいう「スポーツ」には、職業スポーツ選手が仕事として行うものは含まれないようです。

	実値	順位		実値	順位		実値	順位
北海道	68.02	33	石川	69.48	26	岡山	71.31	15
青森	67.28	35	福井	73.53	8	広島	68.60	30
岩手	66.24	41	山梨	68.52	31	山口	65.50	44
宮城	67.08	39	長野	75.64	4	徳島	72.63	9
秋田	63.33	46	岐阜	69.23	28	香川	71.09	18
山形	71.32	14	静岡	72.33	10	愛媛	72.00	11
福島	69.08	29	愛知	74.32	7	高知	66.30	40
茨城	71.03	19	三重	67.21	37	福岡	65.32	45
栃木	70.44	22	滋賀	71.21	17	佐賀	70.30	24
群馬	68.28	32	京都	70.65	20	長崎	62.58	47
埼玉	71.41	13	大阪	67.24	36	熊本	70.28	25
千葉	75.62	5	兵庫	65.87	42	大分	70.42	23
東京	76.16	3	奈良	70.56	21	宮崎	74.81	6
神奈川	77.12	2	和歌山	65.81	43	鹿児島	78.35	1
新潟	69.31	27	鳥取	71.23	16	沖縄	67.19	38
富山	67.83	34	島根	71.60	12	全国	71.23	**

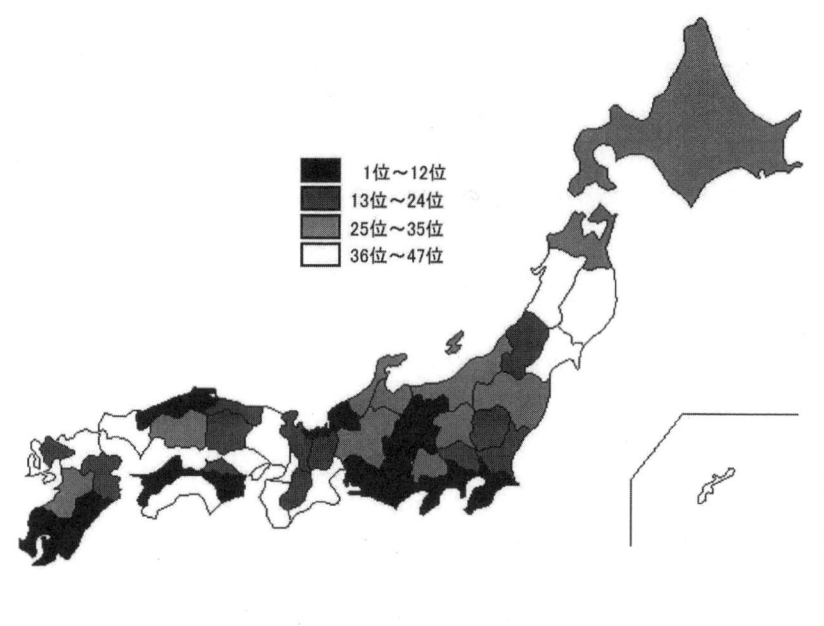

4 青年の状況を測る指標

青年の活動状況を測る指標③ [ボランティア活動実施率]

　2008年の年末、派遣切りに遭い、路頭に放り出された人々を救うべく、東京・千代田区の日比谷公園に「派遣村」という避難所が設けられました。聞くところによると、その運営に際しては、多くの若年ボランティアの貢献があったそうです。そもそも、人々の共同・共存生活が成り立つには、こうした無償の相互扶助行為（ボランティア活動）が不可欠ですが、その主な担い手は、本書で想定しているような青年層といえるでしょう。ボランティア活動を行っている者がどれほどいるか。青年層の望ましい姿を診る一つの指標を、この点に求めてみたいと思います。

　2006年の総務省『社会生活基本調査』の標本をもとにすると、過去1年間にボランティア活動[19]を行った25〜34歳の青年は3,132千人と推定されます。同じ標本から推定される当該年齢人口の17.9％にあたります。青年層のおおよそ5人に1人が、過去1年間でみたボランティア活動経験者ということになります。

　では、この値の都道府県差をみてみましょう。まず、両端に着目すると、最高の島根（28.4％）と最低の栃木（14.2％）とでは、ちょうど倍の開きがあります。次に、高（低）率県の分布を地図でみると、高率県は、西日本に多いようです。逆に、都市的な県では値が低いようです。とくに、首都圏（1都3県）の部分が白く染まっていることが気になります。ところで、九州の県ではボランティア実施率が高いのですが、これらの県では、子どもの道徳意識も比較的高いのです[20]。こうみると、青年期におけるボランティア活動の頻度というのは、子ども期に受けた教育（初期社会化）の様相と関連を持っているように思えます。事実、学校教育では、「ボランティア活動など社会奉仕体験活動」の充実に努めることとされています（学校教育法第31条[21]）。話がずれますが、教育の効果というのは、こうした長期的な視野からも判断したいものです。

[19]──『社会生活基本調査』では、ボランティア活動とは、「報酬を目的としないで自分の労力、技術、時間を提供して地域社会や個人・団体の福祉増進のために行う活動」と定義されています。ただし、「活動のための交通費など実費程度の金額の支払いを受けても報酬とはみなさず、その活動はボランティア活動に含めている」とあります。
[20]──拙著『47都道府県の子どもたち』の21頁を参照。子どもの道徳意識の地図でみても、九州の県の多くが黒く染まっています。
[21]──本条文は小学校に関するものですが、他の学校にも等しく準用されます。

	実値	順位		実値	順位		実値	順位
北海道	14.73	45	石川	22.73	13	岡山	22.31	14
青森	20.99	17	福井	25.49	10	広島	15.04	43
岩手	24.84	11	山梨	18.52	29	山口	19.30	24
宮城	19.57	22	長野	25.82	9	徳島	21.05	16
秋田	19.17	25	岐阜	19.05	26	香川	16.41	35
山形	27.21	6	静岡	24.31	12	愛媛	20.00	20
福島	21.69	15	愛知	15.79	40	高知	19.57	22
茨城	18.64	28	三重	17.62	31	福岡	15.32	42
栃木	14.23	47	滋賀	20.71	18	佐賀	27.72	2
群馬	19.78	21	京都	16.58	34	長崎	20.25	19
埼玉	14.24	46	大阪	17.44	32	熊本	25.94	8
千葉	14.85	44	兵庫	16.13	37	大分	27.46	3
東京	16.33	36	奈良	16.11	38	宮崎	25.95	7
神奈川	15.89	39	和歌山	17.95	30	鹿児島	27.32	5
新潟	17.24	33	鳥取	27.40	4	沖縄	15.63	41
富山	18.88	27	島根	28.40	1	全国	17.88	**

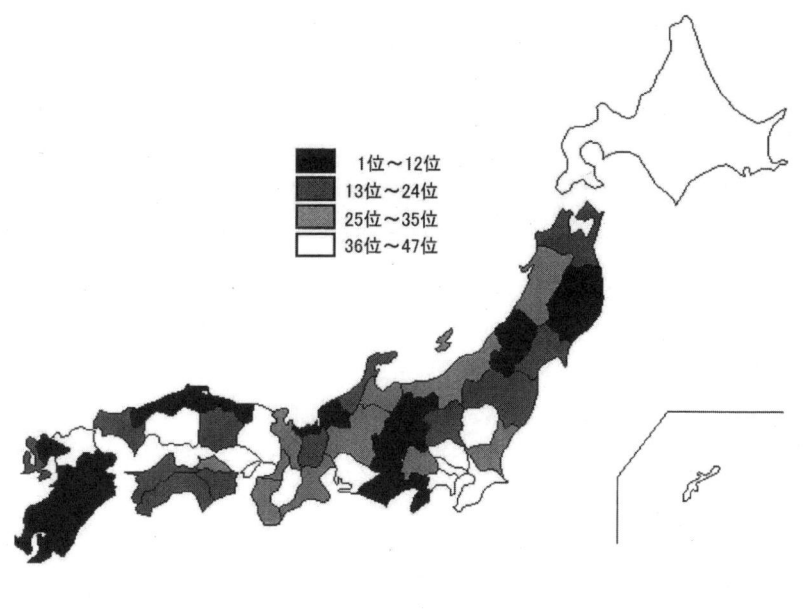

4 青年の状況を測る指標

青年の逸脱行動を測る指標① **[犯罪者出現率]**

　先ほどは、青年層の望ましい側面を測りました。今度は、反転して、望ましくない側面を診てみようと思います。それは、逸脱行動の頻度です。その典型として誰もが思いつくのは、犯罪でしょう*22。青年の逸脱行動を測る第1の指標として、犯罪者出現率を取り上げることとします。

　警察庁の統計にて、年齢別の犯行者数をみると、困ったことに、公表されている年齢区分が「25〜29歳」、「30〜39歳」となっています。これでは、本書でいう青年層（25〜34歳）の犯罪者数が分かりません。いくつかの仮定を設けて、30代後半の犯罪者数を推定し、それを差し引くということも考えましたが、ここではあくまで、公表されている原統計に依拠することとし、25〜39歳の犯罪者数を代替的に用います。この犯罪者出現率のみ、25〜39歳の指標である、ということにご留意いただきたく存じます。

　さて、2007年の警察庁『犯罪統計書』によると、25〜39歳の刑法犯検挙人員は73,017人となっています。この年の当該年齢人口は26,581,000人です。よって、犯罪者出現率は、前者を後者で除して、1万人あたり27.5人となります。10年前の1997年では、この数字は19.2人でした。この年齢層の犯罪者出現率が上昇していることが知られます。

　これは全国値ですが、当然、青年の犯罪者出現率は県によって大きく異なるでしょう。私は、各県の犯罪統計書にあたり、同じ指標の値を明らかにしました*23。表をみると、最も高いのは東京の47.5人です。2位の京都（33.6人）を大きく引き離しています。盛り場や繁華街を多く抱える大都市故のことでしょうか。こうした都市性と犯罪者出現率の関連は、下の地図をみても分かるような気がします。もっとも、ここで言及している犯罪者出現率は、発生地主義のものであることに注意する必要がありますが*24。

*22————未成年者の場合は、非行という言葉が使われます。
*23————秋田と山形は、年齢別の犯罪者統計は作成していない、とのことでした。そこで、これら2県については、次のような手続きによって、25〜39歳の犯罪者数を割り出しました。①全国統計にて、25〜39歳の犯罪者数が成人全体の犯罪者数に占める割合（＝27.9％）を出す。②この値を、両県の成人犯罪者数に乗じて、当該年齢の犯罪者数の推定値を出す。
*24————たとえば、千葉県居住者が東京の盛り場に出てきて事件を起こした場合、東京都の検挙人員としてカウントされます。首都圏における移動性の高さを考えますと、東京の犯罪者出現率が突出して高いことは、青年の居住環境の問題というよりも、犯罪を誘発する行為環境の問題としての側面を色濃く持っているように思います。

	実値	順位		実値	順位		実値	順位
北海道	23.23	23	石川	19.31	39	岡山	26.53	13
青森	18.70	42	福井	18.12	43	広島	26.37	14
岩手	17.03	46	山梨	22.93	27	山口	29.77	5
宮城	21.65	33	長野	24.09	20	徳島	24.90	19
秋田	23.19	24	岐阜	19.90	38	香川	28.22	9
山形	25.63	15	静岡	21.57	34	愛媛	22.81	28
福島	21.70	32	愛知	25.35	16	高知	23.14	25
茨城	19.15	40	三重	20.65	37	福岡	30.46	3
栃木	28.94	7	滋賀	17.42	45	佐賀	22.57	29
群馬	21.85	31	京都	33.56	2	長崎	27.59	10
埼玉	22.47	30	大阪	29.46	6	熊本	21.17	35
千葉	22.97	26	兵庫	29.79	4	大分	18.08	44
東京	47.50	1	奈良	25.07	17	宮崎	24.03	21
神奈川	28.57	8	和歌山	24.92	18	鹿児島	19.07	41
新潟	23.66	22	鳥取	27.34	11	沖縄	27.02	12
富山	16.05	47	島根	20.66	36	全国	27.47	**

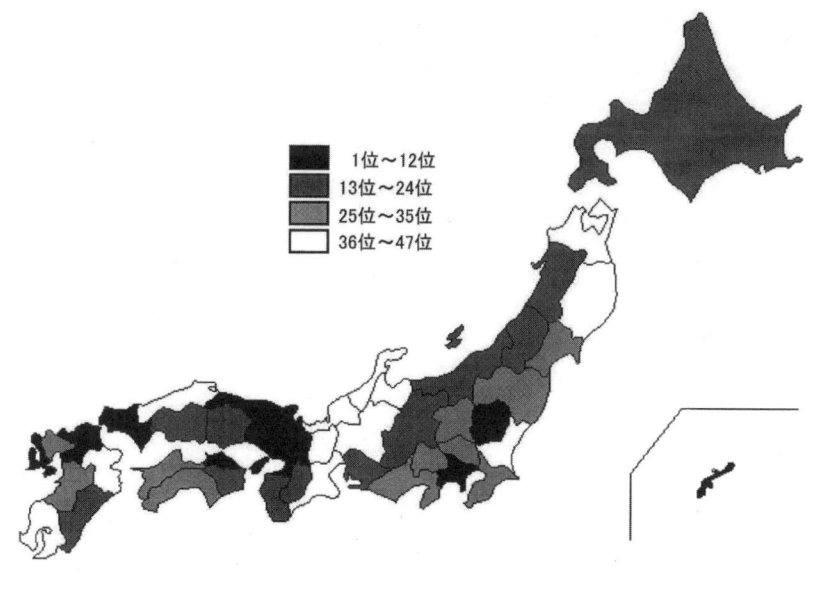

4 青年の状況を測る指標

青年の逸脱行動を
測る指標②

［自殺率］

　冒頭でみたように、ここ数年にかけて、若者の自殺者が急増しています。この自殺の原因というものは非常に複合的であるのですが、ひとまず、その社会的側面に焦点を当てるとしたら、どのようなものが考えられるでしょうか。その最たるものは、失職して生活困窮に陥るなどというものでしょう。しかるに、それは、とりわけ中高年層にあてはまることであって、若者にあっては、少し事情が違うように思います。私は、以前、若年層の自殺率の時系列曲線と最も強い共変関係にある指標はどのようなものかを探求したことがあります*25。その結果、20代と30代にあっては、「これから先、生活が悪くなっていく」というような生活不安意識*26の増減が、自殺率のそれと最も強く関連していることが分かりました。右下の図は、30代について、両者の時系列曲線*27を描いたものですが、気持ち悪いほど明瞭な共変関係がみられます。社会全体の閉塞性が強まるなか、青年の状況を診るに際して、この自殺率に着目することの必要性を強く感じます。

　さて、2007年の厚生労働省『人口動態統計』によると、25～34歳の自殺者数は3,680人いたそうです。この年の当該年齢人口で除すと、10万人あたり21.4人という比率が得られます。この数字を自殺率といたしましょう。青年の自殺率は人口全体のそれに比すと低いのですが、近年の増加幅が最も大きいことは、冒頭でみた通りです。青年の自殺率を県別に計算すると*28、かなりの変異がみられます。下の地図からした印象では、自殺率が高い地域の多くは、周辺部に位置する農村県であるようです。例外もあります。青年の自殺率と、青年をとりまく環境指標の間にどのような相関関係があるのか、興味がもたれるところです。

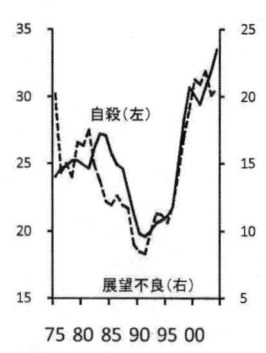

＊25────拙稿「性別・年齢層別にみた自殺率と生活不安指標の時系列的関連」『武蔵野大学政治経済学部紀要』第1号、2009年。
＊26────「これから先、生活が悪くなっていくと思うか」という設問に対する肯定率です。内閣府『国民生活に関する世論調査』の時系列データを使用しました。
＊27────1975～2004年の30年間のものです。
＊28────各県の青年層の自殺者数は、次の資料（CD-ROM）から得ました。厚生統計協会『平成19年・人口動態死亡統計（都道府県編）』

	実値	順位		実値	順位		実値	順位
北海道	23.34	17	石川	17.88	38	岡山	14.98	47
青森	20.50	30	福井	19.00	33	広島	24.73	12
岩手	31.17	2	山梨	26.42	9	山口	22.62	19
宮城	24.69	13	長野	17.60	39	徳島	18.09	36
秋田	30.25	5	岐阜	16.48	43	香川	21.77	26
山形	30.37	4	静岡	19.84	31	愛媛	22.09	23
福島	28.05	7	愛知	17.13	40	高知	24.44	14
茨城	24.16	15	三重	18.07	37	福岡	22.09	23
栃木	24.91	10	滋賀	16.41	45	佐賀	24.75	11
群馬	30.38	3	京都	22.38	22	長崎	21.60	27
埼玉	18.85	34	大阪	22.46	21	熊本	18.48	35
千葉	22.47	20	兵庫	21.92	25	大分	23.40	16
東京	21.07	28	奈良	16.57	42	宮崎	30.00	6
神奈川	19.52	32	和歌山	15.04	46	鹿児島	16.58	41
新潟	23.16	18	鳥取	16.44	44	沖縄	20.83	29
富山	26.81	8	島根	31.25	1	全国	21.45	**

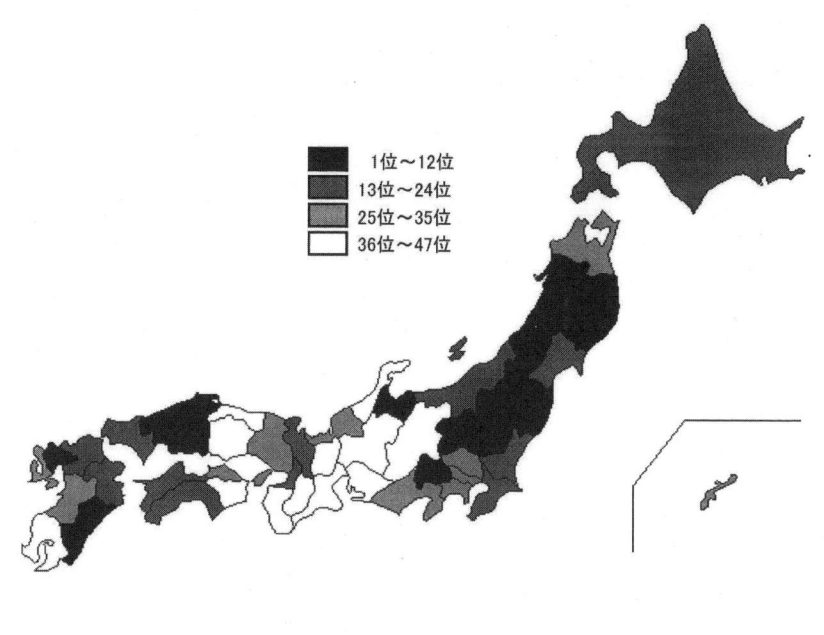

4 青年の状況を測る指標

青年の逸脱行動を測る指標③

［ニート率］

　最近、社会参加を忌避する若者が増えているといわれます。職に就かない、あるいはそれをも通り越して、一切の人間関係を断ち、家に引きこもってしまう者など。このことは、職業技術や自己アイデンティティが形成されない、というような当人にとっての問題であると同時に、社会の側からしても、将来の社会的コストとなり得る潜在因子が増加する、という事態を意味します。青年層のうち、こうしたニート（NEET：Not in Education, Employment, or Training）がどれほどいるか。青年の逸脱事象を測る第3の指標を、この点に求めてみようと思います。

　2005年の総務省『国勢調査』によると、25～34歳の非労働力人口（仕事をしておらず、かつ、求職活動[29]もしていない者）は2,983,468人いたそうです。この中から、家事をしている者（2,565,449人）と通学をしている者（199,190人）を除くと218,829人。この数字の意味を声に出していうと、「非労働力人口のうち、家事も通学もしていない者」です。信頼のおける『国勢調査』のデータのうち、ニートの概念に最も近いのは、この数字であると思います[30]。この218,829人が、同じ年の25～34歳人口（18,034,906人）に占める割合は12.1‰です。パーセントにすると1.2％、およそ100人に1人がニートということになります。

　このニート率を県別にみると、かなりの差異があります。最も高いのは高知の19.2‰、最も低いのは愛知の9.4‰です。下の地図をみると、高率地域は、西南の諸県に多くなっています。ここで直観的に思うのは、ニート率は、各県の就労機会の多寡と関連があるのではないか、ということです。仮にそうであるならば、「ニート＝就労意欲のない怠け者」という、世間一般に流布している図式の妥当性が疑われます。実証的な検討は、後ほど行うこととします。

[29] ───求職活動をしている場合は、失業者として、労働力人口にカウントされます。
[30] ───小杉礼子氏も、『国勢調査』からニートの数を把握するに際して、同様の数字を用いています（小杉礼子編『フリーターとニート』勁草書房、2005年）。なお、このようにして操作的に出したニートの中には、療養中であるとか、進学・留学準備に勤しんでいるとかいう者が少なからず含まれています。そうした多様な人々に対し、一様に「ニート」という（否定的）なラベルを貼っていいのか、という問題があります（本田由紀ほか『ニートって言うな！』光文社新書、2006年）。この点については重々承知しておりますが、社会参加を忌避する青年の量を測る近似的な指標としては使えるのではないかと思っております。この値を県別に出し、比較吟味する作業は、無意味ではないと考えます。

	実値	順位		実値	順位		実値	順位
北海道	15.66	7	石川	11.08	36	岡山	13.08	23
青森	14.35	13	福井	10.17	42	広島	12.31	19
岩手	13.52	20	山梨	11.04	37	山口	14.55	11
宮城	10.40	41	長野	11.13	35	徳島	16.46	4
秋田	14.29	14	岐阜	10.10	43	香川	13.66	19
山形	11.76	30	静岡	9.55	46	愛媛	14.97	9
福島	11.65	31	愛知	9.42	47	高知	19.16	1
茨城	13.40	21	三重	12.63	28	福岡	13.75	17
栃木	14.27	15	滋賀	9.91	45	佐賀	16.10	6
群馬	11.03	38	京都	12.66	27	長崎	17.46	3
埼玉	11.29	34	大阪	12.75	26	熊本	13.13	22
千葉	11.36	33	兵庫	13.98	16	大分	14.51	12
東京	10.04	44	奈良	16.12	5	宮崎	12.85	25
神奈川	10.52	40	和歌山	15.56	8	鹿児島	14.79	10
新潟	11.46	32	鳥取	13.69	18	沖縄	18.64	2
富山	10.62	39	島根	13.00	24	全国	12.13	**

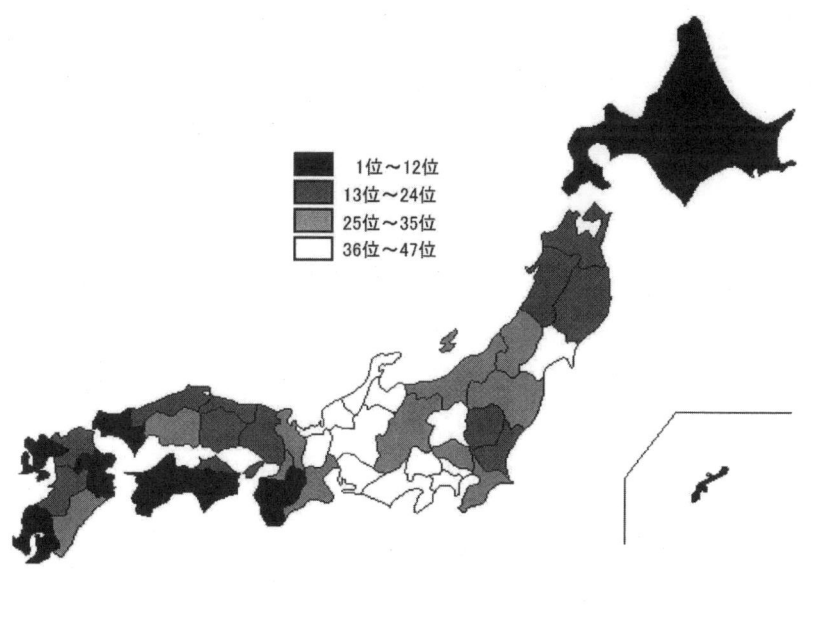

4 青年の状況を測る指標

[第2章]

青年の状況の都道府県別診断

1 スコア値の算出

　前章では、各県の青年の状況を診断するための指標について説明しました。この章では、それら9指標を総動員して、各県の状況を多角的・総合的に診断してみたいと思います。ところで、お分かりのことと思いますが、これらの指標は、値の水準を大きく異にしています。私が在住している東京について、各指標の値を示すと、以下のようです。

指標	値	単位
a1：病死率	20.3	対10万人
a2：有訴率	28.2	％
a3：心の負担感	18.1	％
b1：学習行動実施率	48.4	％
b2：スポーツ実施率	76.2	％
b3：ボランティア活動実施率	16.3	％
c1：犯罪者出現率	47.5	対1万人
c2：自殺率	21.1	対10万人
c3：ニート率	10.0	‰

　これだけでは、どの指標の値が高いのか、どの部分が問題なのかを知ることができません。そこで、これら9指標を同列に比較できるようにする工夫が要ります。前著と同様、本書においても、各々の値を、1～5までの間に収まるスコア値に換算してみようと思います。

　一番上の病死率を例に説明しましょう。11頁の表によると、47都道府県でみて、病死率の最大値は35.4、最小値は15.1です。前者を5、後者を1とします。この場合、東京の病死率20.3は、どのような値になるでしょうか。病死率の実値をX、そのスコア値をYとし、両者の関係を一次式で表現するならば、$Y=0.1970X-1.9754$となります。2つの点 (15.1, 1.0) と (35.4, 5.0) を通る一次関数式です（次頁の図を参照）。この式から、東京の病死率のスコア値は、

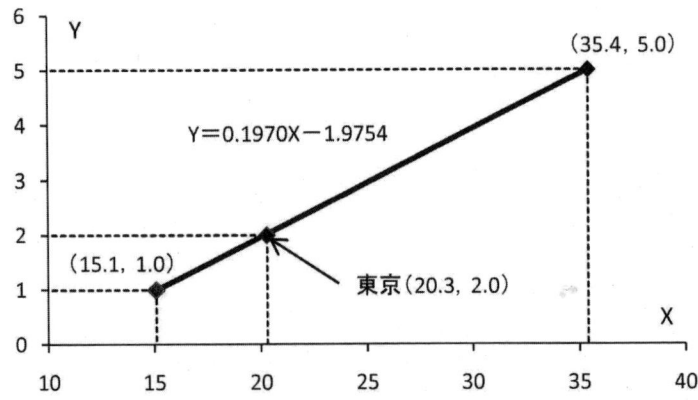

0.1970×20.3−1.9754≒2.0と算出されます。

　このスコア値は、当該指標の都道府県分布（1〜5）の中において、どのような位置にあるかを示す、いってみれば相対的な尺度です。東京の他の指標をスコア値に換算すると、有訴：4.8、心の負担：4.5、学習：4.0、スポーツ：4.4、ボランティア：1.6、犯罪：5.0、自殺：2.5、ニート：1.3、となります。スコア値がとりわけ高いのは、有訴率、心の負担感、そして犯罪者出現率です。大都市における青年層の闇の部分を垣間見るような気がします。右頁の表は、スコア値の一覧表です[1]。最大値（5.0）と最小値（1.0）には、網かけをしています[2]。診断に用いるデータの全ては、この表に集約されています。

　とはいえ、こうした煩瑣な一覧表を提示して終わり、というのでは、あまりに芸がありません。そこで、県ごとに2頁ずつ割いて、個別の診断カルテをお出ししたいと思います。このカルテでは、各指標のスコア値が、レーダーチャートの形で示されます。比較対象として、全国値の図形も載せることとします。この図から、どの指標が突出しているのか、あるいは凹んでいるのかが一目で分かるかと思います。加えて、とくに注目される指標については、より細かいデータをご紹介します。では、次々頁以降にて、47枚のカルテをご覧ください。

[1] c_1の犯罪者出現率のみ、2位の京都の値（33.6）を5としてスコア値を出しています。1位の東京の値（47.5）はあまりにずば抜けているので、これは例外的な「はずれ値」として扱うのが妥当であると考えたからです。事実、東京の値を5とすると、スコア値の県間分散が非常に小さくなり、各県の特徴が見出しにくくなります。

[2] 四捨五入の関係上、最大値（最小値）でなくとも、5.0（1.0）になっている箇所もあります。

	a1 病死	a2 有訴	a3 心の負担	b1 学習	b2 スポーツ	b3 ボランティア	c1 犯罪	c2 自殺	c3 ニート
北海道	2.7	4.0	4.3	2.3	2.4	1.1	2.6	3.0	3.6
青森	3.9	2.5	3.3	1.7	2.2	2.9	1.6	2.3	3.0
岩手	2.6	2.4	4.7	1.7	1.9	4.0	1.2	5.0	2.7
宮城	2.0	4.6	5.0	1.5	2.1	2.5	2.3	3.4	1.4
秋田	2.0	3.4	4.2	1.2	1.2	2.4	2.6	4.7	3.0
山形	3.0	2.0	3.3	1.8	3.2	4.7	3.2	4.8	2.0
福島	2.2	2.3	3.5	1.9	2.6	3.1	2.3	4.2	1.9
茨城	3.2	2.2	3.2	2.3	3.1	2.3	1.7	3.2	2.6
栃木	4.1	2.5	3.0	1.7	3.0	1.0	3.9	3.4	3.0
群馬	2.0	2.8	3.0	1.8	2.4	2.6	2.3	4.8	1.7
埼玉	2.6	4.0	3.4	2.6	3.2	1.0	2.5	1.9	1.8
千葉	2.2	3.2	3.8	4.1	4.3	1.2	2.6	2.8	1.8
東京	2.0	4.8	4.5	4.0	4.4	1.6	5.0	2.5	1.3
神奈川	1.9	4.8	4.0	5.0	4.7	1.5	3.9	2.1	1.5
新潟	3.1	2.4	4.2	1.0	2.7	1.9	2.7	3.0	1.8
富山	1.5	2.7	3.1	1.3	2.3	2.3	1.0	3.9	1.5
石川	1.2	2.6	1.7	1.5	2.7	3.4	1.8	1.7	1.7
福井	2.2	2.6	2.3	2.6	3.8	4.2	1.5	2.0	1.3
山梨	1.2	2.5	3.0	3.2	2.5	2.2	2.6	3.8	1.7
長野	1.9	2.2	3.8	1.7	4.3	4.3	2.8	1.6	1.7
岐阜	2.9	2.4	2.9	1.5	2.7	2.4	1.9	1.4	1.3
静岡	1.5	2.1	2.6	2.6	3.5	3.8	2.3	2.2	1.1
愛知	2.7	3.8	2.3	2.5	4.0	1.4	3.1	1.5	1.0
三重	2.3	5.0	3.1	1.8	2.2	2.0	2.1	1.8	2.3
滋賀	1.9	4.8	3.6	3.4	3.2	2.8	1.3	1.3	1.2
京都	2.3	3.8	3.4	3.4	3.0	1.7	5.0	2.8	2.3
大阪	2.7	4.7	3.3	2.9	2.2	1.9	4.1	2.8	2.4
兵庫	2.4	4.5	3.4	2.6	1.8	1.5	4.1	2.7	2.9
奈良	1.7	3.8	3.7	4.3	3.0	1.5	3.1	1.4	3.7
和歌山	5.0	3.1	1.3	1.7	1.8	2.1	3.0	1.0	3.5
鳥取	1.0	3.0	3.8	2.1	3.2	4.7	3.6	1.4	2.8
島根	3.4	2.6	3.1	1.9	3.3	5.0	2.1	5.0	2.5
岡山	2.4	2.8	2.9	3.0	3.2	3.3	3.4	1.0	2.5
広島	2.0	4.1	3.2	2.9	2.5	1.2	3.4	3.4	2.2
山口	3.3	3.7	3.7	1.4	1.7	2.4	4.1	2.9	3.1
徳島	1.6	3.4	2.5	2.8	3.5	2.9	3.0	1.8	3.9
香川	3.6	4.1	3.6	1.6	3.2	1.6	3.8	2.7	2.7
愛媛	3.1	3.1	3.6	1.9	3.4	2.6	2.5	2.7	3.3
高知	3.1	2.4	1.7	1.5	1.9	2.5	2.6	3.3	5.0
福岡	2.3	2.9	2.9	2.2	1.7	1.3	4.3	2.7	2.8
佐賀	2.9	2.7	3.6	2.4	3.0	4.8	2.5	3.4	3.7
長崎	4.1	3.0	3.1	2.2	1.0	2.7	3.6	2.6	4.3
熊本	3.3	2.4	3.2	2.5	2.9	4.3	2.2	1.9	2.5
大分	2.4	1.6	3.1	1.9	3.0	4.7	1.5	3.1	3.1
宮崎	2.6	1.8	2.7	2.0	4.1	4.3	2.8	4.7	2.4
鹿児島	3.4	2.3	2.5	2.7	5.0	4.7	1.7	1.4	3.2
沖縄	4.1	1.0	1.0	2.0	2.2	1.4	3.5	2.4	4.8
全国	2.4	3.6	3.4	2.8	3.2	2.0	3.6	2.6	2.1

スコアの算出式（Y=aX+b）の係数と切片の値

	病死	有訴	心の負担	学習	スポーツ	ボランティア	犯罪	自殺	ニート
a	0.1970	0.4444	0.5195	0.1717	0.2532	0.2817	0.2273	0.2454	0.4082
b	−1.9754	−7.7111	−4.8701	−4.2704	−14.848	−3.0000	−2.6364	−2.681	−2.8367

1 スコア値の算出

2 都道府県別診断

北海道

　最初に、最北端の北海道のカルテをお出しします。右頁の図は、各指標のスコア値をチャート図で示したものです。比較の対象として、全国値の図も点線で表わしています。下の三角形図は、上記の9指標の図を簡略化したものです。(A) 病の値は、a1〜a3のスコア値の平均値です。以後、これを要約図と呼ぶことにします。まず、9指標の図をみると、病の指標はどれも全国水準を凌駕しています。一方、活動の3指標は、それよりも低くなっています。逸脱の部分では、ニートの突出が目立っています。下の要約図によると、病と逸脱が突き出ています。やや危機兆候が見受けられます。

　では、全国値との差が相対的に大きい、心の負担感とニート率について少し詳しくみてみましょう。前者ですが、下図の左側にみるように、関連する設問ごとに細かくみると、「神経過敏」と「そわそわする」の肯定率において、全国値との差が大きくなっています。次に、ニート率を1歳刻みでみると、年を上がるにつれて、全国値との差が開いてきます。25歳時では1.9ポイントしか差がなかったのが、33歳になると、5.2ポイントも開くようになります。北海道では、高齢になるほど、ニート率が高くなります。もっとも、ピークの33歳の人たちは、たまたま新卒時の雇用状況が悪かったばかりに、不安定状態に留め置かれた者が多い、「ついてない」世代である、という見方もできます。

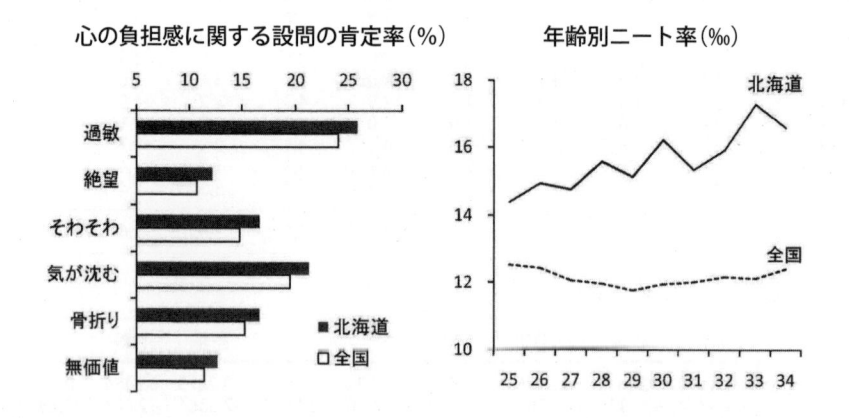

北海道

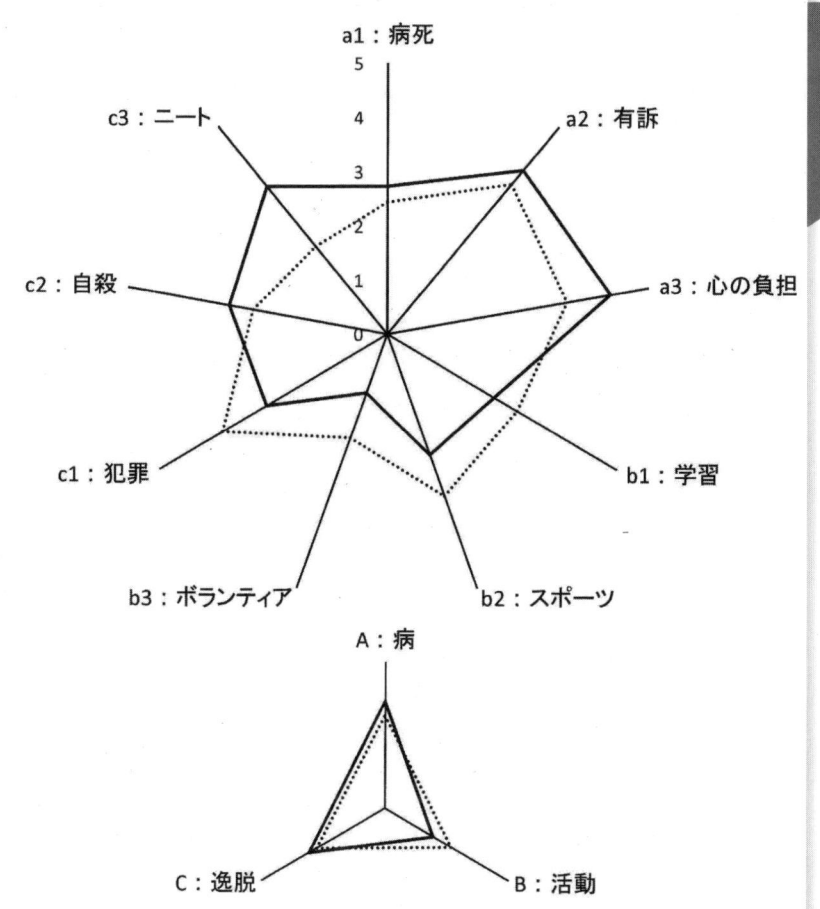

	指標の定義	実値	スコア	順位
a1：病死	外因以外の死因による死亡者の割合（10万人あたり）	23.9	2.7	18
a2：有訴	身体の不調を訴えている者の割合（%）	26.3	4.0	10
a3：心の負担	心の負担感を表わす6つの状態の経験率の平均値（%）	17.6	4.3	4
b1：学習	学習行動を実施した者の割合（%）	38.4	2.3	20
b2：スポーツ	スポーツを実施した者の割合（%）	68.0	2.4	33
b3：ボランティア	ボランティア活動を行った者の割合（%）	14.7	1.1	45
c1：犯罪	犯罪検挙人員の割合（1万人あたり）	23.2	2.6	23
c2：自殺	自殺者の割合（10万人あたり）	23.3	3.0	17
c3：ニート	非労働力人口の「その他」の者が人口に占める割合（‰）	15.7	3.6	7

2 都道府県別診断

青森

　病の部分では、病死率が高くなっています。10万人あたり29.8人、全国で5位です。活動状況については、学習行動実施率とスポーツ実施率は全国値より低いのですが、ボランティア活動実施率は比較的高くなっています。最後に、逸脱行動をみると、犯罪者出現率が低いのと対照的に、ニートの率が高くなっています。要約図においては、目立って突出した項がなく、中庸的な型ですが、今後は、条件整備などにより、青年の活動指標の値を高めたいものです。

　では、突出が比較的目立っている病死率とニート率について、細かくみてみましょう。まず、病死率を25～29歳と30～34歳の層に分解してみると、前者では、当県の値は全国値を下回っているのですが、後者では、それを凌駕するようになります。30代になるや、当県の病死率は大きく跳ね上がります。次に、ニート率を1歳刻みでみると、当県の値は、29歳までは徐々に低下し、全国水準に近づいてくるのですが、以後、グンと上昇し、34歳時には、全国値と3.7ポイントも開くに至ります。図には示しませんが、この伸びは、ほとんど男性によるものです。女性では、30代になってもニート率はほぼ同じです。

　当県では、30代になると、危機兆候が色濃くなります。しかし、このことを加齢による変化と一概にみなすことができません。ここでは、2005年の断面をみただけですので、この年の当県の30代（前半）が、たまたま「ついていない」世代であったのかもしれません。

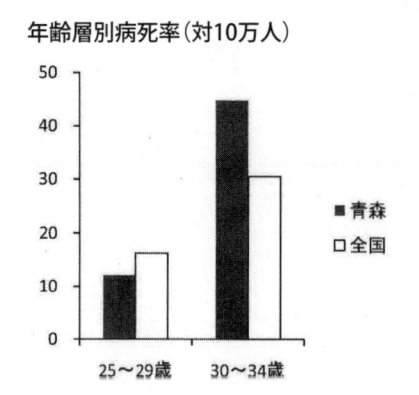

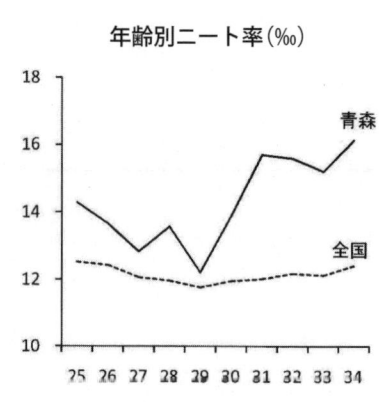

年齢層別病死率（対10万人）

年齢別ニート率（‰）

青森

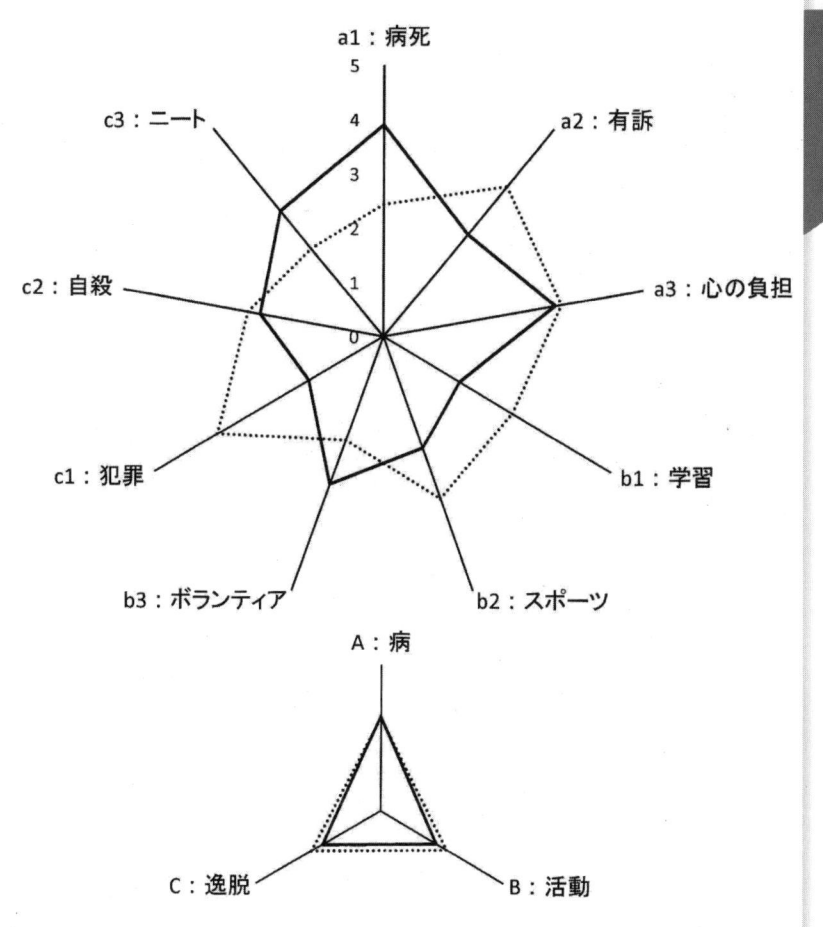

	指標の定義	実値	スコア	順位
a1：病死	外因以外の死因による死亡者の割合（10万人あたり）	29.8	3.9	5
a2：有訴	身体の不調を訴えている者の割合（%）	22.9	2.5	31
a3：心の負担	心の負担感を表わす6つの状態の経験率の平均値（%）	15.7	3.3	21
b1：学習	学習行動を実施した者の割合（%）	34.6	1.7	37
b2：スポーツ	スポーツを実施した者の割合（%）	67.3	2.2	35
b3：ボランティア	ボランティア活動を行った者の割合（%）	21.0	2.9	17
c1：犯罪	犯罪検挙人員の割合（1万人あたり）	18.7	1.6	42
c2：自殺	自殺者の割合（10万人あたり）	20.5	2.3	30
c3：ニート	非労働力人口の「その他」の者が人口に占める割合（‰）	14.4	3.0	13

2 都道府県別診断

岩手

　病の指標をみると、心の負担感の高さが際立っています。6つの設問への平均肯定率は18.4％、全国で2位です。活動の指標では、ボランティア活動実施率のみ、全国値より高くなっています。逸脱の部分では、自殺率がかなり高い水準にあります。全国で2位です。反対に、犯罪者出現率は低く、こちらは下から2位です。下の要約図は、一見、中庸な型を呈していますが、心の負担感や自殺率が高いことが気になります。

　では、この2つの、あまりおめでたくない指標について、詳細に検討してみましょう。まず、心の負担感に関する6つの設問への肯定率を個別にみると、全国値との差が比較的大きいのは、「気が沈む」と「自分は価値のない存在だ」の肯定率です。前者で3.1ポイント、後者で3.2ポイント差をつけています。後者のような、シリアス度が高い設問において、全国値との差が出ています。次に自殺率ですが、ここでは、自殺者数が3万人の大台にのる1998年の前年の1997年と、2007年の値を比較してみようと思います。下図の右側は、各年齢層について、両年の自殺率を図示したものです。年齢層は10歳刻みのものであり、「55～」とは、55～64歳のことです。さて、図において、本書で問題にしている青年層（25～）に着目すると、1997年では全国値とほぼ同じであったのが、2007年になるや、それを大きく引き離しています。しかも、その差の規模が、他のどの年齢層よりも大きくなっています。全国との比較、自県の過去との比較からしても、青年層の自殺の増加が懸念されます。

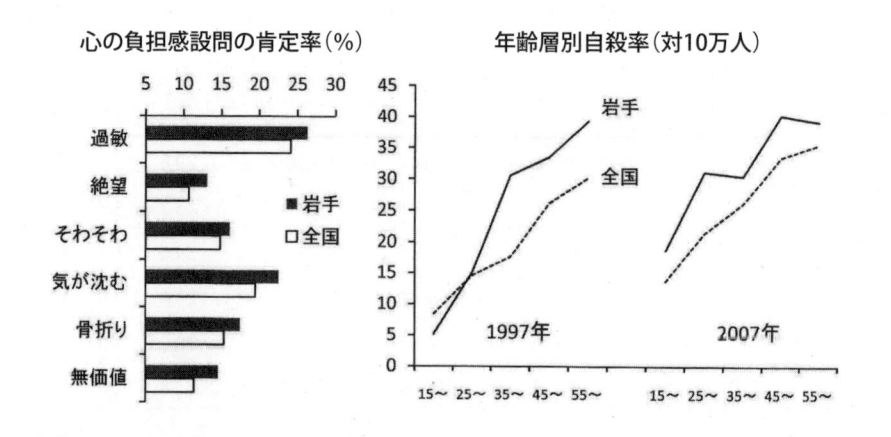

心の負担感設問の肯定率(％)　　　年齢層別自殺率(対10万人)

岩手

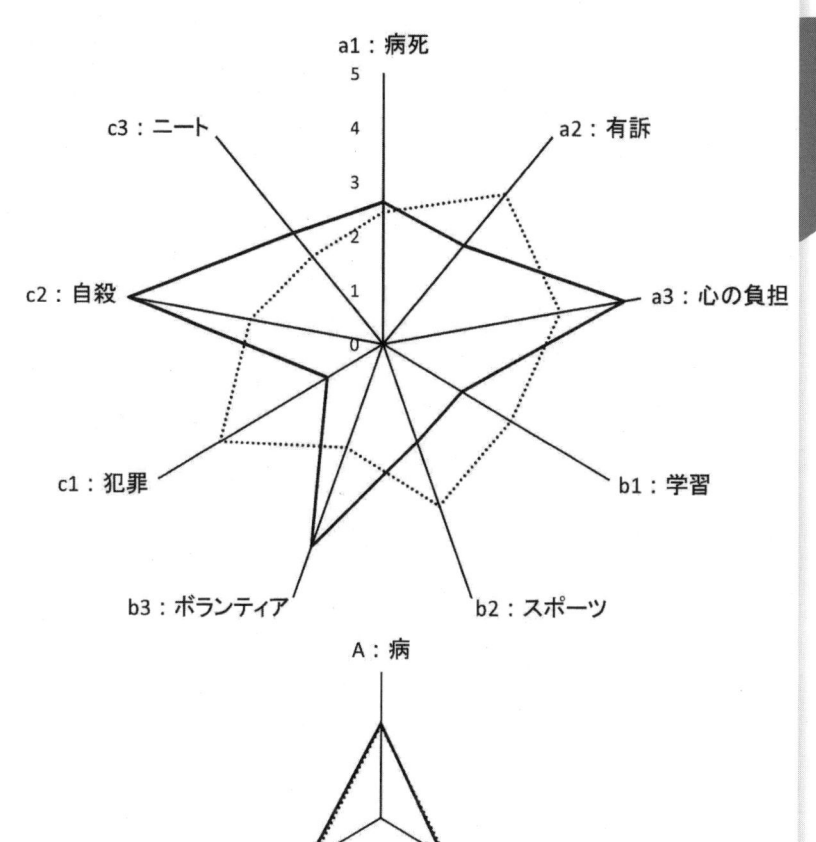

	指標の定義	実値	スコア	順位
a1：病死	外因以外の死因による死亡者の割合（10万人あたり）	23.4	2.6	21
a2：有訴	身体の不調を訴えている者の割合（%）	22.7	2.4	37
a3：心の負担	心の負担感を表わす6つの状態の経験率の平均値（%）	18.4	4.7	2
b1：学習	学習行動を実施した者の割合（%）	35.0	1.7	36
b2：スポーツ	スポーツを実施した者の割合（%）	66.2	1.9	41
b3：ボランティア	ボランティア活動を行った者の割合（%）	24.8	4.0	11
c1：犯罪	犯罪検挙人員の割合（1万人あたり）	17.0	1.2	46
c2：自殺	自殺者の割合（10万人あたり）	31.2	5.0	2
c3：ニート	非労働力人口の「その他」の者が人口に占める割合（‰）	13.5	2.7	20

2 都道府県別診断

宮城

　青年の病の状況をみると、病気やけがの自覚症状を訴える有訴率は6位、心の負担感に至っては全国1位と、高い水準にあります。活動の指標は、青森や岩手と同様、ボランティア活動実施率のみが全国値を上回っています。逸脱の部分では、自殺率のみがやや高いのですが、これまでみてきた県と違って、ニート率は低い水準にあります。東北の中枢県であるので、若者の雇用機会も比較的多い、ということでしょうか。下の要約図をみると、病の項が鋭く突出しているのが気がかりです。この部分を凹ませることが望まれます。

　では、突出幅が大きい病の2指標、有訴率と心の負担感について詳しくみましょう。最初に、有訴率の近年の変化をみると、1998年では全国値とほぼ等しかったのが、2007年では、それよりも高くなっています。当県の有訴率の相対的な高さは、最近になって生じたもののようです。次に、心の負担感に関する各設問への肯定率をみると、全国水準との差が最も大きいのは、「気が沈む」で4.3ポイント、次いで、「何をするのも骨折りだ」で3.7ポイントとなっています。心身のけだるさを抱えた青年層の姿がうかがえます。

　こうした事態を憂えてのことでしょうか、財団法人・宮城県青年会館が企画・運営している「マイ・デビュー（みやぎの若者の社会参加応援サイト）」をみると、うつと不安の自助グループによるイベントなどが紹介されています（2010年2月27日閲覧）。

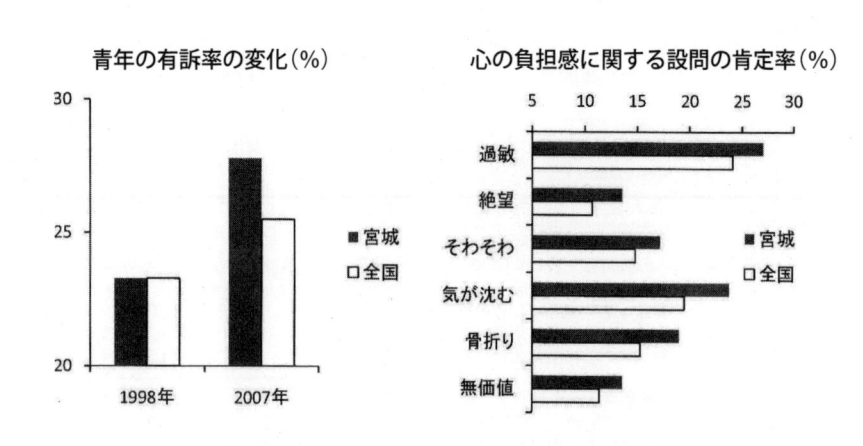

青年の有訴率の変化(%)

心の負担感に関する設問の肯定率(%)

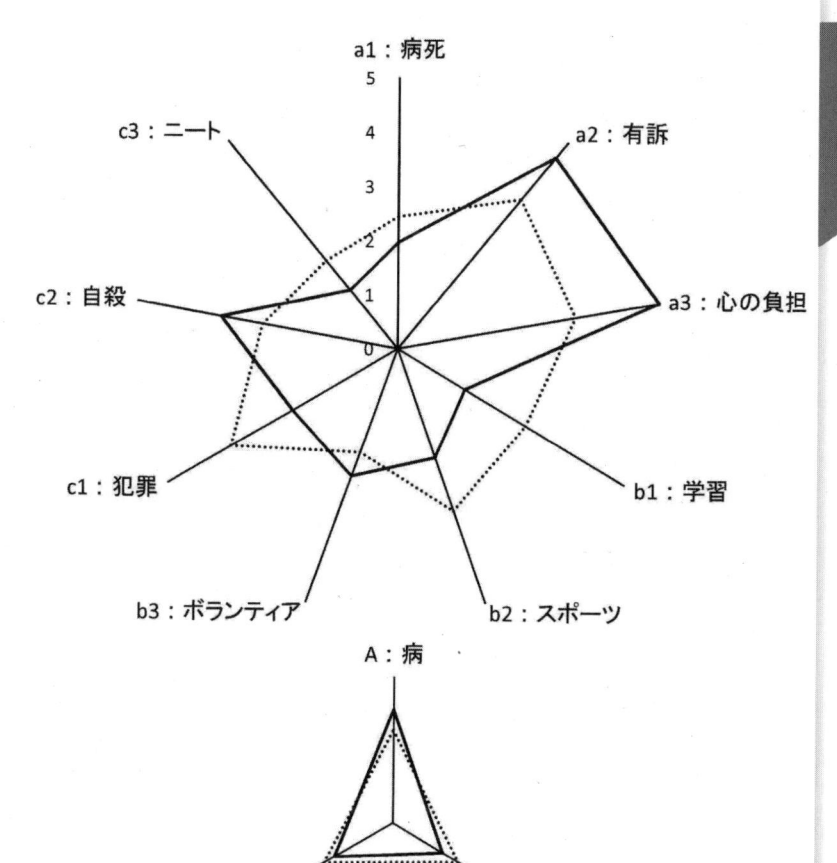

	指標の定義	実値	スコア	順位
a1：病死	外因以外の死因による死亡者の割合（10万人あたり）	20.0	2.0	36
a2：有訴	身体の不調を訴えている者の割合（%）	27.8	4.6	6
a3：心の負担	心の負担感を表わす6つの状態の経験率の平均値（%）	19.0	5.0	1
b1：学習	学習行動を実施した者の割合（%）	33.5	1.5	43
b2：スポーツ	スポーツを実施した者の割合（%）	67.1	2.1	39
b3：ボランティア	ボランティア活動を行った者の割合（%）	19.6	2.5	22
c1：犯罪	犯罪検挙人員の割合（1万人あたり）	21.6	2.3	33
c2：自殺	自殺者の割合（10万人あたり）	24.7	3.4	13
c3：ニート	非労働力人口の「その他」の者が人口に占める割合（‰）	10.4	1.4	41

2 都道府県別診断

秋田

　子どもの学力最上位、博士号取得教員の積極採用など、教育の領域においていろいろと注目を集めている秋田県ですが、当県の青年のすがたはどうなっているのでしょうか。まず、病の指標をみると、心の負担感のみが全国値より高くなっています。全国で6位です。活動の指標は、ボランティア活動の実施率がやや高い一方で、他の2指標は低い水準にあります。逸脱の部分では、何といっても自殺率の突出が目立っています。当県は、人口全体の自殺率も高いのですが、青年層のそれも比較的高いようです。下の要約図では、活動の項が凹んだ形になっています。子どもの学力や体力がかなり高い水準にあることを考えると、やや不可思議な思いがします。

　では、突出が相対的に目立っている逸脱の2指標について、細かくみましょう。まず自殺率ですが、当県の青年の自殺率は、この10年間でおよそ12ポイント伸び、全国値との差が開いてきています。やや懸念される傾向です。次にニート率ですが、ここでは、県内のどの地域において率が高いのかを示してみたいと思います。下図の右側は、ニート率上位10位の市町村に色をつけたものです。県の北西部、中央部、そして南東部に色がついています。県庁所在地の秋田市の値は15.2‰で10位です。市部と町村部を比べると、県内13市の率の平均値は14.4‰、16町村のそれは20.0‰となっています。ニート率は市部よりも郡部で高い傾向にあります。

青年の自殺率の変化（対10万人）　　　市町村別ニート率

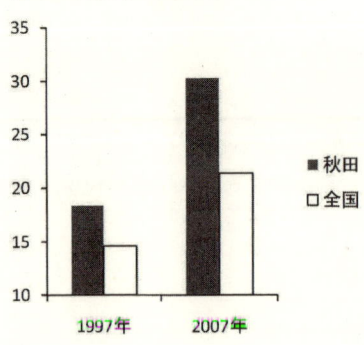

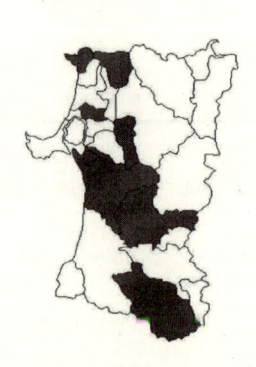

秋田

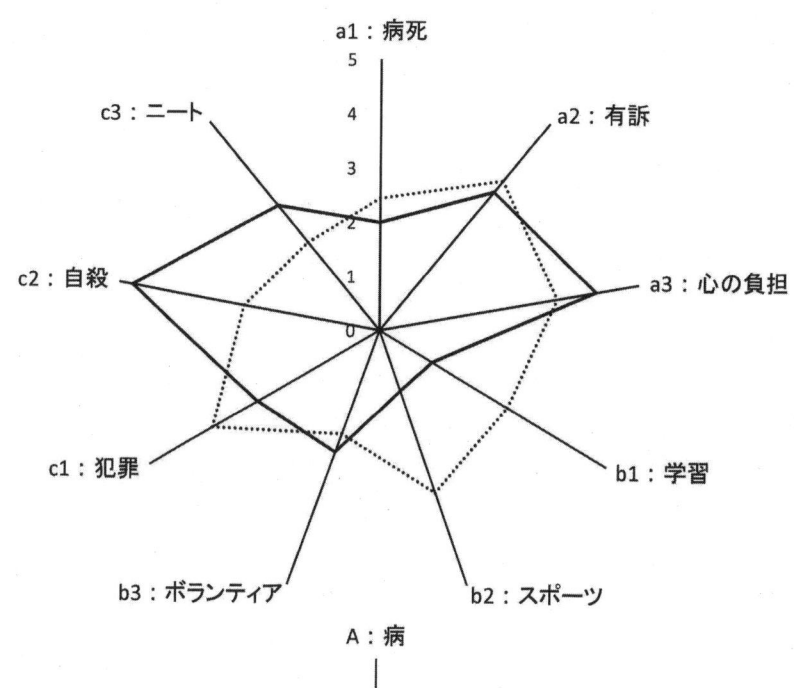

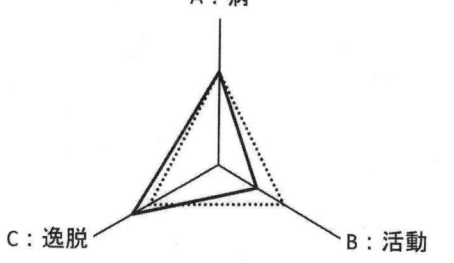

	指標の定義	実値	スコア	順位
a1：病死	外因以外の死因による死亡者の割合（10万人あたり）	20.2	2.0	35
a2：有訴	身体の不調を訴えている者の割合（%）	24.9	3.4	17
a3：心の負担	心の負担感を表わす6つの状態の経験率の平均値（%）	17.4	4.2	6
b1：学習	学習行動を実施した者の割合（%）	31.7	1.2	46
b2：スポーツ	スポーツを実施した者の割合（%）	63.3	1.2	46
b3：ボランティア	ボランティア活動を行った者の割合（%）	19.2	2.4	25
c1：犯罪	犯罪検挙人員の割合（1万人あたり）	23.2	2.6	24
c2：自殺	自殺者の割合（10万人あたり）	30.3	4.7	5
c3：ニート	非労働力人口の「その他」の者が人口に占める割合（‰）	14.3	3.0	14

2 都道府県別診断

山形

　病の指標では、目立って突出しているものはありません。病死率がやや高いのですが、有訴率は低く、全国で44位です。活動の指標をみると、学習行動実施率が低い一方で、ボランティア活動実施率がかなり高くなっています。青年全体の27％、全国で6位です。逸脱の部分では、先ほどみた秋田と同様、自殺率の高さが目立っています。反面、他の東北県とは違って、ニート率は全国値より低い水準にあります。下の要約図をみると、活動と逸脱の項が突き出た形になっています。後者を凹ませれば、理想的な型になるでしょう。

　では、全国水準よりもかなり高い位置にあるボランティア活動実施率と自殺率について、少し細かくみてみましょう。まず、ボランティア活動実施率を性別にみると、全国値と差をつけているのは男性のほうです。男性だけでみると、全国値のほぼ2倍となっています。女性では、差があまりありません。当県では、全国的傾向とは違って、女性よりも男性でボランティア活動実施率が高いことが特徴です。次に自殺率ですが、先ほどみた岩手と同じように、10年前と比して、青年層の自殺率がどう変わったのかを示してみます。下図の右側によると、青年の自殺率は、10年前は、全国水準とほぼ同じであったことが分かります。それが近年になって、差が開くに至っています。また、この10年間における増加幅が、青年層で最も大きいことも気がかりです。今後、自殺対策の重点を青年層に移すことも必要になるかもしれません。

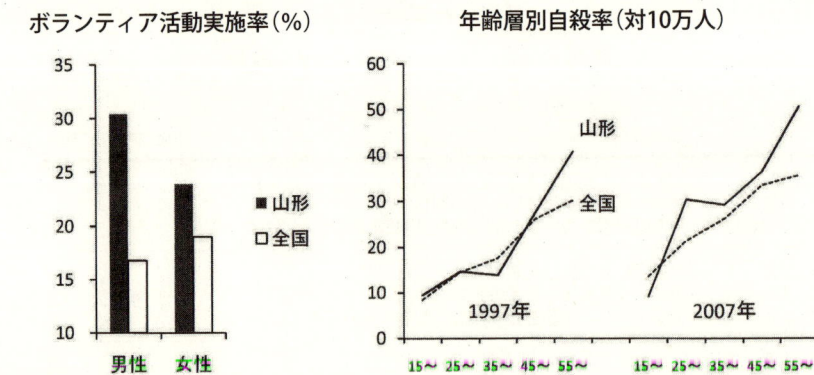

山形

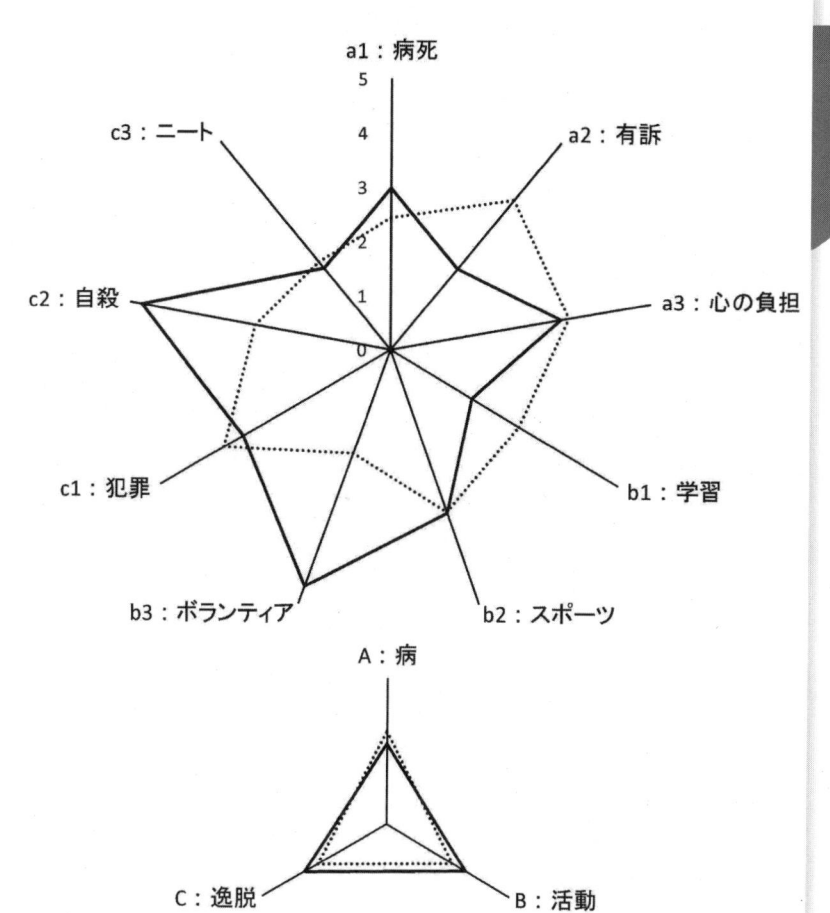

	指標の定義	実値	スコア	順位
a1：病死	外因以外の死因による死亡者の割合（10万人あたり）	25.2	3.0	15
a2：有訴	身体の不調を訴えている者の割合（％）	21.8	2.0	44
a3：心の負担	心の負担感を表わす6つの状態の経験率の平均値（％）	15.7	3.3	23
b1：学習	学習行動を実施した者の割合（％）	35.3	1.8	32
b2：スポーツ	スポーツを実施した者の割合（％）	71.3	3.2	14
b3：ボランティア	ボランティア活動を行った者の割合（％）	27.2	4.7	6
c1：犯罪	犯罪検挙人員の割合（1万人あたり）	15.6	3.2	15
c2：自殺	自殺者の割合（10万人あたり）	30.4	4.8	4
c3：ニート	非労働力人口の「その他」の者が人口に占める割合（‰）	11.8	2.0	30

2 都道府県別診断

福島

　病の指標では、目立って高いものはありません。心の負担感は全国値とほぼ同水準です。活動の部分では、お隣の山形と同様、ボランティア活動実施率のみが比較的高くなっています。青年全体の22％、全国で15位です。最後の逸脱の指標をみると、こちらも山形と同じように、自殺率の突出が目立っています。10万人あたり28人、全国で7位です。要約図をみると、病の項がやや凹んだ、中庸に近い型をなしています。望むべくは、条件整備などにより、学習行動実施率やスポーツ実施率を高め、青年の活動をより活性化したいものです。

　さて、当県では、ボランティア活動実施率と自殺率が相対的に高くなっています。これら2つについて仔細にみてみましょう。まず前者を性別に分解してみると、男性において全国水準との差が大きくなっています。当県では、全国的傾向と裏腹に、女性よりも男性の率が高くなっていることも注目されます。先ほどみた山形と同様です。男性のボランティア活動参加を促進する条件のようなものがあるのでしょうか。次に自殺率の年齢層別データをみると、全国値との差が最も大きいのは35〜44歳であり、次いで25〜34歳の青年層となっています。青年層の自殺率は、10年前では全国値より低かったのですが、近年になってそれを超えています。なお、当県の「うつ・自殺予防」のホームページでは、「若者のこころ」のケアについて触れられています。高齢層のみならず、青年の自殺対策にも、当局が関心を持っていることがうかがわれます。

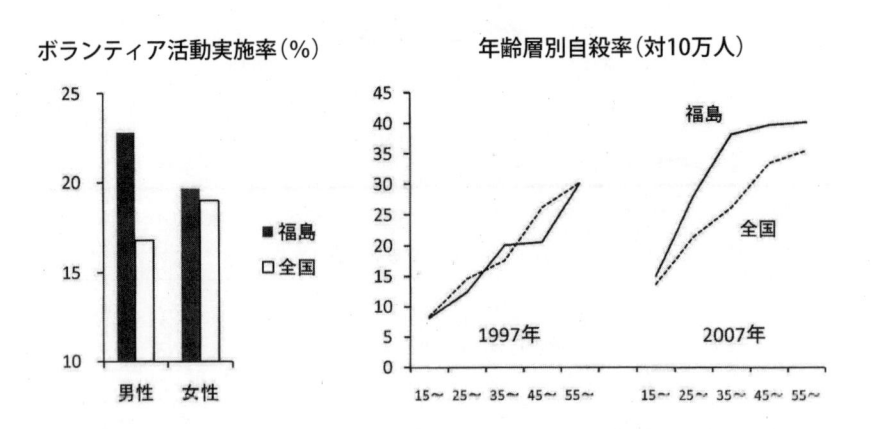

ボランティア活動実施率(％)

年齢層別自殺率(対10万人)

福島

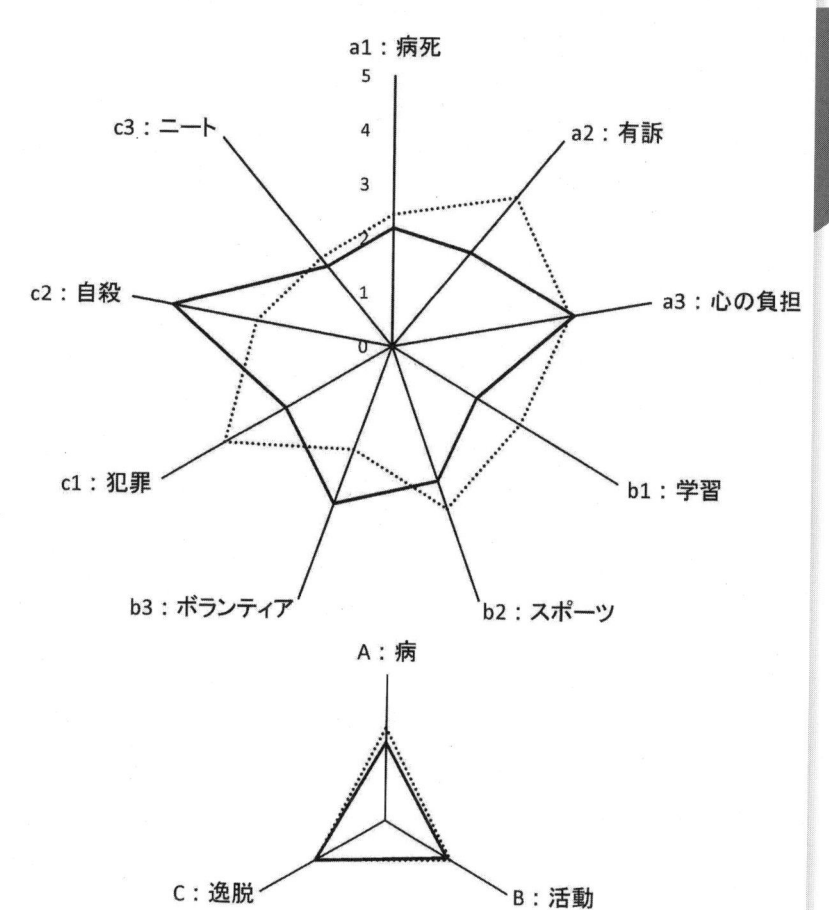

	指標の定義	実値	スコア	順位
a1：病死	外因以外の死因による死亡者の割合（10万人あたり）	21.1	2.2	31
a2：有訴	身体の不調を訴えている者の割合（%）	22.5	2.3	39
a3：心の負担	心の負担感を表わす6つの状態の経験率の平均値（%）	16.1	3.5	17
b1：学習	学習行動を実施した者の割合（%）	35.7	1.9	30
b2：スポーツ	スポーツを実施した者の割合（%）	69.1	2.6	29
b3：ボランティア	ボランティア活動を行った者の割合（%）	21.7	3.1	15
c1：犯罪	犯罪検挙人員の割合（1万人あたり）	21.7	2.3	32
c2：自殺	自殺者の割合（10万人あたり）	28.0	4.2	7
c3：ニート	非労働力人口の「その他」の者が人口に占める割合（‰）	11.7	1.9	31

2 都道府県別診断

茨城

　関東地方に入ってきました。まずは、北東に位置する茨城県です。近年、つくばエクスプレスなど、交通網の発達により、首都圏との距離がぐっと縮まってきています。それだけに、首都圏（東京）のベッドタウン的な性格を強めてきている、といえるでしょう。さて、当県の青年の状況をみると、病の指標では、病死率が高くなっています。全国で11位です。一方、有訴率は低く、42位です。活動の部分をみると、スポーツとボランティア活動の実施頻度は、全国水準と同程度です。最後に、逸脱の指標をとると、犯罪者出現率は低いのですが、自殺率とニート率が全国値を凌駕しています。下の要約図をみると、ほぼ中庸な型となっています。

　では、突出幅が比較的大きい病死率と自殺率について細かくみてみましょう。まず、病死率を年齢層別にみると、25〜29歳は全国値とほぼ同じですが、30〜34歳では、それとの差が開くようになります。36頁でみた青森と同様の傾向です。次に自殺率ですが、各年齢層について、10年前と比較したデータをお見せします。1997年では、当県の青年の自殺率は、全国水準を下回っていました。ところが、この10年間にかけて、それが10ポイント伸びたことで、全国値を凌駕するようになっています。なお、県警の資料によると、30代の自殺原因で最も多いのは「健康問題」で、全体の46％を占めています。警察庁の資料から分かる、全国値（41％）よりもやや高いことが特徴です。当県の場合、病死率の高さと併せて考えると、30代の健康状態がやや懸念されます。

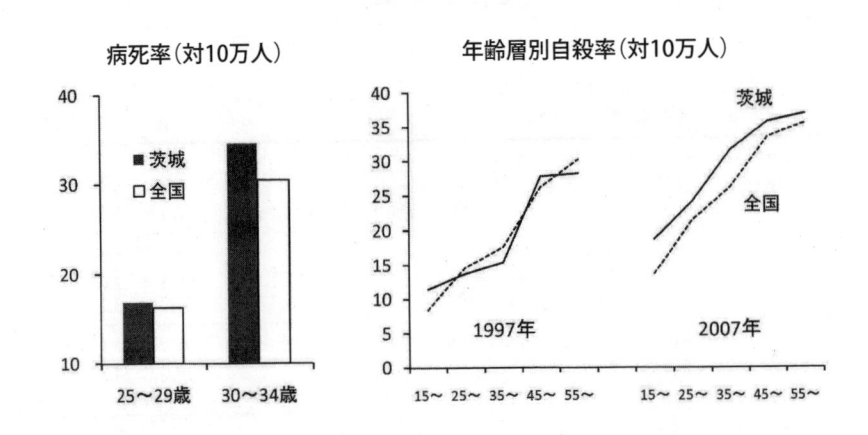

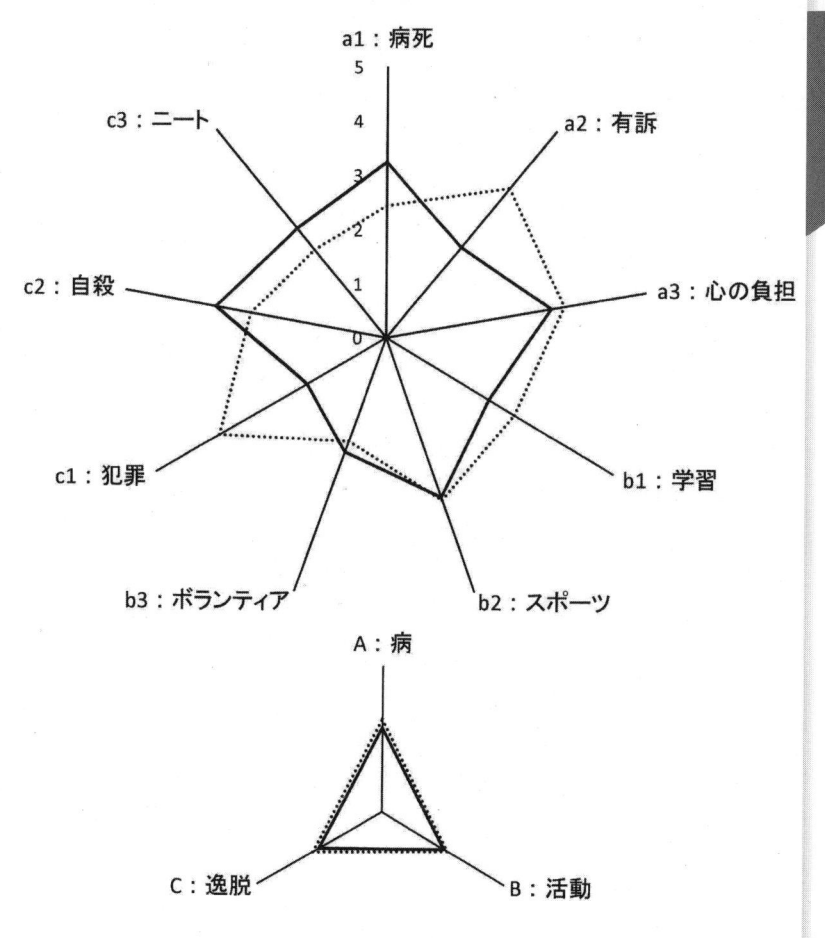

茨城

	指標の定義	実値	スコア	順位
a1：病死	外因以外の死因による死亡者の割合（10万人あたり）	26.5	3.2	11
a2：有訴	身体の不調を訴えている者の割合（％）	22.3	2.2	42
a3：心の負担	心の負担感を表わす6つの状態の経験率の平均値（％）	15.5	3.2	26
b1：学習	学習行動を実施した者の割合（％）	38.0	2.3	21
b2：スポーツ	スポーツを実施した者の割合（％）	71.0	3.1	19
b3：ボランティア	ボランティア活動を行った者の割合（％）	18.6	2.3	28
c1：犯罪	犯罪検挙人員の割合（1万人あたり）	19.1	1.7	40
c2：自殺	自殺者の割合（10万人あたり）	24.2	3.2	15
c3：ニート	非労働力人口の「その他」の者が人口に占める割合（‰）	13.4	2.6	21

2 都道府県別診断

栃木

　青年の病の指標をみると、病死率の高さが際立っています。10万人あたり31人、全国で3位です。有訴率と心の負担感は全国値を下回っています。活動の状況を表す指標はいずれも、全国水準より低くなっています。ボランティア活動実施率は全国最下位です。青年層に情報が行き渡らないなど、何か条件の不足があるのでしょうか。最後に、逸脱の指標をとると、こちらは、3つとも突き出ています。犯罪者出現率は7位です。子どもの非行者出現率が低いことと対照的です。下の要約図をみると、逸脱の項が突き出ています。気がかりです。この部分を凹ませて、活動の項を伸ばすことが望まれます。

　それでは、全国値との差が相対的に大きい、病死率とニート率について、詳細に解剖してみましょう。青年の病死率が最近どう変化したかをみると、当県の場合、全国的傾向とは違って増加しています。その結果、2007年では、全国値を凌駕するようになっています。次にニート率ですが、先の秋田と同じように、県内のどの地域で率が高いのかを図示します。下図の右側は、上位10位の市町村に色をつけたものです。ロケーション的にみて、高率地域はややかたまっているように思えます。交通条件が悪いなどの事情があるのでしょうか。率の高低を市部と郡部とで比べると、14市の平均値は18.1‰、36町村のそれは17.6‰です。秋田とは違って、市部で率が高くなっています。なお、県庁所在地の宇都宮市は9.4‰で県内40市町村中28位です。

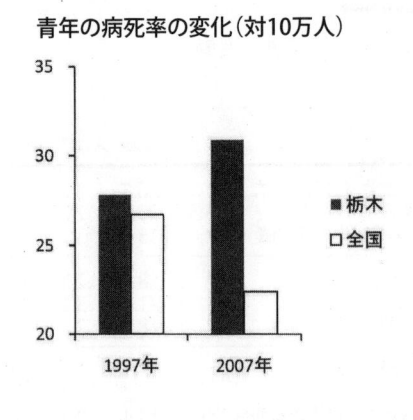

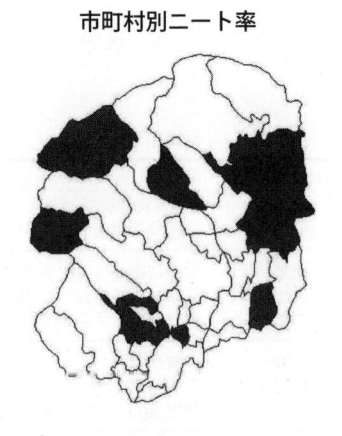

青年の病死率の変化(対10万人)　　　市町村別ニート率

栃木

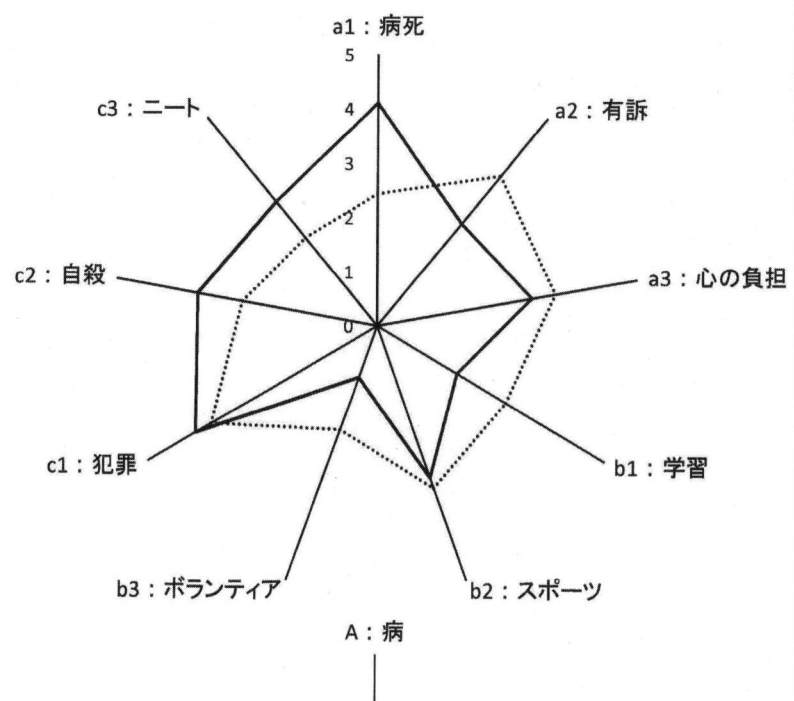

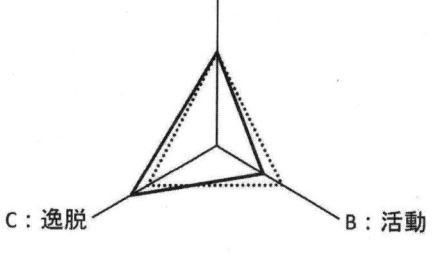

	指標の定義	実値	スコア	順位
a1：病死	外因以外の死因による死亡者の割合（10万人あたり）	30.9	4.1	3
a2：有訴	身体の不調を訴えている者の割合（％）	22.9	2.5	33
a3：心の負担	心の負担感を表わす6つの状態の経験率の平均値（％）	15.1	3.0	34
b1：学習	学習行動を実施した者の割合（％）	35.0	1.7	35
b2：スポーツ	スポーツを実施した者の割合（％）	70.4	3.0	22
b3：ボランティア	ボランティア活動を行った者の割合（％）	14.2	1.0	47
c1：犯罪	犯罪検挙人員の割合（1万人あたり）	28.9	3.9	7
c2：自殺	自殺者の割合（10万人あたり）	24.9	3.4	10
c3：ニート	非労働力人口の「その他」の者が人口に占める割合（‰）	14.3	3.0	15

2 都道府県別診断

群馬

　青年の病の指標は、どれも全国値より低くなっています。結構なことです。活動の指標は、ボランティア活動実施率がやや高くなっています。逸脱の部分では、自殺率の突出が目立っています。10万人あたり30人、全国で3位です。一方で、犯罪者出現率とニート率は低い水準にあります。下の要約図は、一見、中庸な型になっています。望むべくは、活動の項をより突出させたいものです。そのためには、条件整備などにより、学習行動実施率とスポーツ実施率をより高めることが望まれるでしょう。

　では、全国値との差が相対的に大きいボランティア活動実施率と自殺率について仔細にみましょう。まず青年のボランティア活動実施率を性別にみると、全国データとは違って、当県では男性の率が高くなっています。男性は、全国値より6.4ポイントも高いのに対し、女性は、2.8ポイント低いのです。山形や福島と同様、当県のボランティア活動実施率を高からしめているのは、主に男性のようです。次に自殺率です。青年層の特徴をみるため、他の年齢層との比較をしてみます。下図の右側によると、2007年でみて、当県の青年の自殺率が全国値を大きく引き離していることが明らかです。10年前では、こうした傾向はみられませんでした。青年層のこうした危機兆候を認識してのことでしょうか。2009年5月に策定された『群馬県自殺総合対策行動計画』では、青少年世代の自殺対策について、かなりの頁を割いて言及しています。もっぱら高齢層を想定した対策を練っている県が多い中で、異色を放っています。

性別ボランティア活動実施率(%)

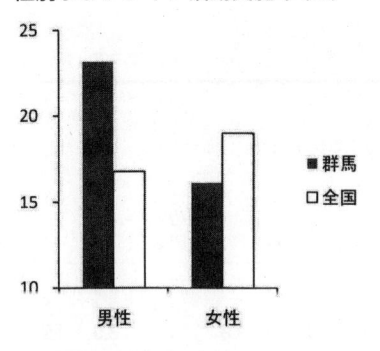

年齢層別自殺率(対10万人)

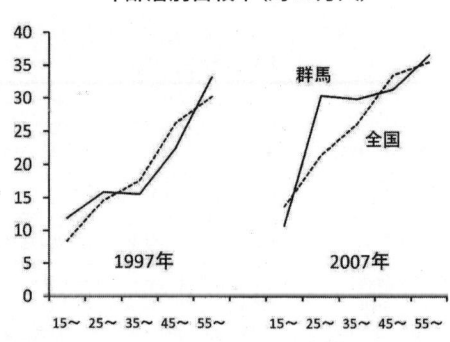

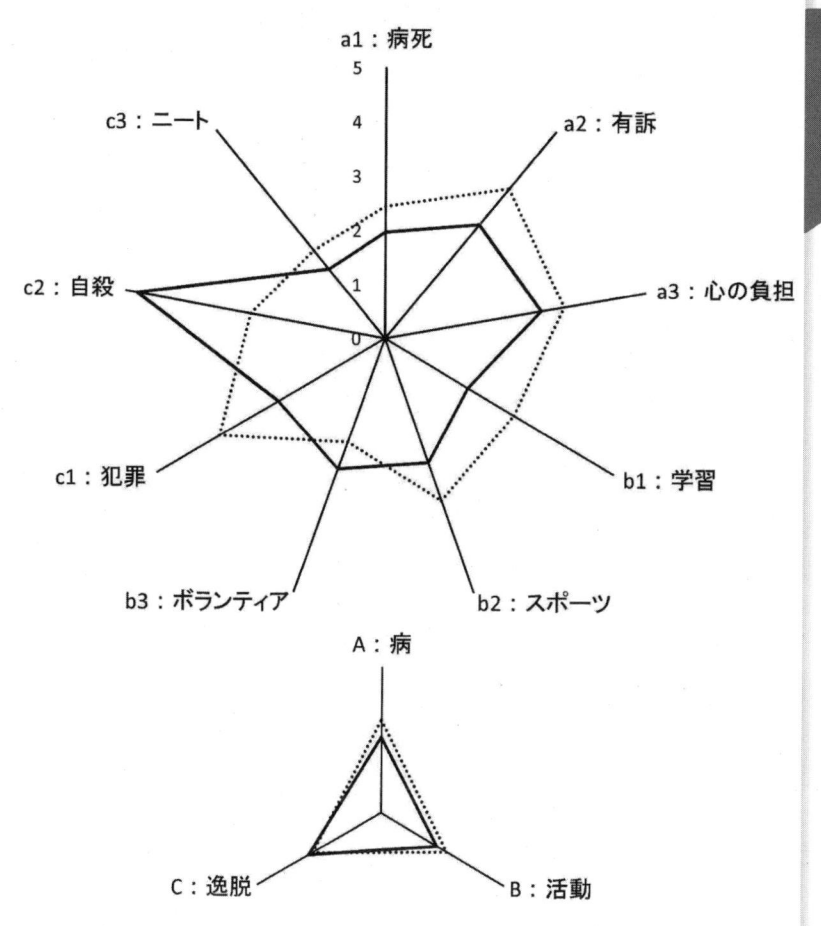

	指標の定義	実値	スコア	順位
a1：病死	外因以外の死因による死亡者の割合（10万人あたり）	20.0	2.0	36
a2：有訴	身体の不調を訴えている者の割合（％）	23.6	2.8	25
a3：心の負担	心の負担感を表わす6つの状態の経験率の平均値（％）	15.1	3.0	32
b1：学習	学習行動を実施した者の割合（％）	35.4	1.8	31
b2：スポーツ	スポーツを実施した者の割合（％）	68.3	2.4	32
b3：ボランティア	ボランティア活動を行った者の割合（％）	19.8	2.6	21
c1：犯罪	犯罪検挙人員の割合（1万人あたり）	21.9	2.3	31
c2：自殺	自殺者の割合（10万人あたり）	30.4	4.8	3
c3：ニート	非労働力人口の「その他」の者が人口に占める割合（‰）	11.0	1.7	38

埼玉

　近郊県の埼玉は、近年、多くの県で人口が減少している中、それが増加している数少ない県の一つです。まず、青年の病の指標をみると、病死率と有訴率が全国水準を上回っています。後者の相対水準はやや高く、全国で11位です。活動の指標は、スポーツ実施率がやや高くなっています。反面、ボランティア活動実施率は低い水準にあり、全国で下から2番目です。最後の逸脱の指標は、どれも凹んでいます。結構なことです。ただ、犯罪者出現率については、当県居住者であっても、犯行地が東京の場合は、東京の検挙人員としてカウントされることに注意する必要があります。大都市の東京と隣接した当県の場合、犯罪者出現率の低さは、多少割り引いて考える必要があるかもしれません。

　さて、いくつかの指標について詳述しましょう。ここでは、突出幅が相対的に大きい有訴率と、逆に陥没幅が大きいボランティア活動実施率を取り上げます。有訴率を年齢層別にみると、当県の値が全国値を凌駕しているのは、本書で問題にしている、25〜34歳の青年層だけです。他の層はいずれも、全国値より低くなっています。他の年齢層と比した場合、青年層の危機兆候が目立っていることが気がかりです。次に、ボランティア活動実施率を性別に分解してみると、両性とも、全国値を下回っています。全国値との差は、女性で比較的大きいようです。当県では東京への通勤者が多く、自地域で長い時間を過ごす青年が少ないことが、ボランティア活動実施率の低さの原因かもしれません。

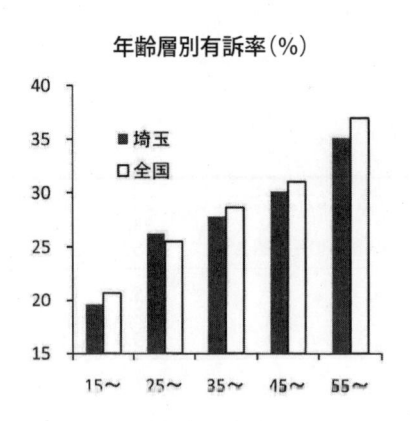

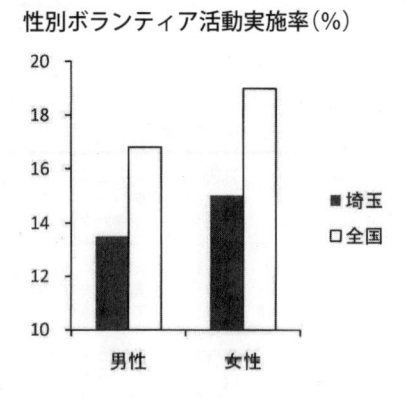

埼玉

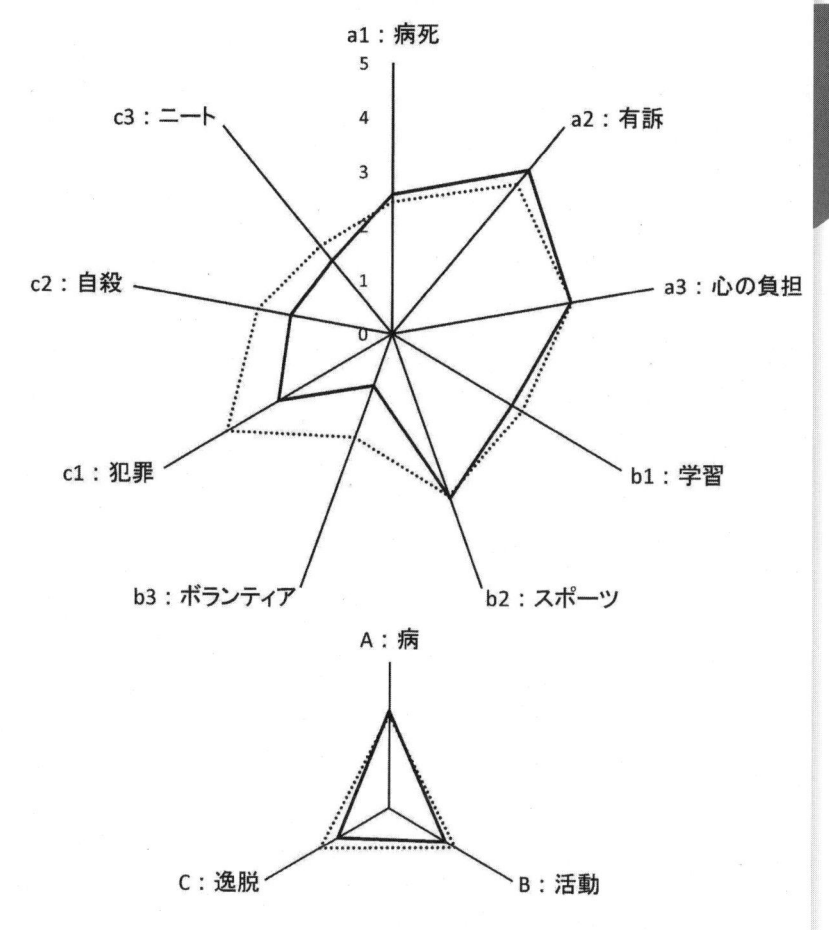

	指標の定義	実値	スコア	順位
a1：病死	外因以外の死因による死亡者の割合（10万人あたり）	23.1	2.6	22
a2：有訴	身体の不調を訴えている者の割合（%）	26.3	4.0	11
a3：心の負担	心の負担感を表わす6つの状態の経験率の平均値（%）	15.9	3.4	20
b1：学習	学習行動を実施した者の割合（%）	40.0	2.6	14
b2：スポーツ	スポーツを実施した者の割合（%）	71.4	3.2	13
b3：ボランティア	ボランティア活動を行った者の割合（%）	14.2	1.0	46
c1：犯罪	犯罪検挙人員の割合（1万人あたり）	22.5	2.5	30
c2：自殺	自殺者の割合（10万人あたり）	18.8	1.9	34
c3：ニート	非労働力人口の「その他」の者が人口に占める割合（‰）	11.3	1.8	34

2 都道府県別診断

千葉

　千葉も、埼玉と同じく、近郊県としての性格を色濃く持っています。青年の病の指標では、心の負担感が高くなっています。全国で9位です。活動の指標では、学習行動実施率とスポーツ実施率がかなり高い水準にあります。全国順位でいうと、3位と5位です。一方、ボランティア活動実施率は低くなっています。最後に、逸脱の部分をみると、自殺率のみが全国値をやや上回っています。犯罪者出現率は低いほうですが、埼玉と同様、東京への流出犯罪者が少なからずいると思われるので、若干割り引いて考える必要があるかと思います。下の要約図をみると、活動の項が突き出ています。結構な型です。

　では、突出幅の大きい活動の2指標を仔細にみましょう。まず、学習行動実施率の時系列データをみると、10年前に比して、全国値との差が広がっています。相対的な傾向ですが、当県の青年の学習行動が活発化していることがうかがえます。次に、スポーツ実施率をやや細かい属性別にみると、全国値との差がついているのは、男性の無業層においてです。ところで当県では、図書館のような学習施設やスポーツ施設が、他県に比して格段に多いというわけではありません。人口あたりの比率でみるとむしろ少ないくらいです。よって、当県の青年の活動の多さは、個人的モティベーションによるところが大きいと思われます。たとえば当県では、子どもの体力も高いのですが、こうした子ども期の様相が、青年のスポーツ実施率の高さにつながっているのかもしれません。

学習行動実施率の変化(%)　　　性別・就業状態別スポーツ実施率(%)

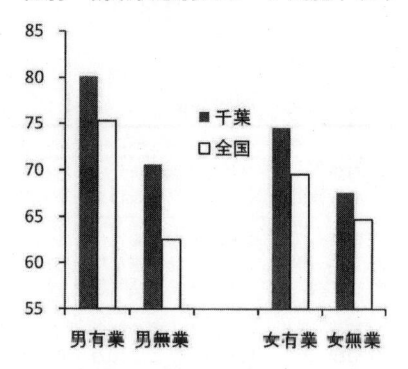

千葉

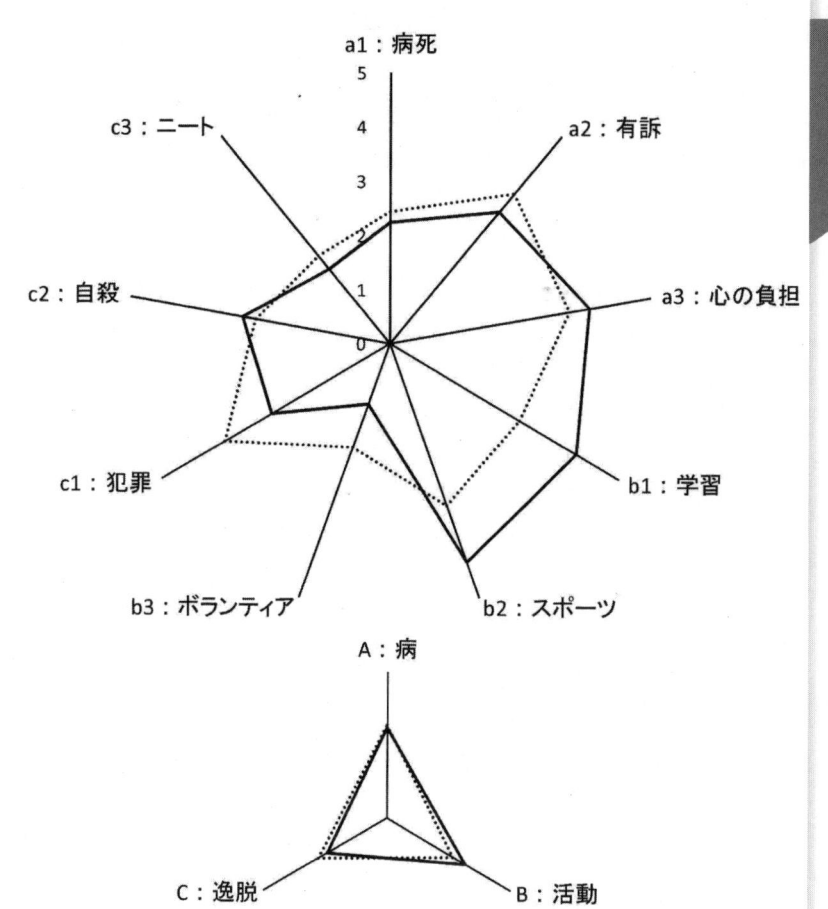

```
        a1：病死
c3：ニート    a2：有訴
c2：自殺      a3：心の負担
c1：犯罪      b1：学習
  b3：ボランティア  b2：スポーツ
```

```
    A：病
C：逸脱    B：活動
```

	指標の定義	実値	スコア	順位
a1：病死	外因以外の死因による死亡者の割合（10万人あたり）	21.4	2.2	30
a2：有訴	身体の不調を訴えている者の割合（％）	24.5	3.2	18
a3：心の負担	心の負担感を表わす6つの状態の経験率の平均値（％）	16.7	3.8	9
b1：学習	学習行動を実施した者の割合（％）	48.5	4.1	3
b2：スポーツ	スポーツを実施した者の割合（％）	75.6	4.3	5
b3：ボランティア	ボランティア活動を行った者の割合（％）	14.9	1.2	44
c1：犯罪	犯罪検挙人員の割合（1万人あたり）	23.0	2.6	26
c2：自殺	自殺者の割合（10万人あたり）	22.5	2.8	20
c3：ニート	非労働力人口の「その他」の者が人口に占める割合（‰）	11.4	1.8	33

東京

　全国一の大都市・東京では、青年層のすがたはどのようなものでしょうか。まず、病の指標をみると、有訴率と心の負担感がかなり高くなっています。全国で2位、3位です。管理化、孤立化が相対的に進行している大都市の青年層が、心身に負荷を抱えていることがうかがえます。次に、活動状況をみると、学習行動実施率とスポーツ実施率が、これまた高い水準にあります。大都市では、これらを行うための情報や機会が豊富であるためと推察されます。その一方で、ボランティア活動実施率がやや低くなっているのが気がかりです。最後に、逸脱の指標を出すと、犯罪者出現率が突出しています。全国で1位です。もっとも、都内で検挙される犯罪者の全てが、都内在住者というわけではありません。他県からの流入犯罪者も含まれていることに注意する必要があります。

　では、全国値との差が大きい学習行動実施率と犯罪者出現率について、細かくみてみます。前者を性別にみると、全国的傾向と同様、男性よりも女性で率が高くなっています。しかるに、東京では、こうした男女差がかなり大きいことが特徴です。次に、犯罪者出現率を年齢層別にみると、ここで問題にしている25～39歳において、全国水準との差が最も開いています。その差が、5年前の2002年よりも若干広がっていることも気がかりです。青年の不安定な生活態度を形成せしめる要因を取り除くとともに、他県からの流入犯罪者を引き寄せるような行為環境（盛り場など）の浄化施策が求められるところです。

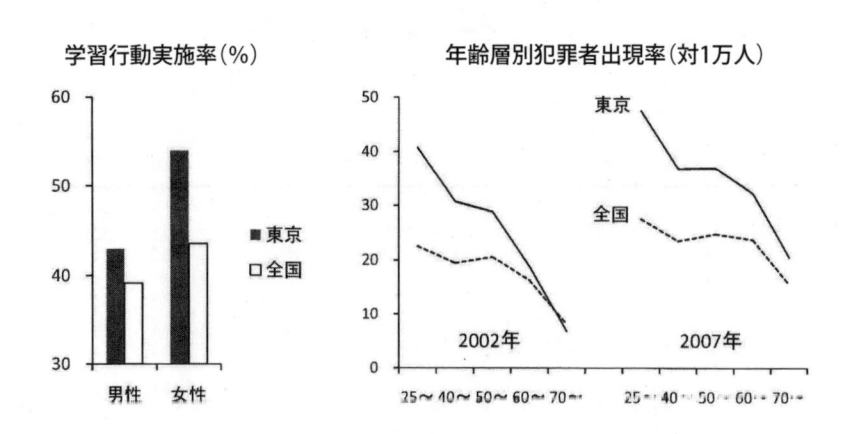

第2章　青年の状況の都道府県別診断

東京

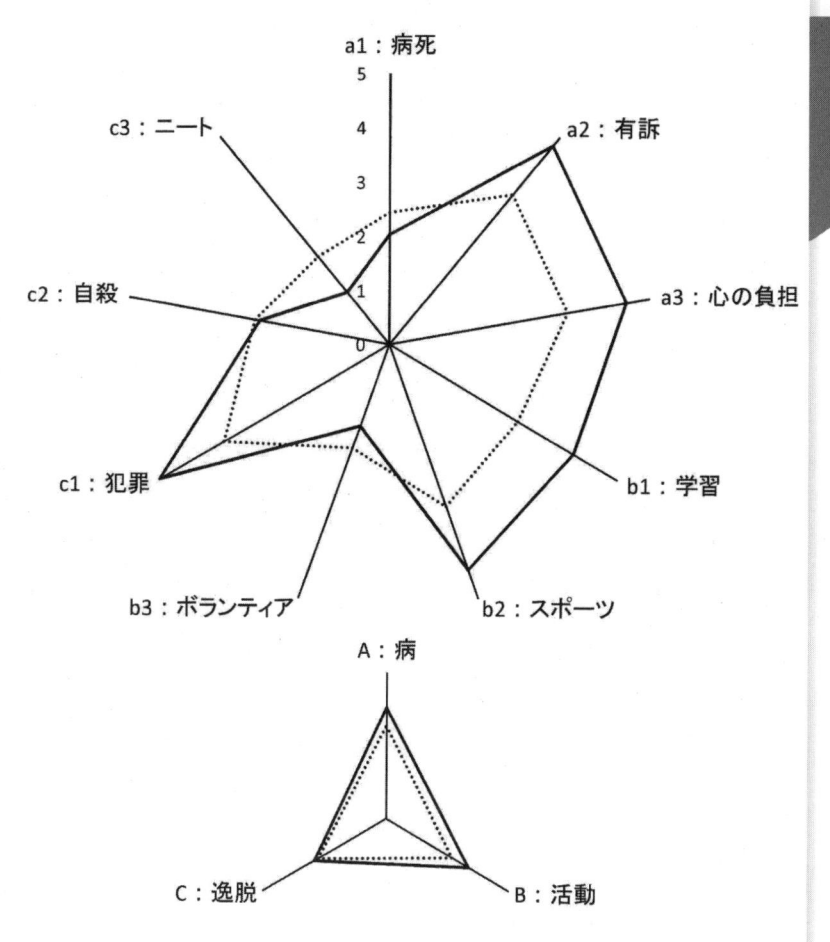

	指標の定義	実値	スコア	順位
a1：病死	外因以外の死因による死亡者の割合（10万人あたり）	20.3	2.0	34
a2：有訴	身体の不調を訴えている者の割合（％）	28.1	4.8	2
a3：心の負担	心の負担感を表わす6つの状態の経験率の平均値（％）	18.1	4.5	3
b1：学習	学習行動を実施した者の割合（％）	48.4	4.0	4
b2：スポーツ	スポーツを実施した者の割合（％）	76.2	4.4	3
b3：ボランティア	ボランティア活動を行った者の割合（％）	16.3	1.6	36
c1：犯罪	犯罪検挙人員の割合（1万人あたり）	47.5	5.0	1
c2：自殺	自殺者の割合（10万人あたり）	21.1	2.5	28
c3：ニート	非労働力人口の「その他」の者が人口に占める割合（‰）	10.0	1.3	44

2 都道府県別診断

神奈川

　首都圏の最後、神奈川県です。まず、診断図のおおよその形は、先ほどみた東京と似ているようです。東京同様、病の指標では、有訴率と心の負担感が高くなっています。それぞれ、全国で4位、7位です。次に、学習の指標をみると、これまた東京と同じく、学習行動実施率とスポーツ実施率がかなり高い水準にあります。全国で1位、2位です。一方、ボランティア活動実施率はやや低くなっています。最後の逸脱の部分では、犯罪者出現率のみが全国値を少し上回っています。下の要約図は、活動の項が突き出た形になっています。

　では、突出幅が比較的大きい、学習行動実施率とスポーツ実施率について、細かくみてみましょう。まず、前者を性別に分解してみると、全国値との差は、男性で大きくなっています。当県の特徴は、女性よりも男性の率が高いことです。続いて、スポーツ実施率を性別・就業状態別にみると、全国値の差は、女性の無業層で相対的に開いています。その一方で、男性の無業層の率は全国水準よりも低いのです。相対的剥奪という概念があります。就業率が高い大都市では、男性青年層の無業者は、地方の場合よりも、殊更に困難な状況におかれた人たちなのかもしれません。なお、当県も千葉と同様、学習施設やスポーツ施設の数（人口あたり）が多いというわけではありません。学習行動実施率が高いことは、高学歴層青年が比較的多いことによる、個人のモティベーション要因に由来しているのかもしれません。

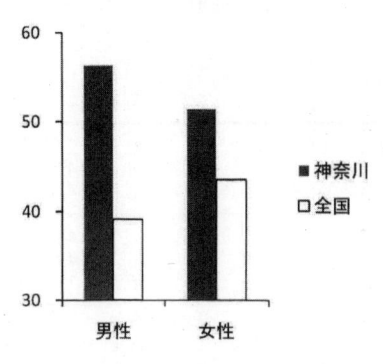

性別学習行動実施率(%)

性別・就業状態別スポーツ実施率(%)

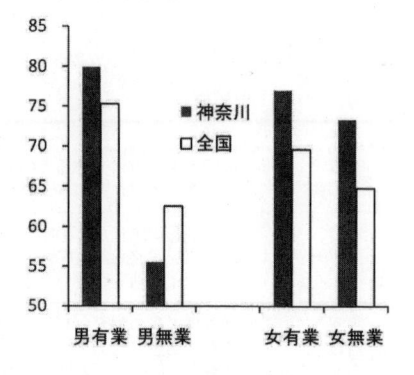

第2章 青年の状況の都道府県別診断

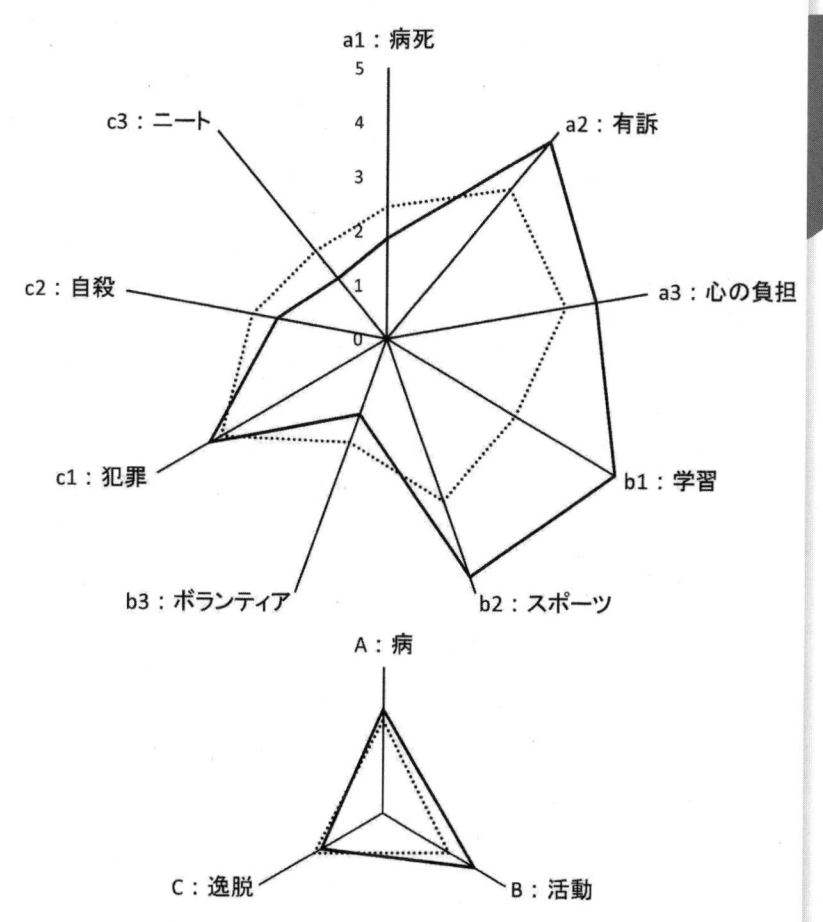

神奈川

	指標の定義	実値	スコア	順位
a1：病死	外因以外の死因による死亡者の割合（10万人あたり）	19.4	1.9	40
a2：有訴	身体の不調を訴えている者の割合（％）	28.1	4.8	4
a3：心の負担	心の負担感を表わす6つの状態の経験率の平均値（％）	17.1	4.0	7
b1：学習	学習行動を実施した者の割合（％）	54.0	5.0	1
b2：スポーツ	スポーツを実施した者の割合（％）	77.1	4.7	2
b3：ボランティア	ボランティア活動を行った者の割合（％）	15.9	1.5	39
c1：犯罪	犯罪検挙人員の割合（1万人あたり）	28.6	3.9	8
c2：自殺	自殺者の割合（10万人あたり）	19.5	2.1	32
c3：ニート	非労働力人口の「その他」の者が人口に占める割合（‰）	10.5	1.5	40

新潟

　青年の病の指標をみると、有訴率は低いのですが、病死率と心の負担感は高くなっています。後者は、全国で5位です。活動の指標は、3つとも全国値を下回っています。学習行動実施率は全国で最下位です。最後に、逸脱の部分では、自殺率のみがやや突出しています。下の要約図をみると、活動の項が陥没しているのが気になります。条件整備などにより、とくに、青年の学習行動を促進させる余地はあるかと思います。当県は、面積が広大ですので、県内には、もしかすると、学習施設が皆無という地域もあるかもしれません。そうした資源の県内分布状況を吟味する必要もあろうかと存じます。

　それでは、全国値との差が比較的大きい、病の2つの指標について詳細にみてみましょう。まず、病死率を20代後半と30代前半に分けてみると、前者において、全国水準との開きが大きくなっています。8.4ポイントの差があります。ところが、30代になると、全国水準よりも低くなります。当県における、青年層の病死率の相対的な高さは、主に20代後半層によるものであることが分かります。このような傾向は、10年前の1997年データでも観察されます。次に、心の負担感に関する6つの設問への肯定率を個別にみると、どの設問でも、当県の値は全国値を上回っています。差の規模ほぼ一定していますが、最も開いているのは、「気が沈む」の肯定率です。「絶望的だと感じる」というシリアス度の高い設問でも、比較的差が出ています。

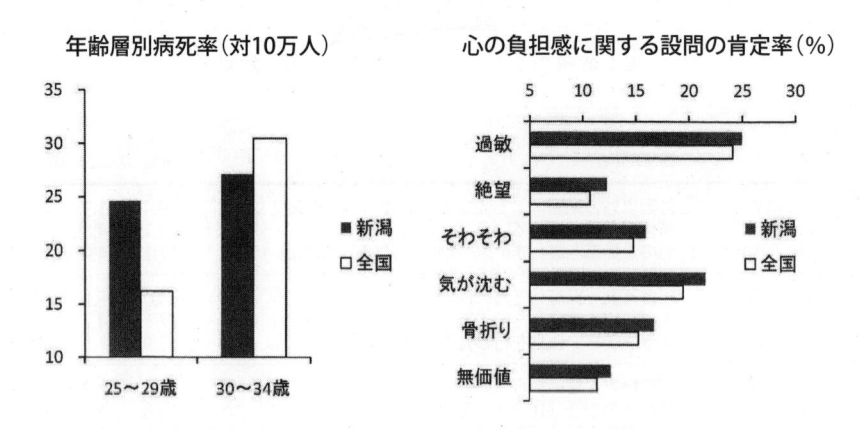

新潟

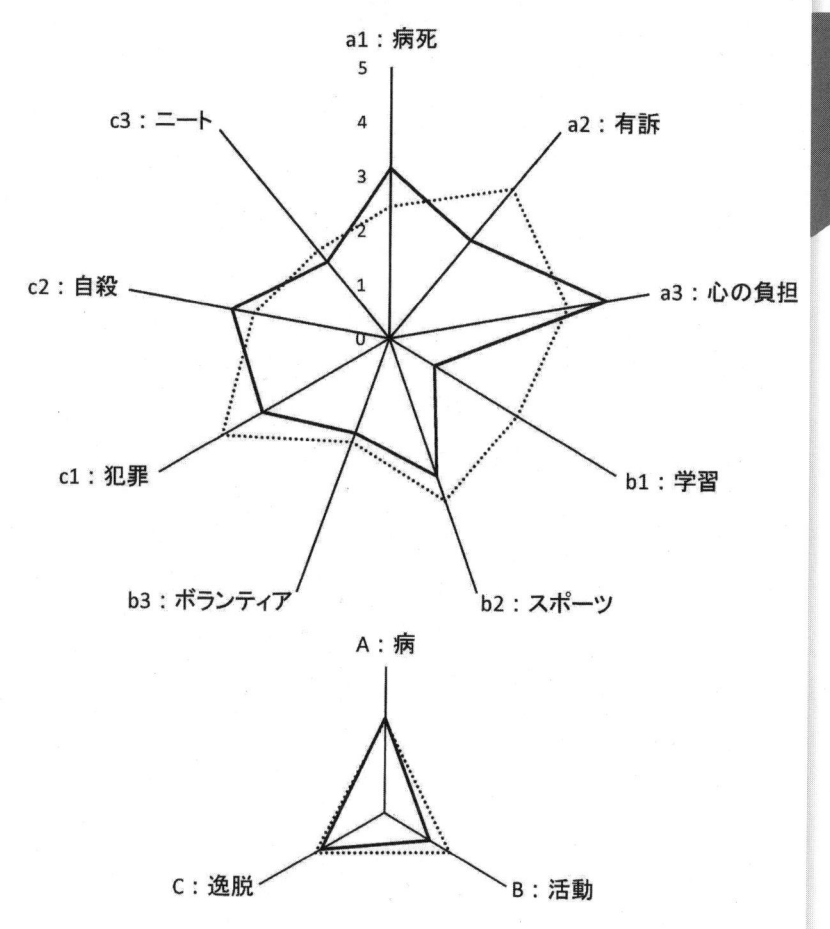

	指標の定義	実値	スコア	順位
a1：病死	外因以外の死因による死亡者の割合（10万人あたり）	26.0	3.1	12
a2：有訴	身体の不調を訴えている者の割合（％）	22.7	2.4	38
a3：心の負担	心の負担感を表わす6つの状態の経験率の平均値（％）	17.4	4.2	5
b1：学習	学習行動を実施した者の割合（％）	30.7	1.0	47
b2：スポーツ	スポーツを実施した者の割合（％）	69.3	2.7	27
b3：ボランティア	ボランティア活動を行った者の割合（％）	17.2	1.9	33
c1：犯罪	犯罪検挙人員の割合（1万人あたり）	23.7	2.7	22
c2：自殺	自殺者の割合（10万人あたり）	23.2	3.0	18
c3：ニート	非労働力人口の「その他」の者が人口に占める割合（‰）	11.5	1.8	32

2 都道府県別診断

富山

　多くの指標が全国水準を下回っており、下の要約図も、3項とも凹んだ型になっています。初めてお目にかかるタイプです。上の9角形の図を仔細にみると、病の指標は、3つとも低い水準にあります。青年層が病を患う頻度は、相対的に低いようです。次に、活動の状況に目を転じると、先ほどみた新潟と同じく、学習行動実施率が低くなっています。全国で45位です。ボランティア活動実施率は全国値をやや凌駕しています。最後の逸脱の指標では、自殺率が高くなっています。一方で、犯罪者出現率は全国で最下位です。相対的にいって、当県では、内向型の逸脱が顕著であるといえます。

　では、この対照的な2指標、犯罪者出現率と自殺率について、細かくみてみましょう。まず、犯罪者出現率を年齢層別にみると、当県では、全ての年齢層において、全国水準よりかなり低くなっています。とくに、青年層で差が大きく、11.5ポイントも下回っています。結構なことです。3章でみるように、当県では、青年をとりまく環境の歪みが少ないのですが、こうした環境要因も寄与しているのかもしれません。次に、自殺率の年齢曲線を描くと、犯罪者出現率とは裏腹に、青年層において、全国値を上回る度合いが最も大きくなっています。10年前のデータでも同じです。このことを認識してのことでしょうか。『富山県自殺対策アクションプラン』(2009年6月)は、青年期を含めたライフステージ別の自殺対策をまとめた、ユニークな内容になっています。

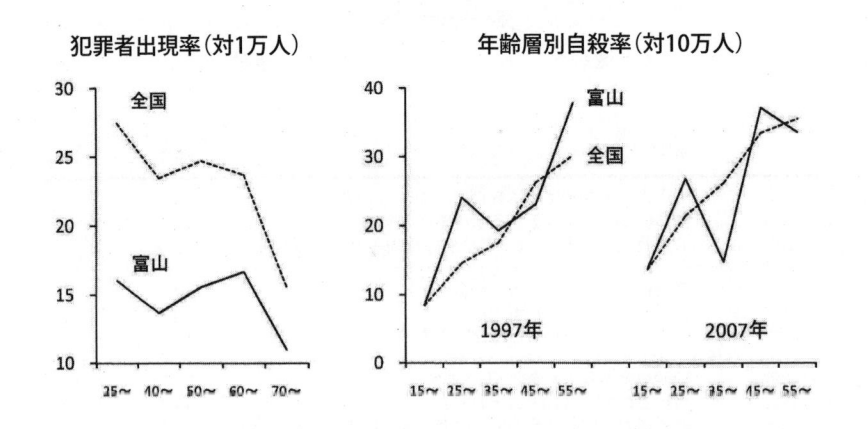

犯罪者出現率(対1万人)

年齢層別自殺率(対10万人)

1997年　　　2007年

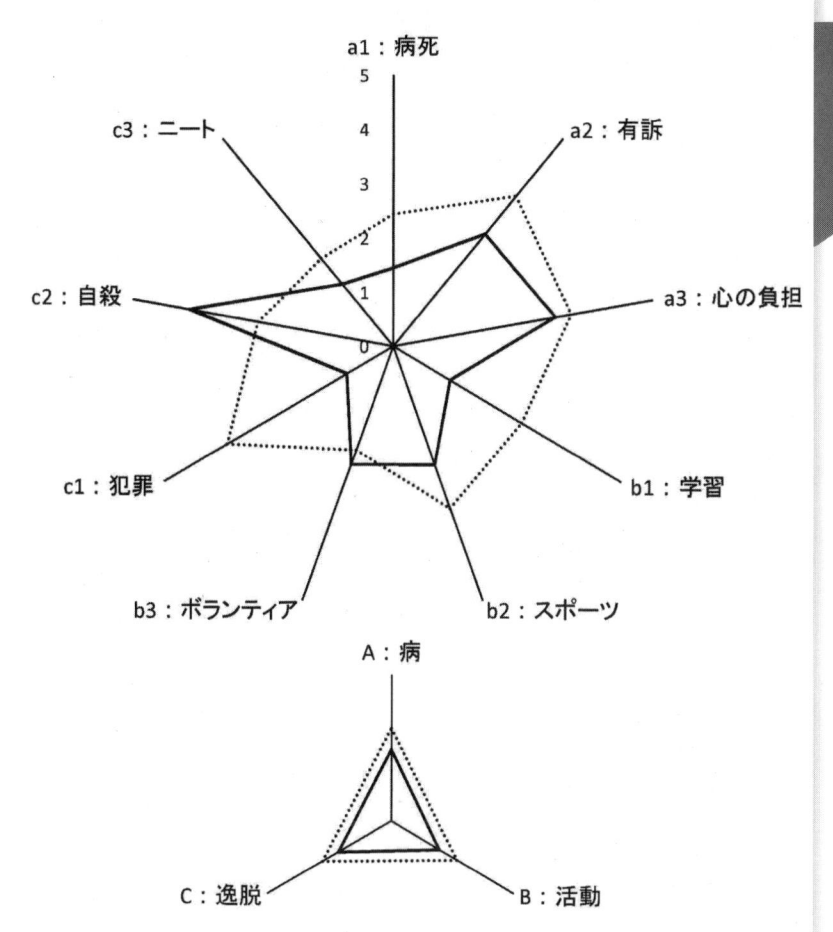

富山

	指標の定義	実値	スコア	順位
a1：病死	外因以外の死因による死亡者の割合（10万人あたり）	17.4	1.5	44
a2：有訴	身体の不調を訴えている者の割合（％）	23.5	2.7	26
a3：心の負担	心の負担感を表わす6つの状態の経験率の平均値（％）	15.4	3.1	28
b1：学習	学習行動を実施した者の割合（％）	32.2	1.3	45
b2：スポーツ	スポーツを実施した者の割合（％）	67.8	2.3	34
b3：ボランティア	ボランティア活動を行った者の割合（％）	18.9	2.3	27
c1：犯罪	犯罪検挙人員の割合（1万人あたり）	16.0	1.0	47
c2：自殺	自殺者の割合（10万人あたり）	26.8	3.9	8
c3：ニート	非労働力人口の「その他」の者が人口に占める割合（‰）	10.6	1.5	39

2 都道府県別診断

石川

　石川も、お隣の富山と同様、診断図の形が小さくなっています。ここで取り上げている指標は、お目出度くないものがほとんどですので、結構なことです。病の3指標は、どれも値が低くなっています。青年の心身状況は、他県に比して好ましいようです。活動の指標では、ボランティア活動実施率の突出が目立っています。青年全体の23％、全国で13位です。一方、これまた富山と同じく、学習行動実施率が低い水準にあります。別に、図書館や公民館のような学習施設の数（人口あたり）が少ない、ということではなさそうです。最後に、逸脱の部分をみると、どれも凹んでいます。下の要約図に目をやると、病と逸脱の項が凹んだ、望ましい型ができています。活動の項をもっと突出させれば、さらによいことと思います。

　さて、当県の場合、心の負担感が低いことと、ボランティア活動実施率が比較的高いことに興味を覚えますので、この2つについて仔細にみてみます。まず、心の負担感に関する設問ごとの肯定率をみると、どの設問でも肯定率が全国値を下回っています。最も差が出ているのは、「気が沈む」の肯定率です。全国水準よりも4.8ポイント低くなっています。次に、ボランティア活動実施率を性別にみると、男性において、全国値との差が大きくなっています。また、当県の場合、実施率の男女差がほとんどないことも注目されます。もしかすると、活動指標の男女差の多寡というものは、男女共同参画の実現性を測る尺度として使えるかもしれません。

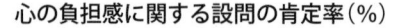

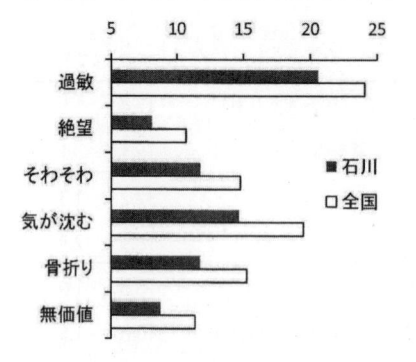

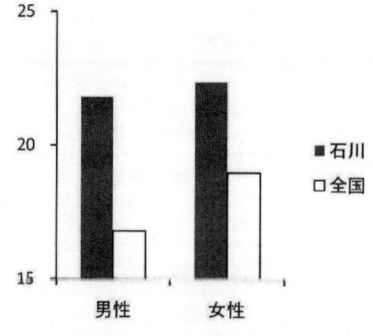

石川

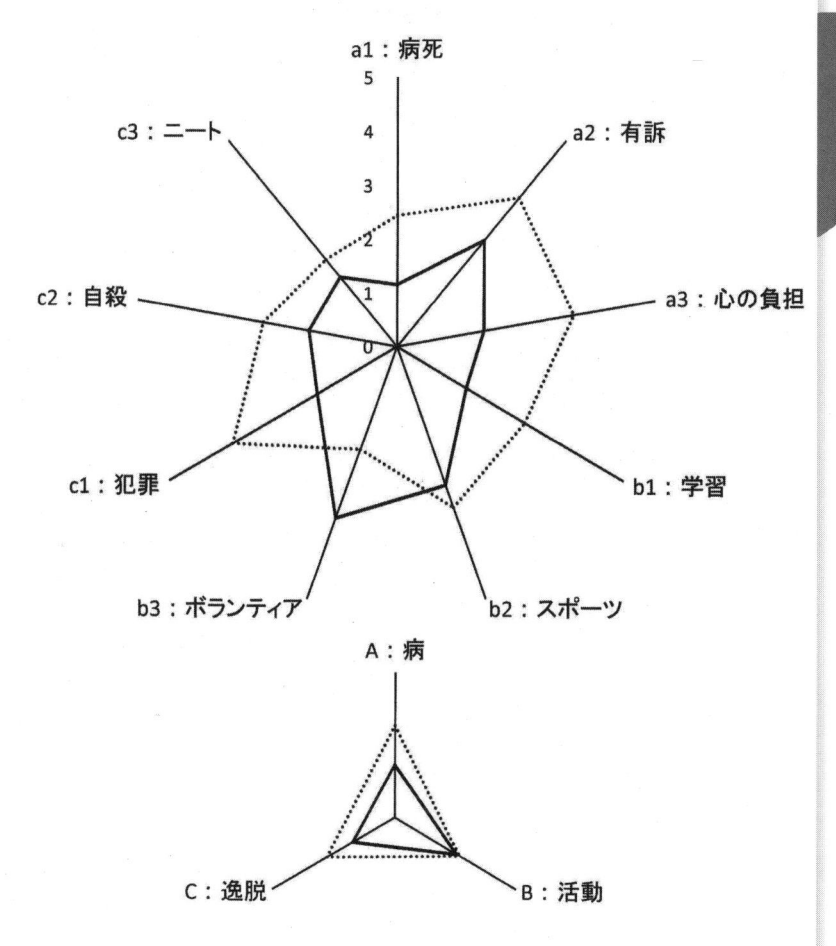

	指標の定義	実値	スコア	順位
a1：病死	外因以外の死因による死亡者の割合（10万人あたり）	15.9	1.2	46
a2：有訴	身体の不調を訴えている者の割合（%）	23.2	2.6	30
a3：心の負担	心の負担感を表わす6つの状態の経験率の平均値（%）	12.6	1.7	44
b1：学習	学習行動を実施した者の割合（%）	33.8	1.5	40
b2：スポーツ	スポーツを実施した者の割合（%）	69.5	2.7	26
b3：ボランティア	ボランティア活動を行った者の割合（%）	22.7	3.4	13
c1：犯罪	犯罪検挙人員の割合（1万人あたり）	19.3	1.8	39
c2：自殺	自殺者の割合（10万人あたり）	17.9	1.7	38
c3：ニート	非労働力人口の「その他」の者が人口に占める割合（‰）	11.1	1.7	36

福井

　他の北陸県と同様、福井の診断図も、多くの指標の値が凹んだ形になっています。青年の病の指標は、どれも値が低くなっています。相対順位が最も低いのは心の負担感で、43位です。活動の部分をみると、スポーツ実施率とボランティア活動実施率が高くなっています。全国で8位、10位です。学習行動実施率も、全国値は下回っているのですが、相対順位は高いほうです。最後に、逸脱の3指標をみると、どれも低い水準にあります。結構なことです。下の要約図をみると、活動の項のみが突出した望ましい型ができています。当県は、子どもの診断図でみても理想的な型を持っているのですが（拙著『47都道府県の子どもたち』の69頁を参照）、それは青年期にも受け継がれているようです。

　では、突出幅の大きい2つの指標について、やや詳細に吟味してみましょう。まず、スポーツ実施率を性別にみると、当県では、男女差が大きくなっています。男性は81%、女性は66%です。結果、男性は全国値を凌駕していますが、女性は逆にそれを下回っています。率が高いのはよいのですが、こうした男女差の存在が少し気になります。続いて、ボランティア活動実施率を同じく性別にみると、当県の場合、全国的傾向とは違って、女性よりも男性の率が高くなっています。ところで、当県の場合、25～34歳の女性の就労率は71%と、全国水準（62%）よりもかなり高いです（2005年の『国勢調査』）。男性の家事分担度が低いなど、就労女性の活動を阻害するような条件が潜んでいるのかもしれません。

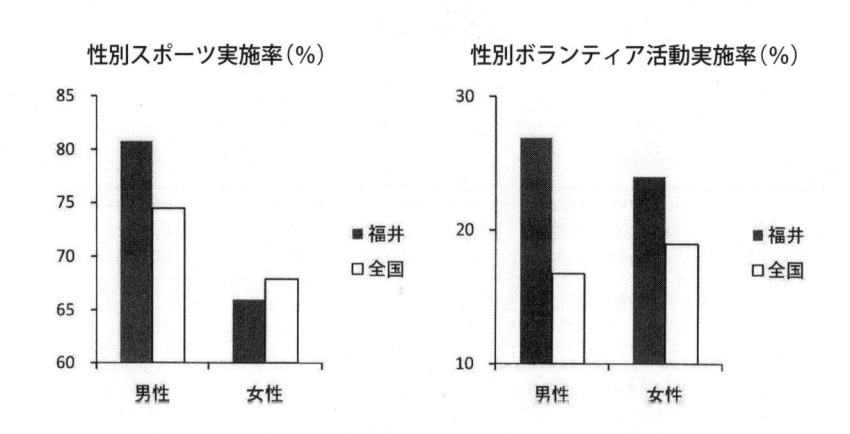

性別スポーツ実施率(%)

性別ボランティア活動実施率(%)

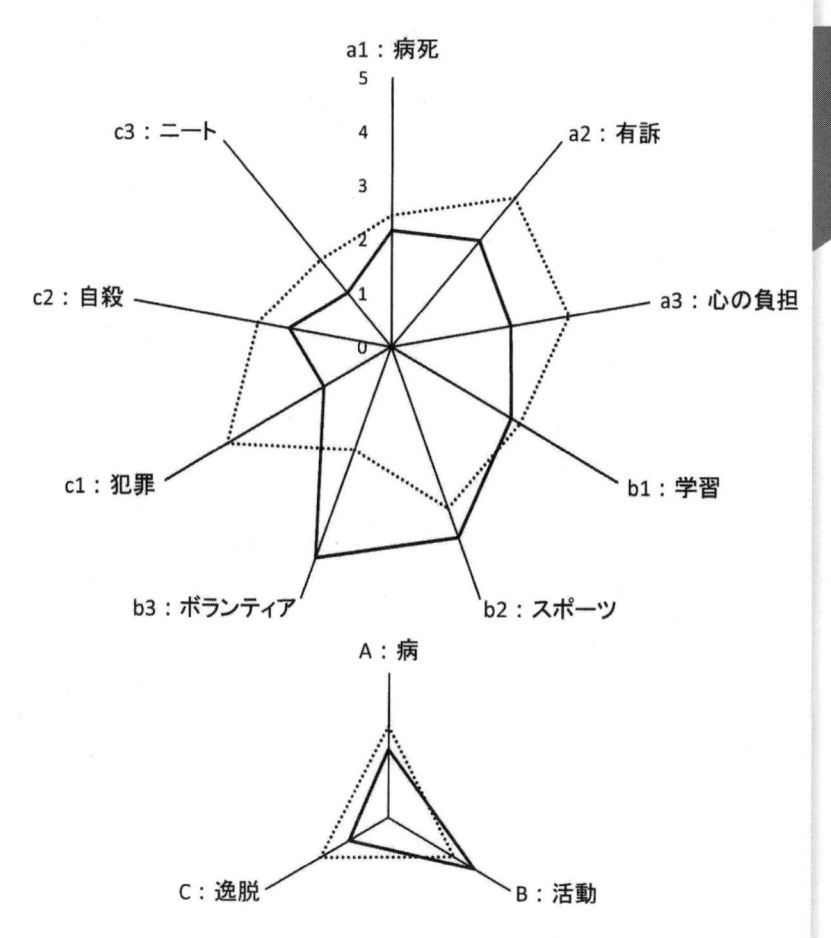

	指標の定義	実値	スコア	順位
a1：病死	外因以外の死因による死亡者の割合（10万人あたり）	21.0	2.2	32
a2：有訴	身体の不調を訴えている者の割合（％）	23.2	2.6	29
a3：心の負担	心の負担感を表わす6つの状態の経験率の平均値（％）	13.8	2.3	43
b1：学習	学習行動を実施した者の割合（％）	40.2	2.6	13
b2：スポーツ	スポーツを実施した者の割合（％）	73.5	3.8	8
b3：ボランティア	ボランティア活動を行った者の割合（％）	25.5	4.2	10
c1：犯罪	犯罪検挙人員の割合（1万人あたり）	18.1	1.5	43
c2：自殺	自殺者の割合（10万人あたり）	19.0	2.0	33
c3：ニート	非労働力人口の「その他」の者が人口に占める割合（‰）	10.2	1.3	42

山梨

　青年の病の指標は、3つとも低い水準にあります。病死率は、全国で45位です。青年が、心身の病を患う確率は、他県に比して、少ないといえます。活動の指標をみると、学習行動実施率の相対順位が高くなっています。青年全体の44％、全国で7位です。ボランティア活動実施率も、全国値をやや上回っています。最後に、逸脱の部分をみると、自殺率の高さが目立っています。下の要約図をみると、病の項が凹んだ形になっています。自殺率の低下によって逸脱の項が凹み、スポーツ実施率の向上によって活動の項が突き出れば、望ましい型になるでしょう。

　では、突出が相対的に目立っている2つの指標についてみてみましょう。まず、学習行動率を性別にみると、男性は全国値より低く、女性はそれよりも高くなっています。当県の学習行動実施率の高さは、主に女性によるものであることが分かります。ところで、当県は、学習施設の設置が充実しており、人口あたりの公民館数は全国2位、図書館数は1位となっています（2005年データ）。女性の学習行動実施率の高さは、こうした条件整備の賜物といえるかもしれません。あと一点、当県の青年女性には、高学歴者が比較的多いのではないかとも考えましたが、2000年の『国勢調査』のデータでは、大卒以上の学歴者の比率は12％で、全国値より高い、ということはありませんでした。さて、次に自殺率ですが、最近7年間の時系列データをみてみます。これによると、当県の青年の自殺率は、大局的には、上昇の傾向にあることが知られます。

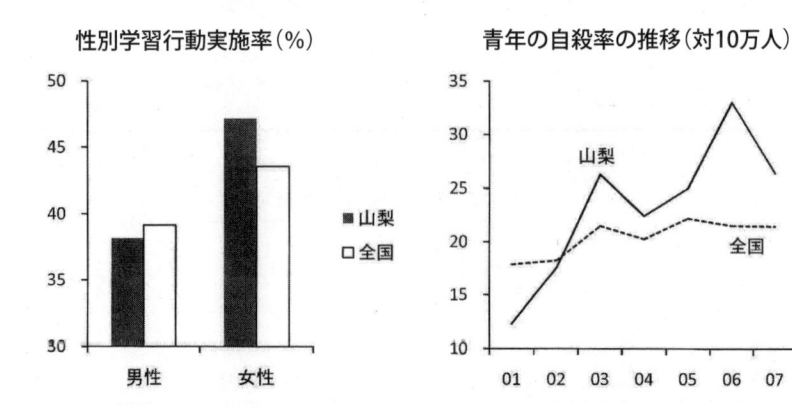

性別学習行動実施率（％）

青年の自殺率の推移（対10万人）

山梨

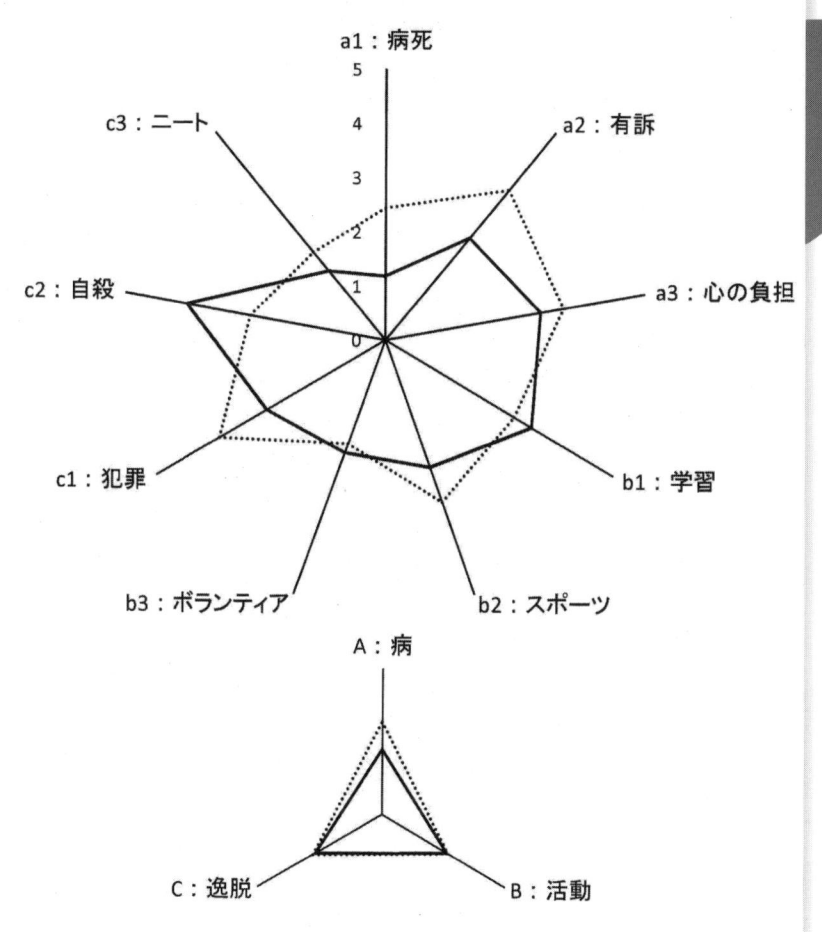

	指標の定義	実値	スコア	順位
a1：病死	外因以外の死因による死亡者の割合（10万人あたり）	16.0	1.2	45
a2：有訴	身体の不調を訴えている者の割合（％）	22.9	2.5	32
a3：心の負担	心の負担感を表わす6つの状態の経験率の平均値（％）	15.1	3.0	33
b1：学習	学習行動を実施した者の割合（％）	43.5	3.2	7
b2：スポーツ	スポーツを実施した者の割合（％）	68.5	2.5	31
b3：ボランティア	ボランティア活動を行った者の割合（％）	18.5	2.2	29
c1：犯罪	犯罪検挙人員の割合（1万人あたり）	22.9	2.6	27
c2：自殺	自殺者の割合（10万人あたり）	26.4	3.8	9
c3：ニート	非労働力人口の「その他」の者が人口に占める割合（‰）	11.0	1.7	37

2 都道府県別診断

長野

　病の指標をみると、病死率と有訴率は低くなっています。心の負担感はやや高く、6つの設問への肯定率の平均値は16.7％、全国で8位です。次に、活動の部分です。当県の青年層の活動状況をみると、かなり活発なようで、スポーツ実施率とボランティア活動実施率が大きく突き出ています。当県では、子どもの地域行事への参加率も高いのですが（拙著『47都道府県の子どもたち』、167頁）、このようなことが関連しているのでしょうか。子ども期の様相と青年期のそれとがつながっていることが注目されます。最後に、逸脱の指標をみると、どれも値が低くなっています。結構なことです。下の要約図をみると、活動の項のみが突出した、望ましい型ができています。

　それでは、全国値との差が大きい、活動の2指標について仔細に吟味してみましょう。まず、スポーツ実施率を性別に分解してみると、全国的傾向をほぼ引き伸ばしたような相似形になっています。全国値との差は、男性のほうが大きくなっています（5.0ポイント）。次に、ボランティア活動実施率を、情報機器の使用状況別にみてみます。これによると、情報機器使用者において、差が出ているのが明らかです。情報化が進んだ現在、ボランティア活動の情報などはパソコンで得ることが多いと思います。当県のホームページを少しのぞいてみたところ、なるほど、県内のNPO法人のデータベースや、詳細な活動の手引きがアップされているなど、目を引くものがあるようです。

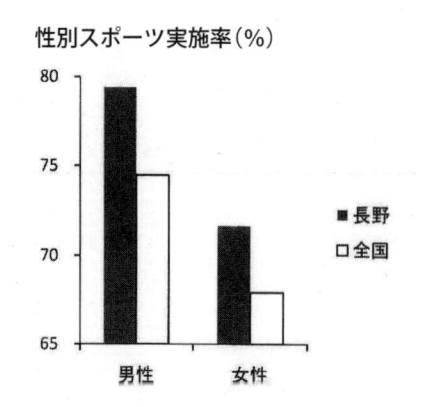

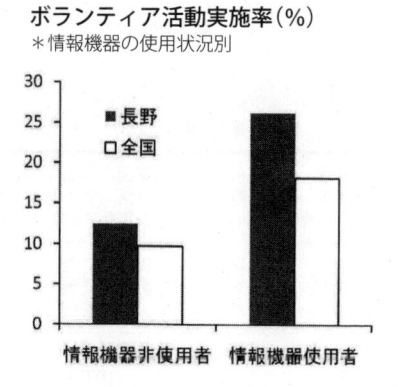

性別スポーツ実施率（％）

ボランティア活動実施率（％）
＊情報機器の使用状況別

長野

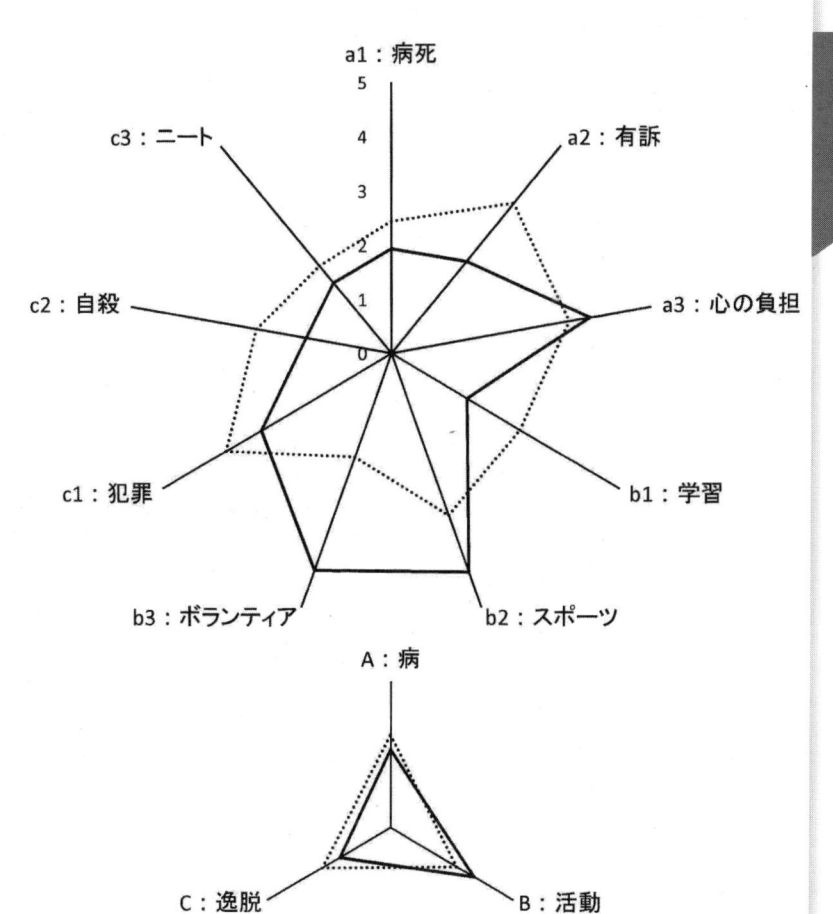

	指標の定義	実値	スコア	順位
a1：病死	外因以外の死因による死亡者の割合（10万人あたり）	19.9	1.9	38
a2：有訴	身体の不調を訴えている者の割合（%）	22.3	2.2	41
a3：心の負担	心の負担感を表わす6つの状態の経験率の平均値（%）	16.7	3.8	8
b1：学習	学習行動を実施した者の割合（%）	34.5	1.7	38
b2：スポーツ	スポーツを実施した者の割合（%）	75.6	4.3	4
b3：ボランティア	ボランティア活動を行った者の割合（%）	25.8	4.3	9
c1：犯罪	犯罪検挙人員の割合（1万人あたり）	24.1	2.8	20
c2：自殺	自殺者の割合（10万人あたり）	17.6	1.6	39
c3：ニート	非労働力人口の「その他」の者が人口に占める割合（‰）	11.1	1.7	35

2 都道府県別診断

岐阜

　青年の病の指標をみると、病死率が全国値を上回っています。10万人あたり25人、全国で17位です。対して、有訴率と心の負担感は低い水準にあります。次に、活動の指標ですが、全国水準を凌駕しているのはボランティア活動実施率です。一方、学習行動実施率が大きく陥没していることが気になります。最後に、逸脱の部分では、3指標とも、値が低くなっています。これは結構なことです。下の要約図をみると、全国データの三角形の内部にすっぽり収まっています。今後は、条件整備などにより、青年の学習行動を促進し、活動の項をより突出させることが求められるでしょう。

　それでは、全国値よりも値が大きい2つの指標について、仔細にみてみましょう。まず、病死率を年齢層別に分解してみると、20代後半の層で、当県の値は全国値を上回っています。しかし、30代になると、全国値よりも小さくなります。全国水準との対比でいうと、病で命を落とす相対的な確率は、20代後半において大きいようです。次に、先ほどの長野と同じく、情報機器の使用状況別にボランティア活動の実施率をみると、全国的傾向とは違って、非使用者の率のほうが高くなっています。もっとも、25〜34歳の青年層の場合、情報機器の非使用者はかなり少ないこと（全体の5％）に留意しなければなりませんが、インターネット以外の、昔ながらのフェース・トゥ・フェースの情報伝達が比較的充実していることを示唆しており、興味を覚えます。

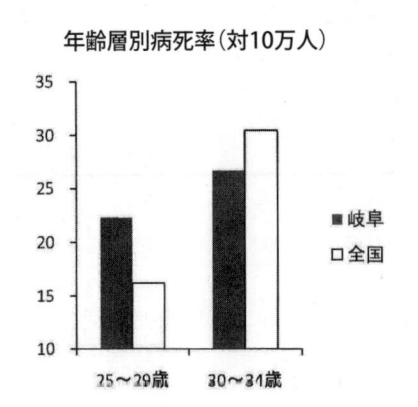

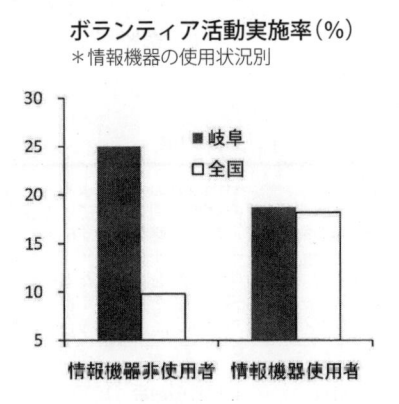

年齢層別病死率（対10万人）

ボランティア活動実施率（％）
＊情報機器の使用状況別

岐阜

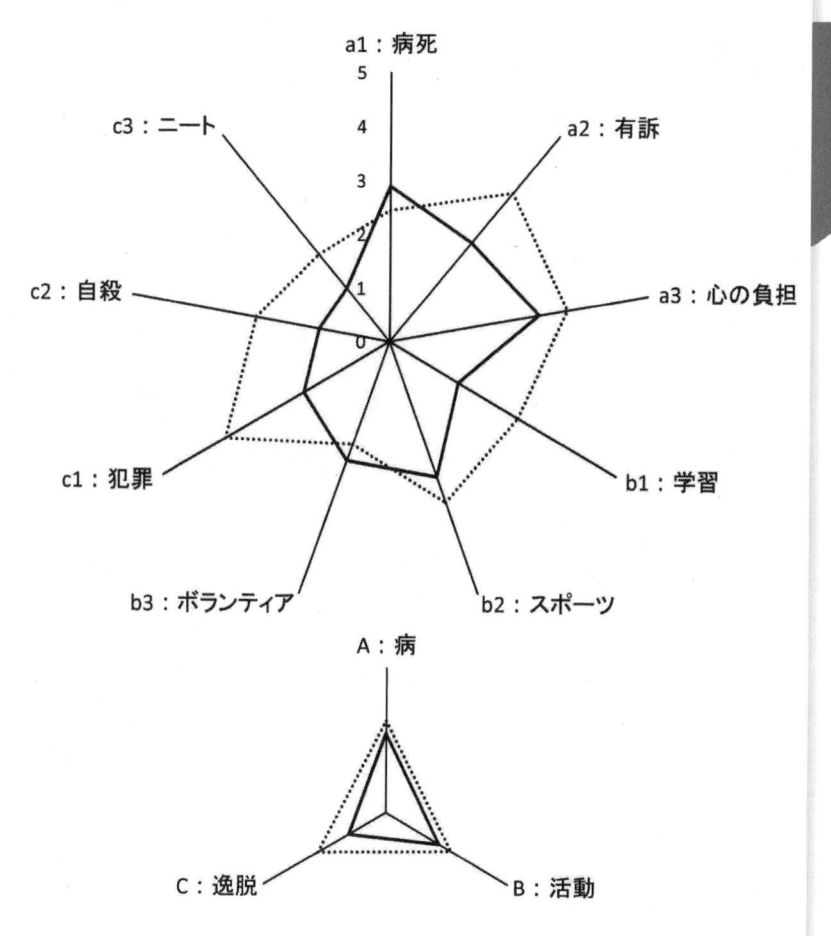

	指標の定義	実値	スコア	順位
a1：病死	外因以外の死因による死亡者の割合（10万人あたり）	24.7	2.9	17
a2：有訴	身体の不調を訴えている者の割合（％）	22.8	2.4	35
a3：心の負担	心の負担感を表わす6つの状態の経験率の平均値（％）	14.9	2.9	36
b1：学習	学習行動を実施した者の割合（％）	33.7	1.5	41
b2：スポーツ	スポーツを実施した者の割合（％）	69.2	2.7	28
b3：ボランティア	ボランティア活動を行った者の割合（％）	19.0	2.4	26
c1：犯罪	犯罪検挙人員の割合（1万人あたり）	19.9	1.9	38
c2：自殺	自殺者の割合（10万人あたり）	16.5	1.4	43
c3：ニート	非労働力人口の「その他」の者が人口に占める割合（‰）	10.1	1.3	43

2 都道府県別診断

静岡

　他の中部県と同様、全体的にみて、チャート図の形が小さくなっています。ここで取り上げている指標は、お目出度くないものが多いですので、結構なことといえましょう。まず、病の指標をみると、どれも値は低くなっています。青年の活動の状況に目を転じると、スポーツ実施率とボランティア活動実施率が全国水準より高くなっています。後者は、青年全体の24％、全国で12位です。最後に、逸脱の部分をみると、目立った突出はありません。とくに、ニート率が低く、全国で下から2番目の位置にあります。下の要約図をみると、活動の項だけが突き出ています。望ましい型です。

　さて、当県では、青年のボランティア活動実施率が高いのですが、具体的に、どのような活動の実施率が高いのでしょうか。下図の左側は、全国値との差が比較的大きい5つの活動の実施率を図示したものです。これによると、当県の場合、子ども関連やまちづくり関連など、地域密着型のボランティア活動の実施率が相対的に高いことが分かります。次に、当県では、ニート率が低いことが注目されますので、この指標について、仔細にみてみましょう。下図の右側は、ニート率を性別にみたものです。全国的にみて、ニート率は男性のほうが高いのですが、当県でもそうなっています。そして、全国値との差も、男性で比較的大きくなっています。このことは、当県の男性のニート兆候が相対的にみて小さいことを意味しています。

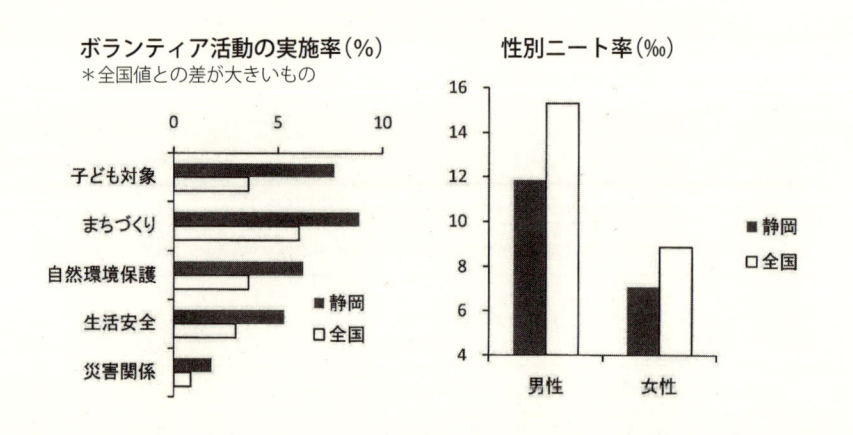

静岡

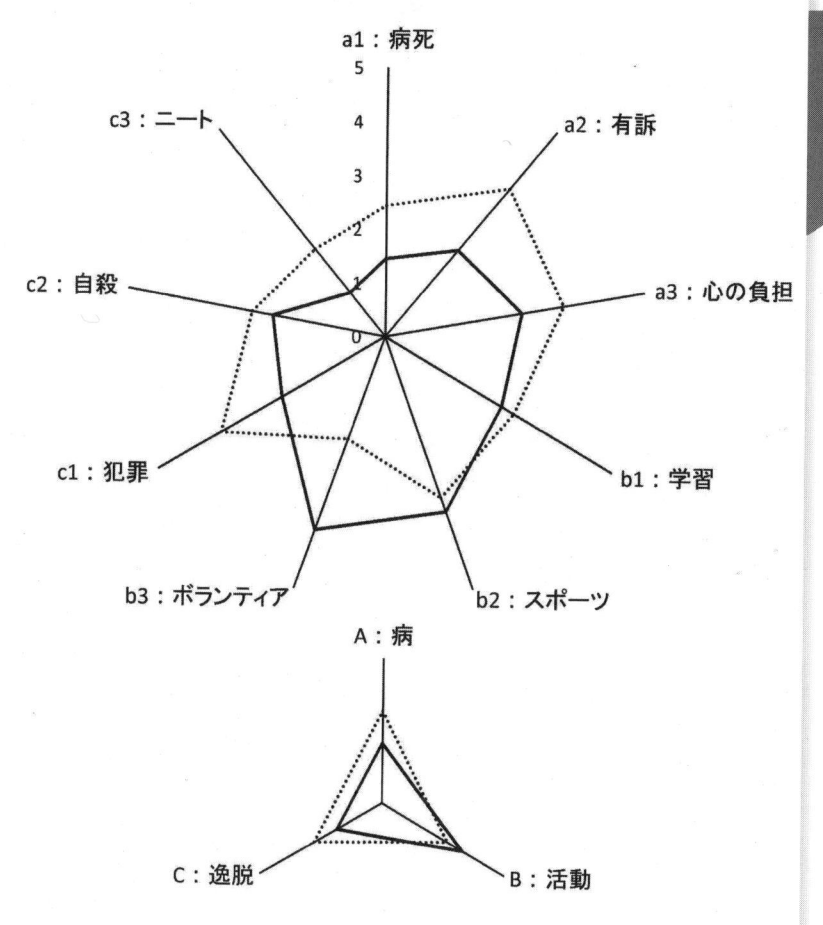

```
        a1:病死
c3:ニート    5    a2:有訴
         4
         3
c2:自殺   2     a3:心の負担
         1
         0
c1:犯罪         b1:学習

  b3:ボランティア  b2:スポーツ

        A:病

  C:逸脱    B:活動
```

	指標の定義	実値	スコア	順位
a1:病死	外因以外の死因による死亡者の割合（10万人あたり）	17.4	1.5	43
a2:有訴	身体の不調を訴えている者の割合（％）	22.1	2.1	43
a3:心の負担	心の負担感を表わす6つの状態の経験率の平均値（％）	14.4	2.6	39
b1:学習	学習行動を実施した者の割合（％）	39.7	2.6	16
b2:スポーツ	スポーツを実施した者の割合（％）	72.3	3.5	10
b3:ボランティア	ボランティア活動を行った者の割合（％）	24.3	3.8	12
c1:犯罪	犯罪検挙人員の割合（1万人あたり）	21.6	2.3	34
c2:自殺	自殺者の割合（10万人あたり）	19.8	2.2	31
c3:ニート	非労働力人口の「その他」の者が人口に占める割合（‰）	9.6	1.1	46

2 都道府県別診断

愛知

　愛知は、中部地方の中枢県です。当県の青年のすがたはどのようなものでしょうか。まず、病の指標をみると、病死率と有訴率が全国値をやや上回っています。心の負担感は低く、全国で42位です。次に、活動の状況をみると、スポーツ実施率が高くなっています。青年全体の74％、全国で7位です。その一方で、ボランティア活動実施率は低くなっています。最後に、逸脱行動の発生頻度をみると、どれも、全国水準より低い位置にあります。とくに、ニート率は全国で最下位です。下の要約図をみると、逸脱の項が凹んだ形になっています。今後は、青年の学習やボランティア活動をより促進させる余地が残されているかと思います。

　では、全国で7位のスポーツ実施率について、やや細かくみてみましょう。下図の左側によると、当県の率は、有業者では高いのですが、無業者では低くなっています。全国的傾向に比して、有業者と無業者の差が大きいことが特徴です。このことは、経済的余裕の差の反映かもしれません。とくに、賃金水準の高い大都市では、有業者と無業者の経済的余裕の差は大きいことと思われます。次に、全国最下位のニート率を1歳刻みでみてみましょう。下図の右側によると、当県の値は、どの年齢でも、全国値より低くなっています。年齢によって、率が高い部分もあるのではないかと勘繰ってみましたが、そういうことはなさそうです。製造業が盛んな当県では、若者の雇用機会も相対的に多い、ということでしょうか。

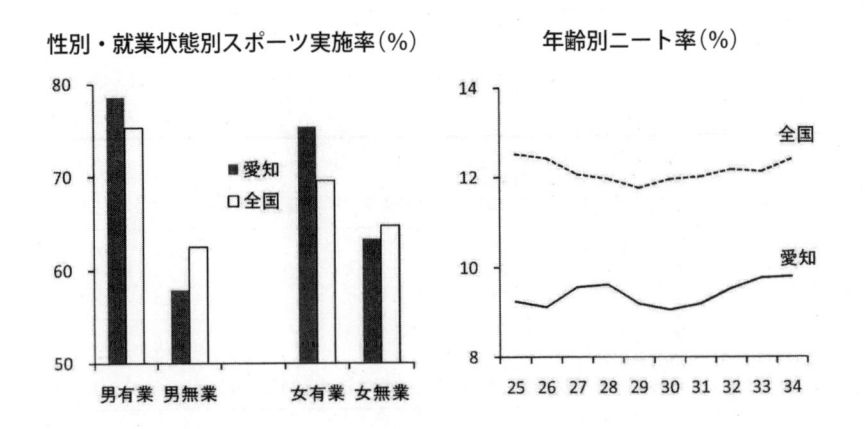

性別・就業状態別スポーツ実施率（％）

年齢別ニート率（％）

愛知

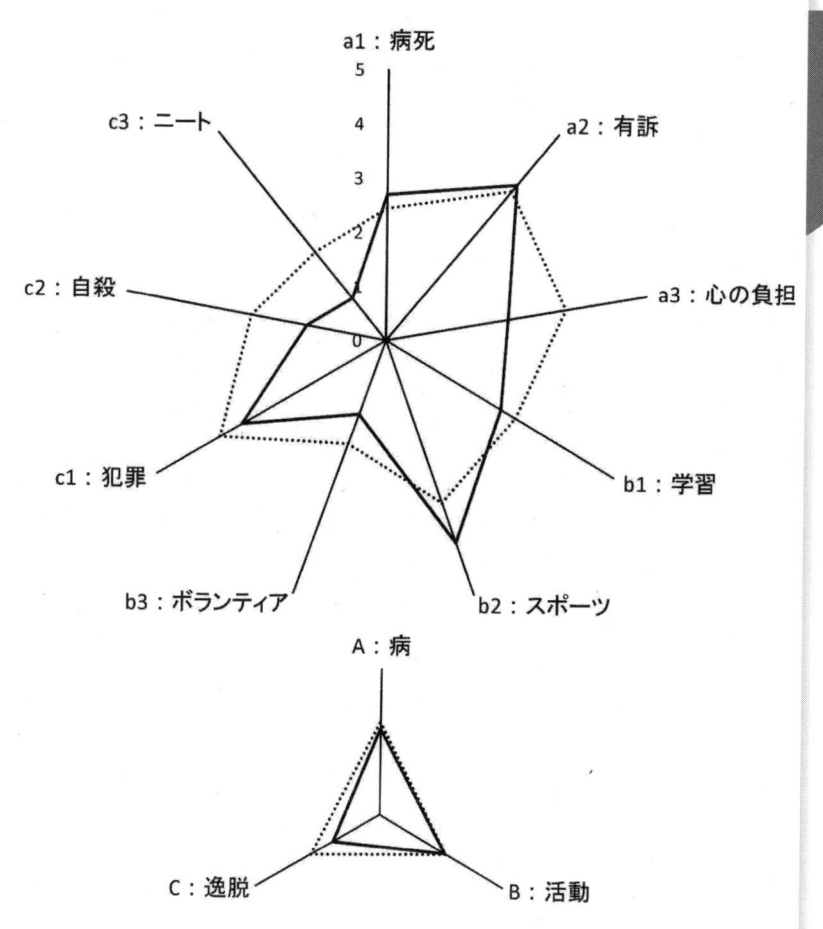

	指標の定義	実値	スコア	順位
a1：病死	外因以外の死因による死亡者の割合（10万人あたり）	23.7	2.7	19
a2：有訴	身体の不調を訴えている者の割合（%）	25.8	3.8	14
a3：心の負担	心の負担感を表わす6つの状態の経験率の平均値（%）	13.8	2.3	42
b1：学習	学習行動を実施した者の割合（%）	39.5	2.5	18
b2：スポーツ	スポーツを実施した者の割合（%）	74.3	4.0	7
b3：ボランティア	ボランティア活動を行った者の割合（%）	15.8	1.4	40
c1：犯罪	犯罪検挙人員の割合（1万人あたり）	25.4	3.1	16
c2：自殺	自殺者の割合（10万人あたり）	17.1	1.5	40
c3：ニート	非労働力人口の「その他」の者が人口に占める割合（‰）	9.4	1.0	47

2 都道府県別診断

三重

　青年の病の指標をみると、有訴率が際立って高くなっています。全国で1位です。当県では、青年の4人に1人以上が、病気やけが等の自覚症状を持っているようです。そのことと関連があるのか分かりませんが、活動の指標の値も低くなっています。3指標とも、全国値を下回っているようです。逸脱の指標は、犯罪者出現率と自殺率は低いのですが、ニート率が全国水準よりやや高くなっています。下の要約図をみると、病の項が突き出た二等辺三角形ができています。悪さはしないが、活動もしない青年…そのようなところでしょうか。青年の諸活動を、より活発化させる余地はあろうかと思います。

　さて、当県の場合、有訴率が全国1位という点が注目（懸念）されますので、この指標に的をしぼって、詳細に検討してみましょう。まず、25～34歳の青年の有訴率が、最近どう変化したかをみると、1998年から2007年にかけて上昇しており、全国値との差も開いています。では、2007年データでみて、青年のどの層で率が高いのでしょうか。性と年齢層を組み合わせた4グループについてみてみましょう。下図の右側をご覧ください。これによると、率が高く、また全国値を上回る度合いが大きいのも女性であることが分かります。男性の場合、全国値とほぼ同じか、それを下回るくらいです。こうみると、当県の有訴率に高さは、もっぱら女性によるものであることが知られます。この年齢層の女性の、生活状況の点検が求められるかと思います。

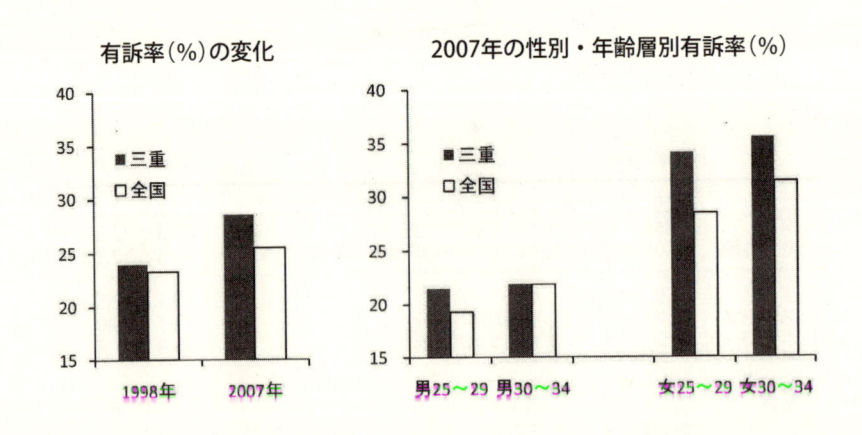

三重

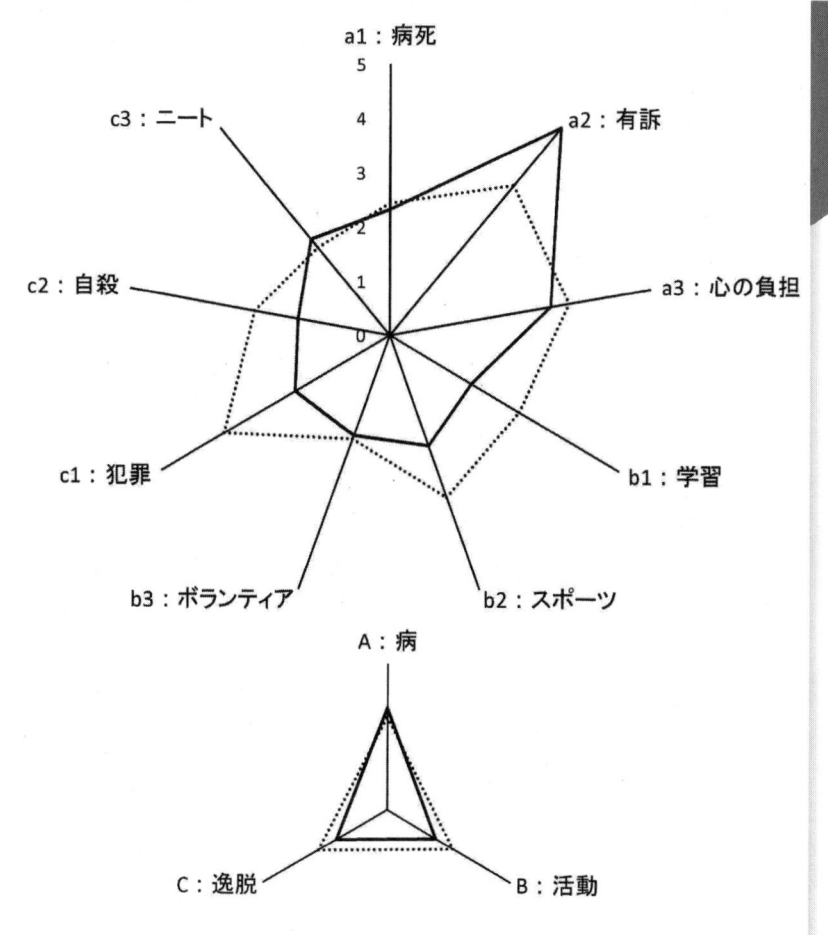

a1：病死
a2：有訴
a3：心の負担
b1：学習
b2：スポーツ
b3：ボランティア
c1：犯罪
c2：自殺
c3：ニート

A：病
B：活動
C：逸脱

	指標の定義	実値	スコア	順位
a1：病死	外因以外の死因による死亡者の割合（10万人あたり）	21.8	2.3	27
a2：有訴	身体の不調を訴えている者の割合（％）	28.6	5.0	1
a3：心の負担	心の負担感を表わす6つの状態の経験率の平均値（％）	15.3	3.1	31
b1：学習	学習行動を実施した者の割合（％）	35.2	1.8	33
b2：スポーツ	スポーツを実施した者の割合（％）	67.2	2.2	37
b3：ボランティア	ボランティア活動を行った者の割合（％）	17.6	2.0	31
c1：犯罪	犯罪検挙人員の割合（1万人あたり）	20.6	2.1	37
c2：自殺	自殺者の割合（10万人あたり）	18.1	1.8	37
c3：ニート	非労働力人口の「その他」の者が人口に占める割合（‰）	12.6	2.3	28

2 都道府県別診断

滋賀

　当県の診断図は、お隣の三重と形がよく似たピーナッツ型になっています。青年の病の指標では、有訴率が高くなっています。28.1％、全国で3位です。心の負担感も全国値より高い水準にあります。次に、青年の活動状況ですが、3つの指標とも、全国水準より高くなっています。これは結構なことです。学習、スポーツ、そしてボランティア活動と3拍子そろって値が高い県は、あまりないのですが、当県は、そうした県の一つになっています。最後に、逸脱の部分をみると、どれも凹んでいます。全国順位はいずれも45位です。下の要約図をみると、逸脱の項が陥没した形になっています。病の項を凹ませれば、理想的な形になるでしょう。

　それでは、全国値との差が比較的目立っている2指標について、やや詳細にみてみましょう。まず、有訴率ですが、青年層のどの部分で高いのでしょうか。下図の左側によると、率そのものは女性のほうが高いのですが、全国値を上回る度合いは、男性で高くなっています。先ほどみた三重とは反対の傾向です。全国的傾向との対比でみた場合、青年男性の心身の不調が目立っています。いみじくも、このことの反映でしょうか。当県の比較的高いボランティア活動実施率は、もっぱら女性によるものとなっています。男性の実施率は全国値とほぼ同程度ですが、女性の実施率はそれをかなり凌駕しています。当県では、青年の生活状況の性差が比較的大きい、ということをうかがわせます。

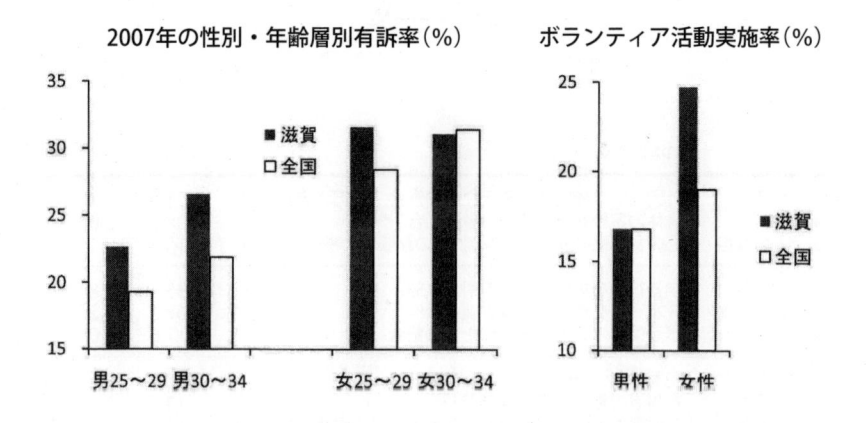

滋賀

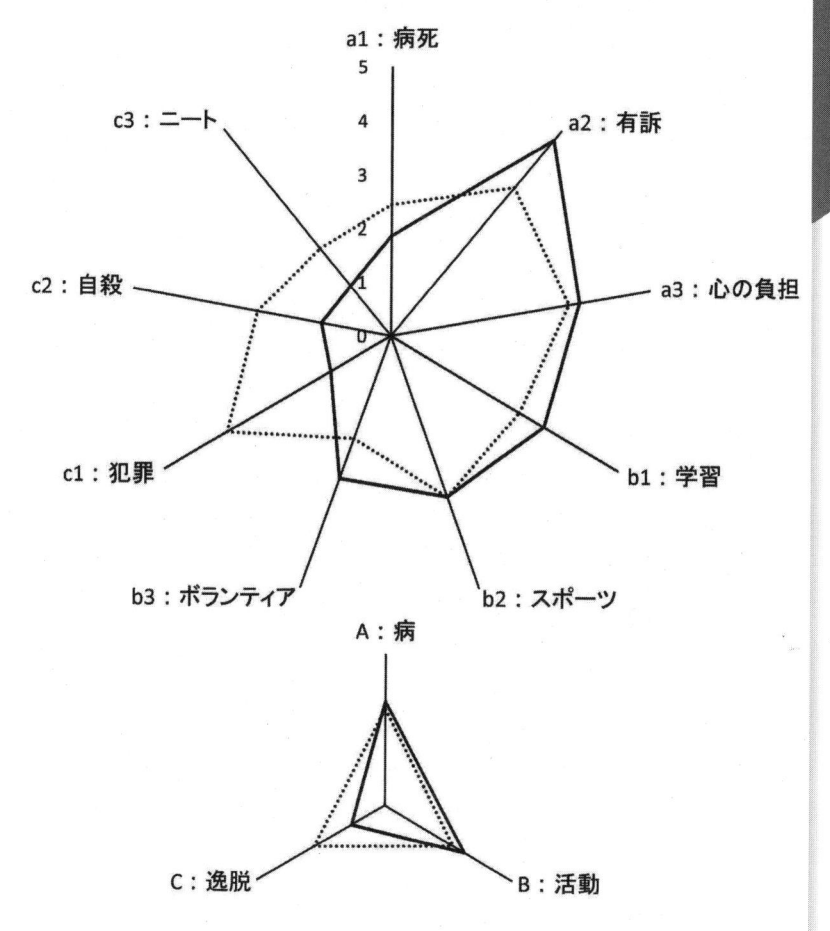

```
        a1：病死
c3：ニート    a2：有訴
c2：自殺      a3：心の負担
c1：犯罪      b1：学習
    b3：ボランティア  b2：スポーツ

    A：病
C：逸脱    B：活動
```

	指標の定義	実値	スコア	順位
a1：病死	外因以外の死因による死亡者の割合（10万人あたり）	19.5	1.9	39
a2：有訴	身体の不調を訴えている者の割合（％）	28.1	4.8	3
a3：心の負担	心の負担感を表わす6つの状態の経験率の平均値（％）	16.4	3.6	14
b1：学習	学習行動を実施した者の割合（％）	44.4	3.4	6
b2：スポーツ	スポーツを実施した者の割合（％）	71.2	3.2	17
b3：ボランティア	ボランティア活動を行った者の割合（％）	20.7	2.8	18
c1：犯罪	犯罪検挙人員の割合（1万人あたり）	17.4	1.3	45
c2：自殺	自殺者の割合（10万人あたり）	16.4	1.3	45
c3：ニート	非労働力人口の「その他」の者が人口に占める割合（‰）	9.9	1.2	45

2 都道府県別診断

京都

　古都の京都にきました。当府における青年のすがたはどのようなものでしょうか。病の指標の3つは、全国値とほぼ同じ値になっています。活動の指標をみると、学習行動実施率が高くなっています。青年全体の45％、全国で5位です。歴史遺産が豊富であるなど、若者の学習意欲を喚起せしめるような環境があるからでしょうか。スポーツとボランティア活動の実施率は、全国水準以下です。最後に、逸脱の3指標をみると、どれも全国水準を凌駕しています。とくに、犯罪者出現率の突出が目立っています。東京に次ぐ水準です。下の要約図では、逸脱の項が突き出ています。これを凹ませ、活動の項をより突出させることが望まれます。

　さて、京都の場合、学習行動実施率が高いことが注目されますので、この指標に限定して、詳細な検討を加えましょう。まず、学習行動実施率を性別に分解してみます。下図の左側によると、当府では全国的傾向と同様、女性の率のほうが高くなっています。また、最近10年間の伸び幅でみても、女性のほうが大きいことも注目されます。なお、全国値との差をみても、女性のほうで開いています。当府の学習行動実施率の高さは、女性によるところが大きいようです。では、青年女性たちは、どのような学習活動を行っているのでしょうか。下図の右側は、『社会生活基本調査』で挙げられている内容の大分類ごとの選択率をグラフ化したものです。当府の女性の場合、全国的傾向に比して、家政・家事関係や外国語の選択率が高いことが特徴となっています。

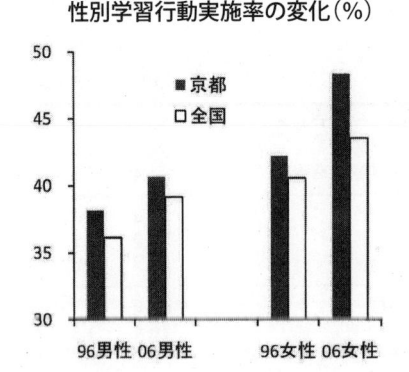

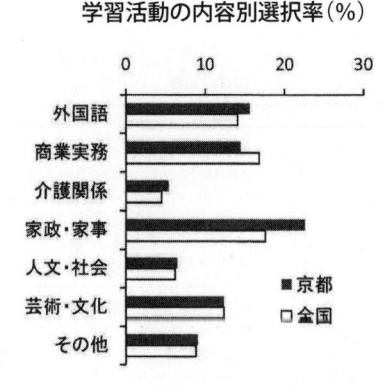

京都

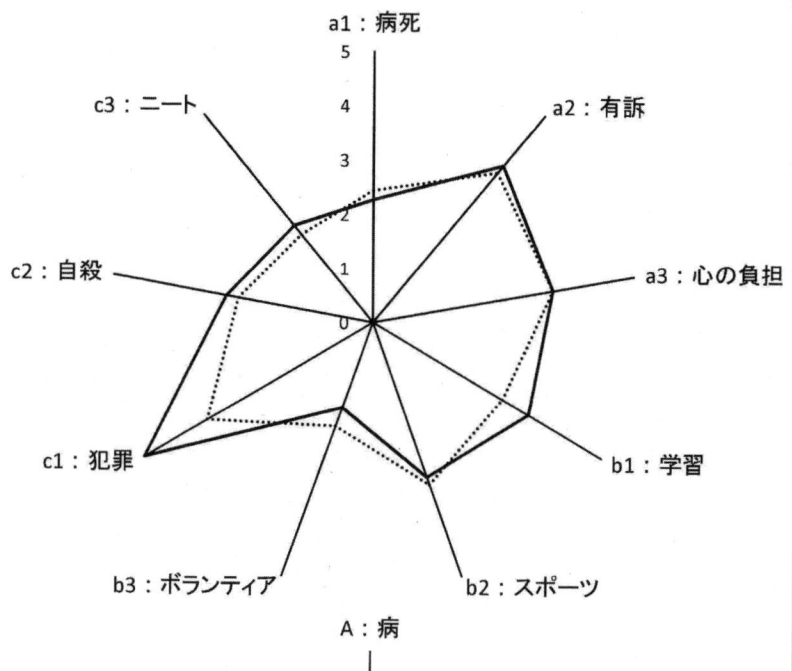

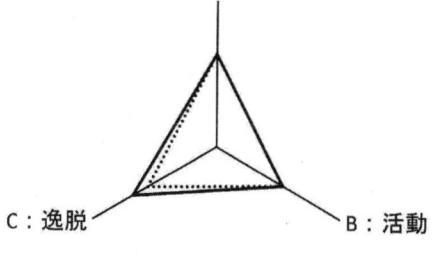

- a1：病死
- a2：有訴
- a3：心の負担
- b1：学習
- b2：スポーツ
- b3：ボランティア
- c1：犯罪
- c2：自殺
- c3：ニート

- A：病
- B：活動
- C：逸脱

	指標の定義	実値	スコア	順位
a1：病死	外因以外の死因による死亡者の割合（10万人あたり）	21.5	2.3	28
a2：有訴	身体の不調を訴えている者の割合（%）	25.9	3.8	13
a3：心の負担	心の負担感を表わす6つの状態の経験率の平均値（%）	16.0	3.4	19
b1：学習	学習行動を実施した者の割合（%）	44.6	3.4	5
b2：スポーツ	スポーツを実施した者の割合（%）	70.7	3.0	20
b3：ボランティア	ボランティア活動を行った者の割合（%）	16.6	1.7	34
c1：犯罪	犯罪検挙人員の割合（1万人あたり）	33.6	5.0	2
c2：自殺	自殺者の割合（10万人あたり）	22.4	2.8	22
c3：ニート	非労働力人口の「その他」の者が人口に占める割合（‰）	12.7	2.3	27

2 都道府県別診断

大阪

　西日本の中枢である大阪にきました。まず、青年の病の指標をみると、有訴率が高くなっています。青年のおよそ3割が、病気やけがなどの自覚症状を持っているようです。次に、青年の活動状況をみると、学習行動実施率は全国値と同程度ですが、スポーツ実施率やボランティア活動実施率はやや低くなっています。最後に、逸脱の指標を出すと、どれも全国水準を凌駕しています。犯罪者発生率は全国で6位です。下の要約図をみると、活動の項が凹んだ形になっています。条件整備などにより、青年のスポーツやボランティア活動を促進せしめ、この部分をより突出させることが望まれるでしょう。

　さて、当府については、有訴率とニート率について詳しくみてみます。まず、当府の有訴率は、10年前の値よりも若干増えています。では、青年の中のどの層で率が高いのでしょうか。性と年齢層を組み合わせた4グループについて値を示してみます。下図の左側によると、男性よりも女性、20代後半よりも30代前半の率が高くなっています。全国値との差が最も大きいのは、男性の30代前半です。男性の場合、30代になるや、急に有訴率が高まり、全国値を追い越すようになります。次にニート率ですが、ここでは、府内の高率市町村に色をつけた地図をご覧に入れましょう。これによると、府内の周辺部に多く色がついています。府内の10町村のニート率の平均値は22.3‰、33市のそれは12.1‰です。雇用機会の多寡とニート率の関連が示唆されます。

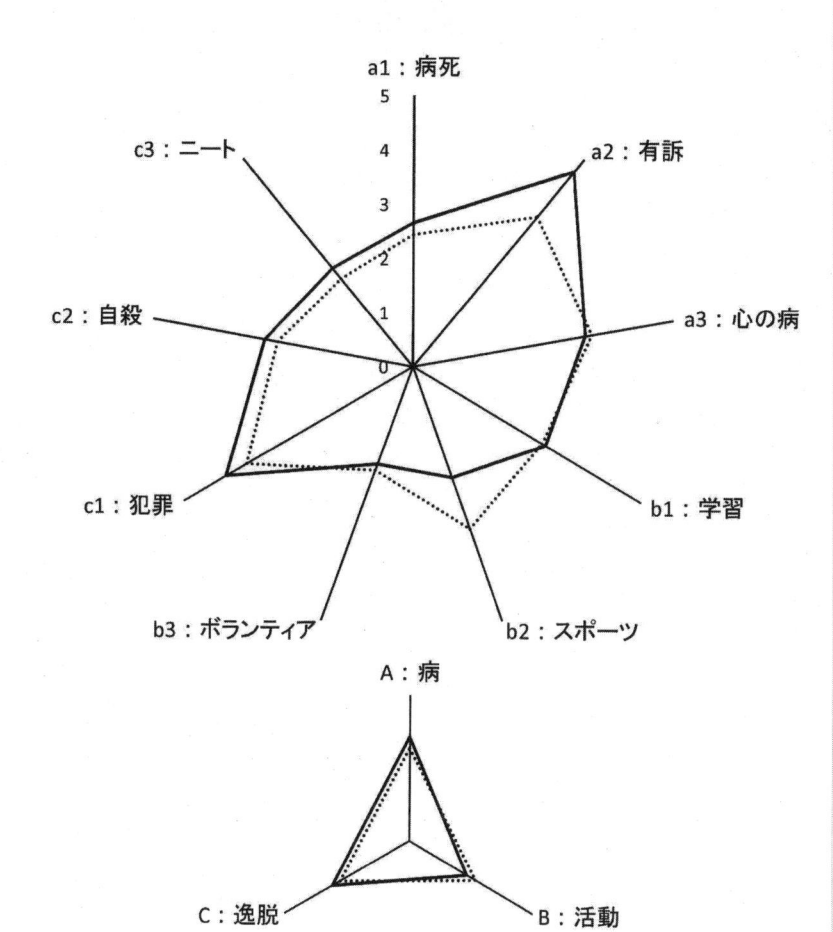

大阪

	指標の定義	実値	スコア	順位
a1：病死	外因以外の死因による死亡者の割合（10万人あたり）	23.5	2.7	20
a2：有訴	身体の不調を訴えている者の割合（％）	27.9	4.7	5
a3：心の負担	心の負担感を表わす6つの状態の経験率の平均値（％）	15.7	3.3	22
b1：学習	学習行動を実施した者の割合（％）	41.7	2.9	9
b2：スポーツ	スポーツを実施した者の割合（％）	67.2	2.2	36
b3：ボランティア	ボランティア活動を行った者の割合（％）	17.4	1.9	32
c1：犯罪	犯罪検挙人員の割合（1万人あたり）	29.5	4.1	6
c2：自殺	自殺者の割合（10万人あたり）	22.5	2.8	21
c3：ニート	非労働力人口の「その他」の者が人口に占める割合（‰）	12.8	2.4	26

2 都道府県別診断

兵庫

　当県の青年は、子どもの頃に、阪神大震災という大災害を経験し、以後、地域の復旧のプロセスを目の当たりにしながら生きてきたと思います。そうした経緯が、彼らの社会化（Socialization）の様相にどう影響したかが気になります。いきなり話題がそれましたが、まず、病の3指標をみると、大阪と同様、有訴率の高さが目立っています。青年全体のおよそ3割が、病気やけがの自覚症状を持っているようです。次に、活動の状況ですが、3つの指標の値とも、全国値より低くなっています。その一方で、逸脱の指標は、全て全国水準を上回っています。下の要約図をみると、大阪と同じく、活動の項が陥没しています。青年の諸活動を促進させ、この部分をより高めていくことが課題でしょう。

　では、突出幅が相対的に大きい有訴率と、相対順位が高い犯罪者出現率について詳細にみてみます。当県の有訴率は、10年前よりも若干上がっています（25.0%→27.6%）。その有訴率が、青年のどの部分で高いかというと、20代後半であるようです。全国的傾向とは違って、若年層で率が高くなっています。全国値との差が最も大きいのは、男性の20代後半です。この層の危機兆候が際立っています。次に犯罪者出現率ですが、ここでは、青年犯罪の罪種構成を全国と比較してみましょう。下図の右側によると、当県の場合、粗暴犯罪が多いのが特徴で、全体の3割を占めています。粗暴犯罪とは、暴行、傷害、恐喝、そして脅迫の総称です。青年の外向的な逸脱が目立っています。

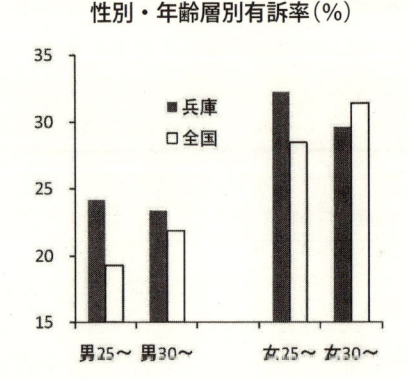

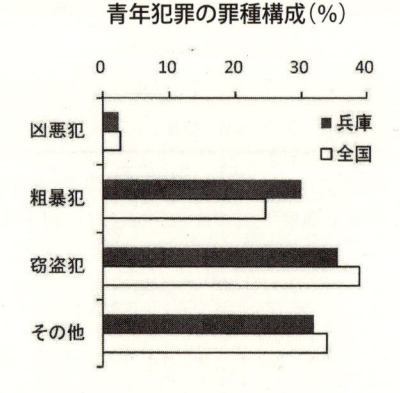

兵庫

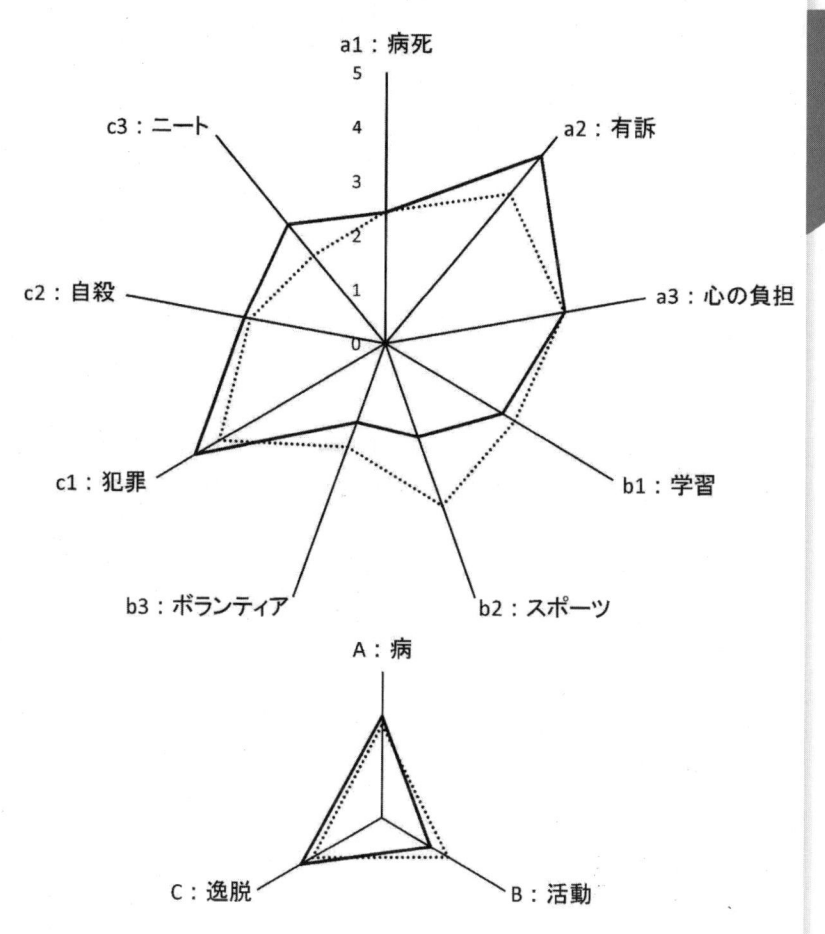

	指標の定義	実値	スコア	順位
a1：病死	外因以外の死因による死亡者の割合（10万人あたり）	22.3	2.4	24
a2：有訴	身体の不調を訴えている者の割合（%）	27.6	4.5	7
a3：心の負担	心の負担感を表わす6つの状態の経験率の平均値（%）	16.0	3.4	18
b1：学習	学習行動を実施した者の割合（%）	39.7	2.6	15
b2：スポーツ	スポーツを実施した者の割合（%）	65.9	1.8	42
b3：ボランティア	ボランティア活動を行った者の割合（%）	16.1	1.5	37
c1：犯罪	犯罪検挙人員の割合（1万人あたり）	29.8	4.1	4
c2：自殺	自殺者の割合（10万人あたり）	21.9	2.7	25
c3：ニート	非労働力人口の「その他」の者が人口に占める割合（‰）	14.0	2.9	16

2 都道府県別診断

奈良

　最初に、病の指標をみると、有訴率と心の負担感が、全国値を上回っています。双方とも12位です。次に、青年の活動の状況をみると、学習行動実施率の高さが際立っています。青年の半分が、過去1年間に何らかの学習を行ったと答えています。当県には、歴史遺産など、青年の学習意欲を喚起する環境があるからでしょうか。一方、スポーツ実施率とボランティア活動実施率は、全国水準より低くなっています。ややアンバランスです。最後に、逸脱行動の頻度をみると、犯罪と自殺は少ないのですが、ニート青年の率が高くなっています。全国で5位です。下の要約図をみると、全国の図形とほぼ重なっています。Bの項をより突出させることが望まれます。

　では、高い値を示している、学習行動実施率とニート率について、仔細にみてみましょう。まず、学習行動実施率ですが、この指標は、10年前は、全国値とほぼ同じくらいでした。それが、この10年間で大きく伸び、全国値を引き離すに至っています。なお、その伸び幅は男性で比較的大きいようです。結果、2006年データにおける全国値との差も、男性で大きくなっています。少し話が細かくなりましたが、生涯学習の観点からも、青年層の学習行動実施率が伸びていることは好ましいことと思われます。次に、それとは反対の、お目出度くない指標のニート率です。残念ながら、こちらも最近10年間で伸びてしまっています。2005年のデータで、全国水準との差が広がっていることも懸念されます。

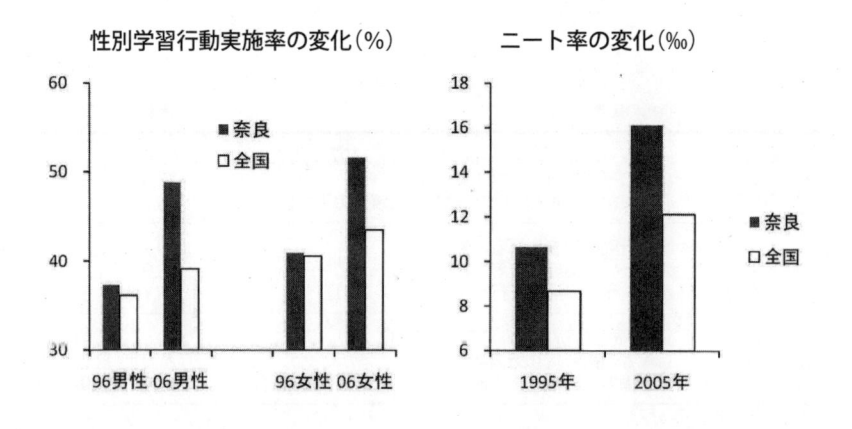

性別学習行動実施率の変化(%)　　ニート率の変化(‰)

奈良

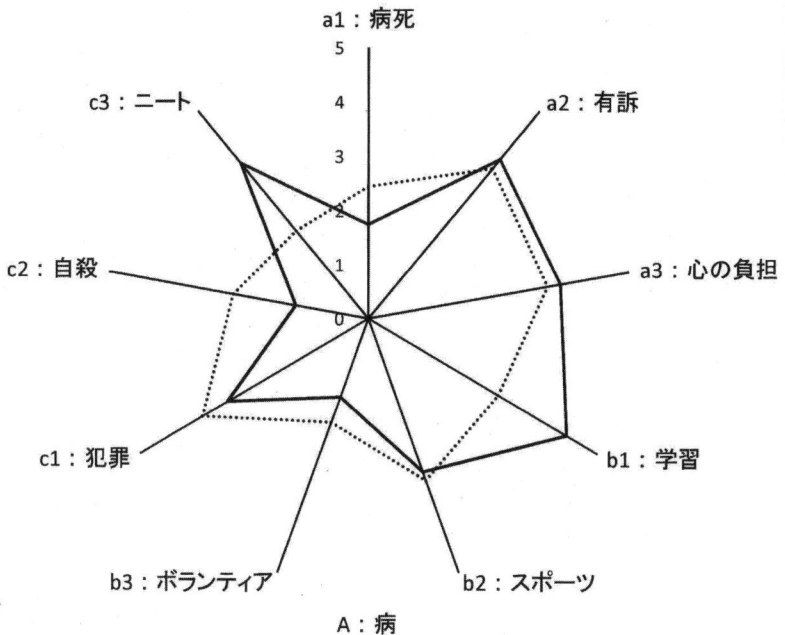

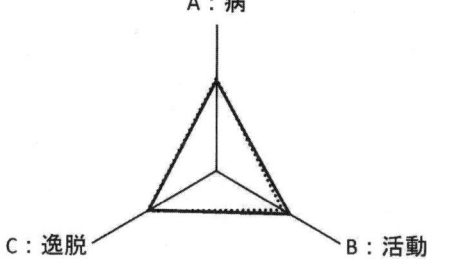

	指標の定義	実値	スコア	順位
a1：病死	外因以外の死因による死亡者の割合（10万人あたり）	18.9	1.7	41
a2：有訴	身体の不調を訴えている者の割合（%）	26.0	3.8	12
a3：心の負担	心の負担感を表わす6つの状態の経験率の平均値（%）	16.4	3.7	12
b1：学習	学習行動を実施した者の割合（%）	50.0	4.3	2
b2：スポーツ	スポーツを実施した者の割合（%）	70.6	3.0	21
b3：ボランティア	ボランティア活動を行った者の割合（%）	16.1	1.5	38
c1：犯罪	犯罪検挙人員の割合（1万人あたり）	25.1	3.1	17
c2：自殺	自殺者の割合（10万人あたり）	16.6	1.4	42
c3：ニート	非労働力人口の「その他」の者が人口に占める割合（‰）	16.1	3.7	5

2 都道府県別診断

和歌山

　当県の青年の診断図は、タテに伸びた特異な型になっています。まず、病の指標では、病死率の高さが際立っています。青年人口10万人あたり35人、全国で1位です。青年が、病で命を落とす確率が相対的に高いようです。一方、有訴率と心の負担感は低くなっています。後者は全国で下から2番目です。このようなアンバランスが何故に起こるのかが気になります。活動の指標は、ボランティア活動実施率のみが全国値と同水準にあります。最後に、逸脱の指標をとると、ニート率が高くなっています。全国で8位です。下の要約図をみると、活動の項が凹んでいます。青年の学習行動やスポーツの頻度を、より高める余地はありそうです。

　では、かなり高い水準にある病死率とニート率について、詳細にみましょう。まず、全国1位の病死率ですが、この10年間にかけて、全国値は減少しているのですが、当県の値は減っていません。その結果、2007年データでは、全国値との差が開くに至っています。なお、図示しませんが、20代後半と30代前半に分解してみると、前者が20.0、後者が47.6です。当県では、30代前半の値が高く、全国水準との差が出ているのも、この層であることを申し添えておきます。次にニート率です。最近の変化と、どの層で値が高いのかをみてみましょう。下図の右側によると、男女とも率が伸びています。全国的傾向と同じです。しかるに、全国値との差は、女性で比較的大きくなっています。女子青年のニート率の相対的高さが当県の特徴です。

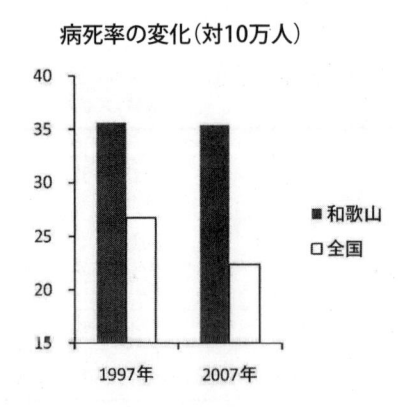

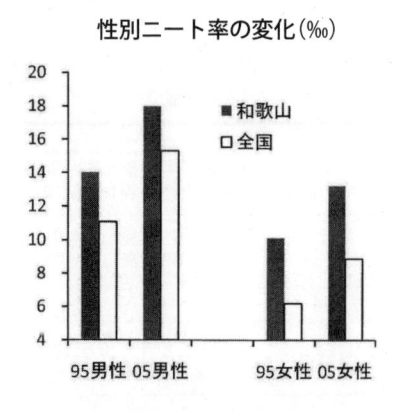

病死率の変化（対10万人）

性別ニート率の変化（‰）

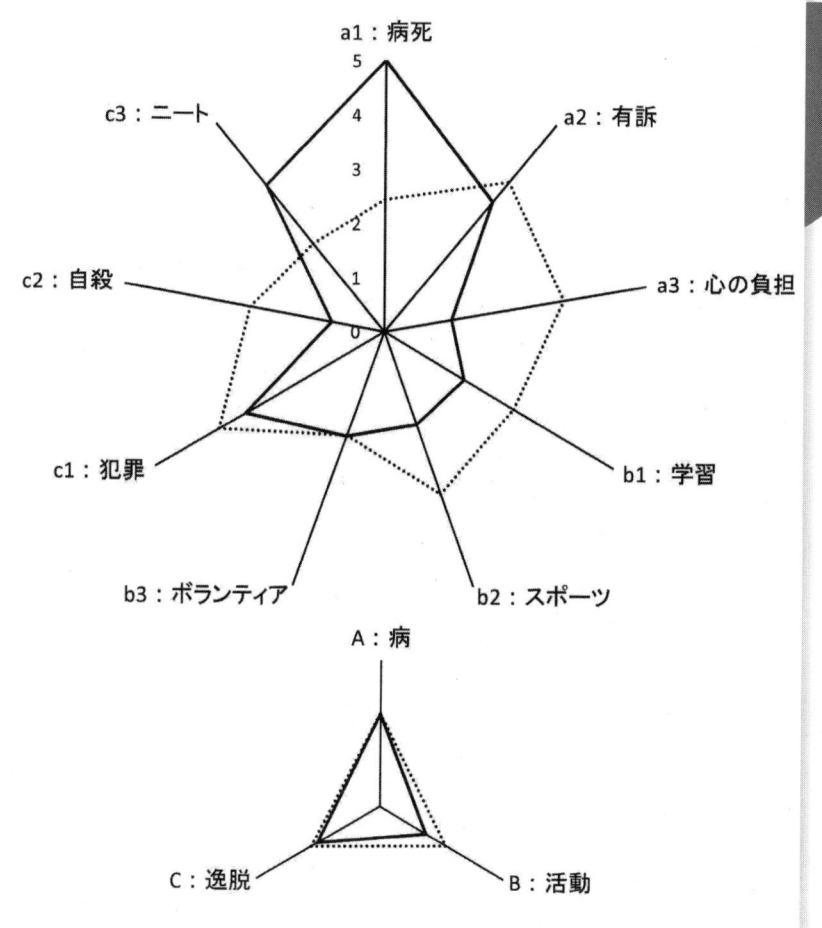

和歌山

	指標の定義	実値	スコア	順位
a1：病死	外因以外の死因による死亡者の割合（10万人あたり）	35.4	5.0	1
a2：有訴	身体の不調を訴えている者の割合（％）	24.4	3.1	19
a3：心の負担	心の負担感を表わす6つの状態の経験率の平均値（％）	11.9	1.3	46
b1：学習	学習行動を実施した者の割合（％）	35.0	1.7	34
b2：スポーツ	スポーツを実施した者の割合（％）	65.8	1.8	43
b3：ボランティア	ボランティア活動を行った者の割合（％）	17.9	2.1	30
c1：犯罪	犯罪検挙人員の割合（1万人あたり）	24.9	3.0	18
c2：自殺	自殺者の割合（10万人あたり）	15.0	1.0	46
c3：ニート	非労働力人口の「その他」の者が人口に占める割合（‰）	15.6	3.5	8

2 都道府県別診断

鳥取

　青年の病の指標を計算すると、心の負担感がやや高くなっています。青年全体の16.7％、全国で10位です。活動の指標をみると、学習行動実施率は全国値より低いのですが、ボランティア活動実施率はかなり高い水準にあります。青年全体の27％、全国で4位です。最後に、逸脱の指標をみると、ニート率の高さが目立っています。とはいえ、下の要約図をみると、活動の項が突き出た望ましい型ができています。こうした傾向を、より強めていくことが望まれます。

　それでは、突出が目立っている、ボランティア活動実施率とニート率について、詳しくみてみましょう。まず、ボランティア活動実施率を性別にみると、当県では、全国的傾向とは違って、男性の率が女性よりも高くなっています。結果、全国値との差は、男性で大きくなっています。13ポイントもの差があります。次に、ニート率を1歳刻みでみてみます。下図の右側によると、当県の率は、30代になると急上昇するのが特徴です。29歳の時点では、全国値との差は0.3ポイントしかなかったのが、34歳になると、5.8ポイントも開くようになります。ところで、2005年の34歳は、10年前の1995年では24歳であったわけですが、この時点のニート率は10.9‰であり、全国値（8.9‰）と大差ありませんでした。しかし、34歳になると、下図の通り、全国値とおよそ6ポイントも開くようになるのです。当県では、加齢に伴うニート率の伸びが、全国的傾向よりもかなり強いことがうかがえます。

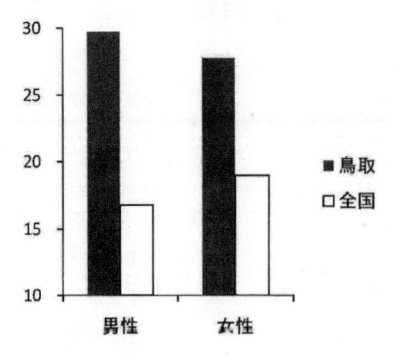

性別ボランティア活動実施率(％)

年齢別ニート率(‰)

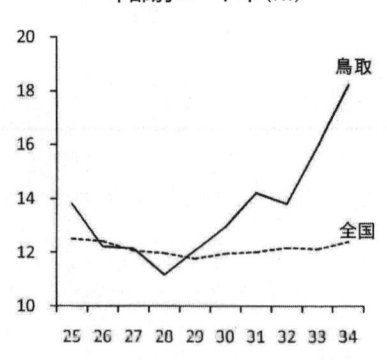

鳥取

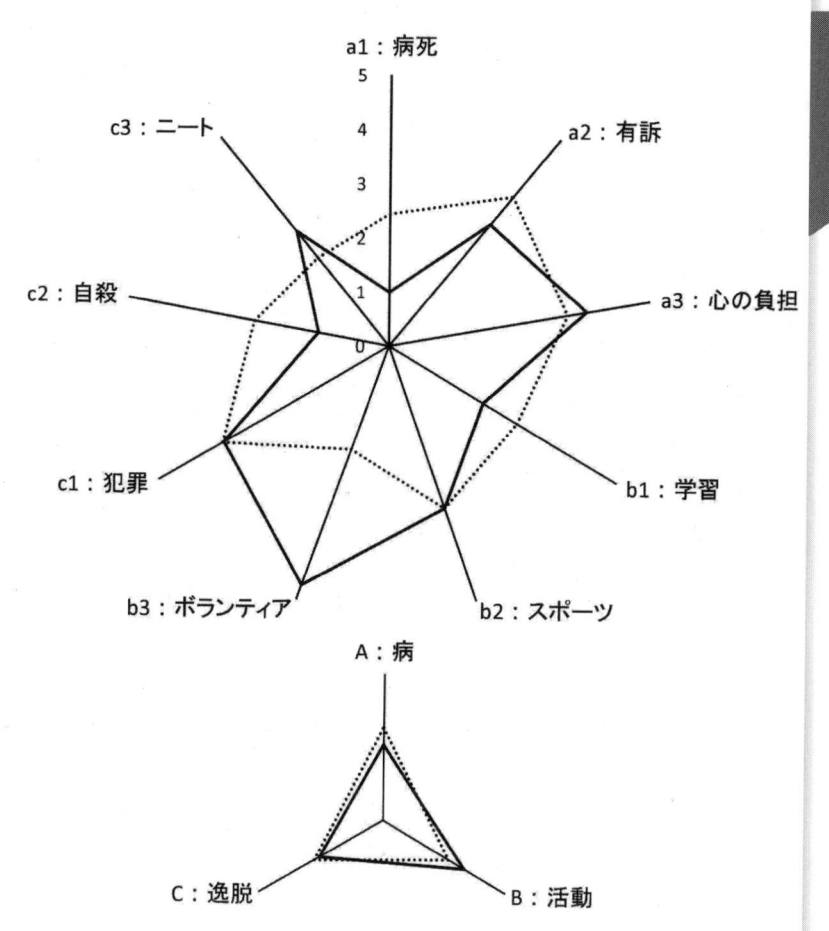

	指標の定義	実値	スコア	順位
a1：病死	外因以外の死因による死亡者の割合（10万人あたり）	15.1	1.0	47
a2：有訴	身体の不調を訴えている者の割合（％）	24.0	3.0	22
a3：心の負担	心の負担感を表わす6つの状態の経験率の平均値（％）	16.7	3.8	10
b1：学習	学習行動を実施した者の割合（％）	37.0	2.1	24
b2：スポーツ	スポーツを実施した者の割合（％）	71.2	3.2	16
b3：ボランティア	ボランティア活動を行った者の割合（％）	27.4	4.7	4
c1：犯罪	犯罪検挙人員の割合（1万人あたり）	27.3	3.6	11
c2：自殺	自殺者の割合（10万人あたり）	16.4	1.4	44
c3：ニート	非労働力人口の「その他」の者が人口に占める割合（‰）	13.7	2.8	18

2 都道府県別診断

島根

　青年の病の指標をみると、お隣の鳥取とは違って、病死率がやや高くなっています。有訴率と心の負担感は、全国値を下回っています。次に、青年の活動の状況をみると、ボランティア活動実施率の高さが目につきます。青年全体のおよそ3割、全国で堂々たる1位です。最後に、逸脱の指標に目を移すと、自殺率が高くなっています。あまり目出度くないことですが、こちらも全国で1位です。下の要約図をみると、ボランティア活動実施率と自殺率が高いことの結果、活動と逸脱の項が突き出ています。後者を凹ませた、理想型に近づけることが望まれます。

　では、全国値との差が大きい、これら2指標について詳細にみてみましょう。まず、ボランティア活動実施率ですが、性別にみると、お隣の鳥取と同様、男性の率が高くなっています。どのような種類のボランティアが多いかというと、下図の左側の通り、まちづくり、安全活動、子ども対象、というものの実施率が全国的傾向に比して高いようです。3章でみるように、当県では、地域外就業率が低く、自地域で過ごす時間の長い青年が比較的多いのですが、こうした条件が、地域密着型のボランティア活動を促進しているのかもしれません。続いて、自殺率ですが、他の年次でも、当県の率は高いのでしょうか。県のホームページで公開されている『島根県保健統計』のデータをつなぎ合わせて、青年の自殺率の時系列曲線を描いてみました。すると、2001年と2005年を除く全ての年次で、全国値を大きく凌駕していることが分かります。

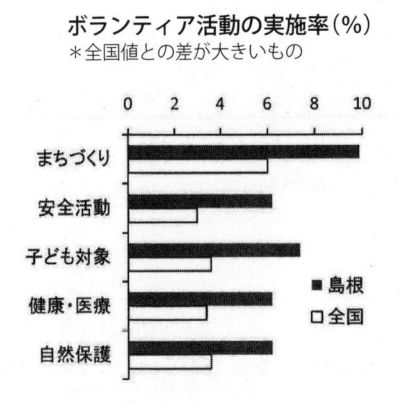

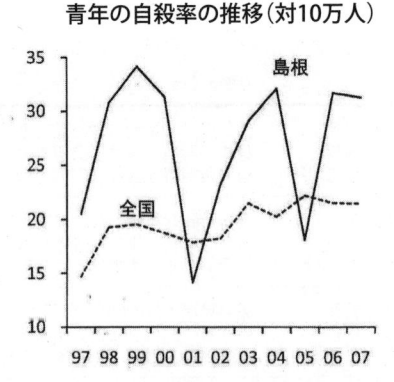

ボランティア活動の実施率(%)
＊全国値との差が大きいもの

青年の自殺率の推移(対10万人)

第2章　青年の状況の都道府県別診断

島根

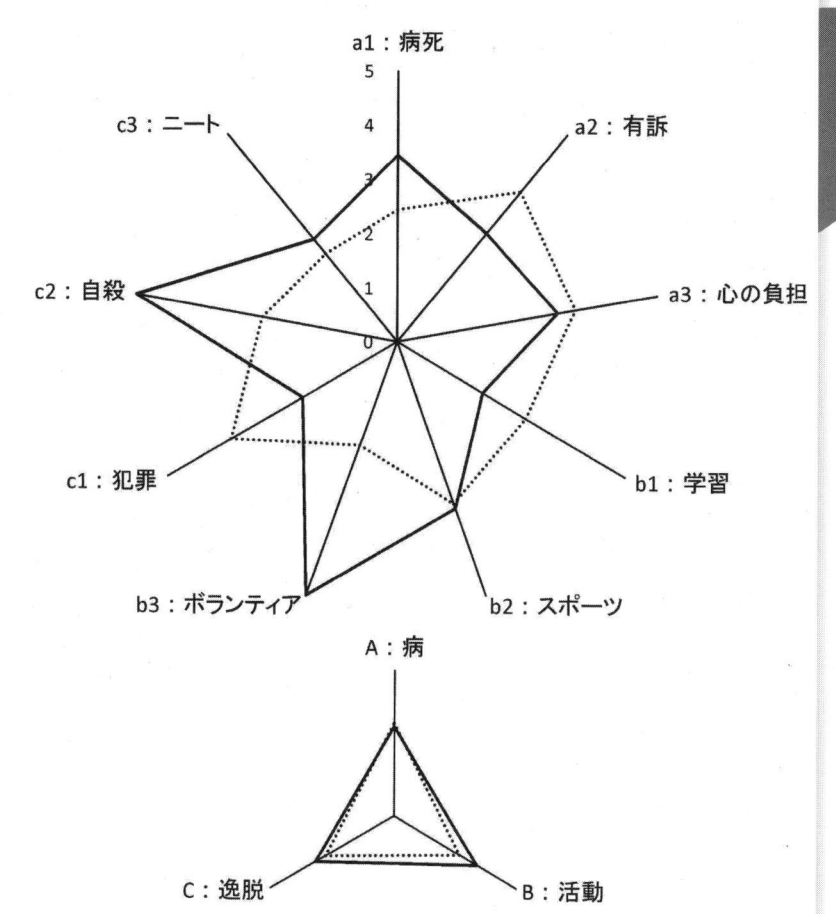

	指標の定義	実値	スコア	順位
a1：病死	外因以外の死因による死亡者の割合（10万人あたり）	27.5	3.4	7
a2：有訴	身体の不調を訴えている者の割合（%）	23.3	2.6	28
a3：心の負担	心の負担感を表わす6つの状態の経験率の平均値（%）	15.3	3.1	30
b1：学習	学習行動を実施した者の割合（%）	35.8	1.9	29
b2：スポーツ	スポーツを実施した者の割合（%）	71.6	3.3	12
b3：ボランティア	ボランティア活動を行った者の割合（%）	28.4	5.0	1
c1：犯罪	犯罪検挙人員の割合（1万人あたり）	20.7	2.1	36
c2：自殺	自殺者の割合（10万人あたり）	31.3	5.0	1
c3：ニート	非労働力人口の「その他」の者が人口に占める割合（‰）	13.0	2.5	24

2 都道府県別診断

岡山

　青年の病の指標では、病死率は全国値とほぼ同程度ですが、有訴率と心の負担感はそれよりも低くなっています。活動の指標をみると、学習行動、スポーツ、そしてボランティア活動とも、実施率が全国水準を上回っています。どれか一つが突き出るという形ではなく、3つとも高いという、バランスのよい形になっています。結構なことです。最後に、逸脱の頻度の指標を出すと、当県の自殺率は全国で最下位です。先ほどみた島根は自殺率最上位でした。自殺率最上位県と最下位県が隣接していることに、少し奇妙な感じがします。下の要約図をみると、活動の項が突き出た形になっています。こうした理想型の強化が望まれます。

　では、突出幅が大きいボランティア活動実施率について、仔細にみましょう。性別にみると、男性は25％、女性は20％です。全国値でいうと前者は17％、後者は19％ですから、男性において差が開いていることになります。当県では、ボランティア活動の実施率の性差が比較的大きいようですが、どのような活動にて、実施率の男女差があるのでしょうか。下図の左側によると、スポーツ・文化関係、安全活動関連の内容において、実施率の性差が大きいようです。次に、全国最下位の自殺率に興味を覚えますので、島根と同じように、最近10年間の時系列曲線を作ってみました。これによると、当県の青年の自殺率はかなりジグザグしていますが、ほとんどの年において、全国値を下回っています。自殺率が低い傾向は、2007年だけのものではなさそうです。

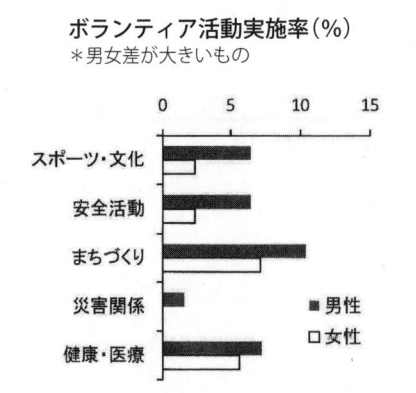

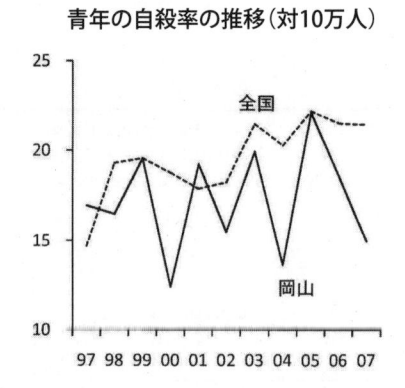

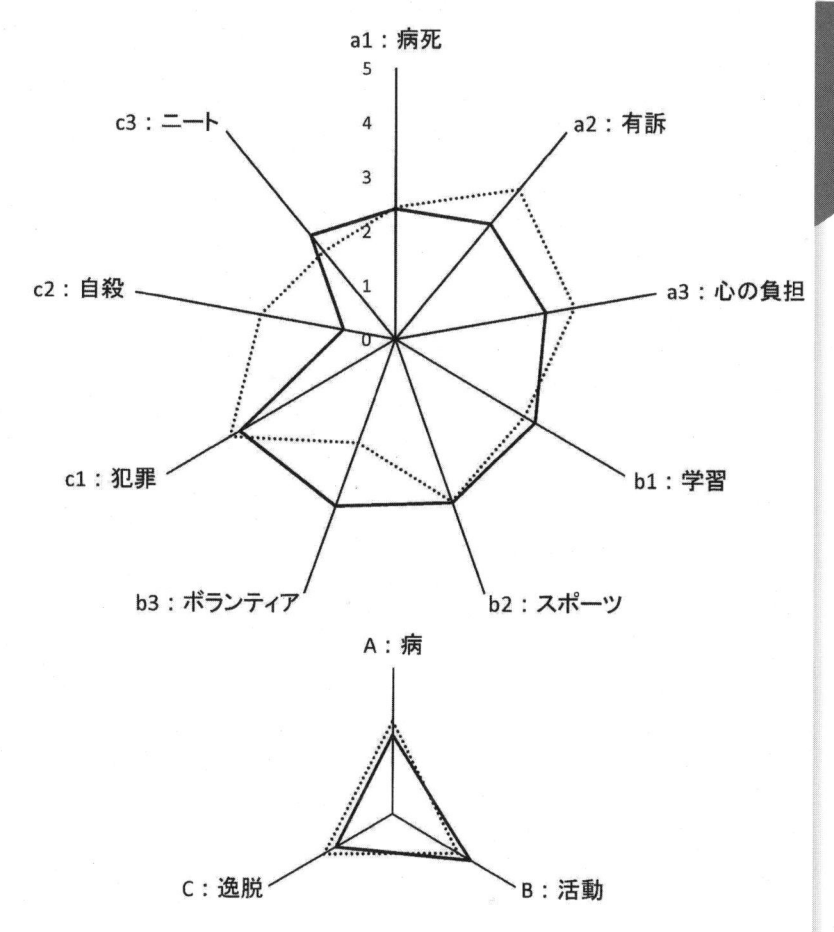

岡山

	指標の定義	実値	スコア	順位
a1：病死	外因以外の死因による死亡者の割合（10万人あたり）	22.3	2.4	25
a2：有訴	身体の不調を訴えている者の割合（%）	23.6	2.8	24
a3：心の負担	心の負担感を表わす6つの状態の経験率の平均値（%）	14.9	2.9	37
b1：学習	学習行動を実施した者の割合（%）	42.6	3.0	8
b2：スポーツ	スポーツを実施した者の割合（%）	71.3	3.2	15
b3：ボランティア	ボランティア活動を行った者の割合（%）	22.3	3.3	14
c1：犯罪	犯罪検挙人員の割合（1万人あたり）	26.5	3.4	13
c2：自殺	自殺者の割合（10万人あたり）	15.0	1.0	47
c3：ニート	非労働力人口の「その他」の者が人口に占める割合（‰）	13.1	2.5	23

2 都道府県別診断

広島

　中国地方の中枢県の広島にきました。当県の青年のすがたは、どのようなものでしょうか。まず、病の指標をみると、有訴率がやや高くなっています。青年のおよそ3割弱、全国で8位です。次に、活動の状況を表す指標を出すと、学習行動実施率が全国値をほんの少し上回っています。一方、スポーツとボランティア活動の実施状況はあまり芳しくないようです。最後に、逸脱の指標をみると、自殺率の突出が目立っています。青年人口10万人あたり25人、全国で12位です。下の要約図をみると、活動の項が凹んだ型になっています。条件整備などにより、青年のスポーツやボランティア活動の頻度を高からしめ、この部分をより突出させることが望まれます。

　では、目立って突き出ている有訴率と自殺率について検討してみましょう。この2指標は、関連があるともいえます。まず、有訴率が高い危険層を明らかにしましょう。下図の左側によると、率そのものは女性のほうが高いのですが、全国値との差は男性で大きくなっています。性と年齢を組み合わせたグループ別にみると、男性の30代前半が危険層として析出されます。次に自殺率ですが、青年層の特徴を明らかにするため、他の年齢層との比較をしてみましょう。下図の右側をみると、2007年データでは、全国値との差は、青年層で最も大きくなっています。しかも、こうした傾向が、最近になって生じたものであることも気がかりです。自殺対策の重点層を、青年層に据えることも重要かと思います。

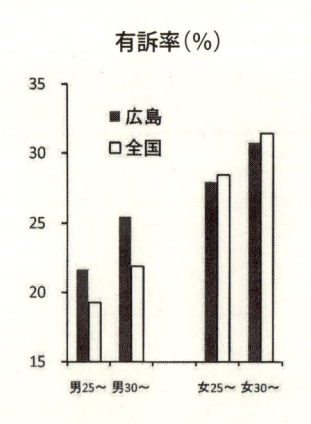

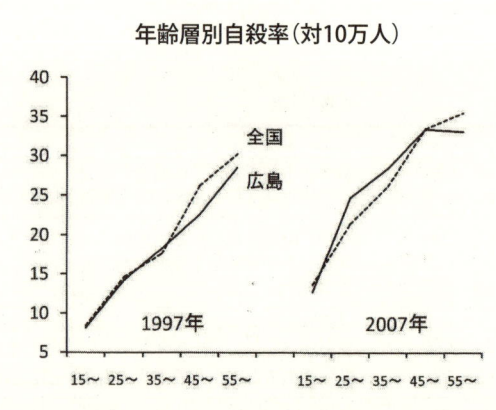

広島

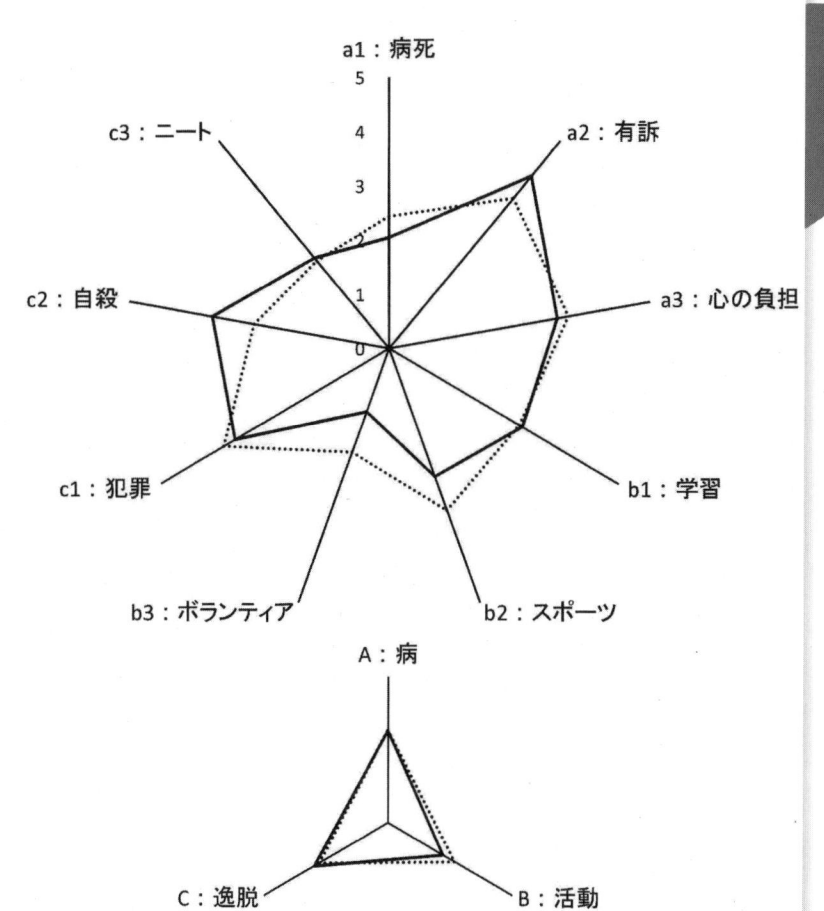

	指標の定義	実値	スコア	順位
a1：病死	外因以外の死因による死亡者の割合（10万人あたり）	20.4	2.0	33
a2：有訴	身体の不調を訴えている者の割合（％）	26.7	4.1	8
a3：心の負担	心の負担感を表わす6つの状態の経験率の平均値（％）	15.6	3.2	24
b1：学習	学習行動を実施した者の割合（％）	41.7	2.9	10
b2：スポーツ	スポーツを実施した者の割合（％）	68.6	2.5	30
b3：ボランティア	ボランティア活動を行った者の割合（％）	15.0	1.2	43
c1：犯罪	犯罪検挙人員の割合（1万人あたり）	26.4	3.4	14
c2：自殺	自殺者の割合（10万人あたり）	24.7	3.4	12
c3：ニート	非労働力人口の「その他」の者が人口に占める割合（‰）	12.3	2.2	29

2 都道府県別診断

山口

　青年の病の指標を出すと、病死率が高くなっています。有訴率と心の負担感も、全国水準以上です。青年の心身の状態が懸念されます。次に、活動の状況をみると、ボランティア活動実施率は全国値より高いのですが、学習行動とスポーツの実施率は低い位置にあります。最後に、逸脱の3指標を出すと、どれも全国値を凌駕しています。犯罪者出現率は全国で5位です。下の要約図をみると、活動の項が凹んだ型になっています。一方で、病や逸脱の項が突き出ています。条件整備などにより、青年の学習行動やスポーツの頻度を高らしめ、この部分をより突出させる余地はあるかと思います。

　では、全国値との差が比較的大きい2指標、犯罪者出現率とニート率という2つの逸脱指標について詳細にみてみましょう。まず、犯罪者出現率を年齢層別に出すと、全国値を上回る度合いは、青年層で最も大きくなっています。なお、青年犯罪の罪種構成をみると、窃盗犯や知能犯のシェアが比較的大きいことが特徴です。次に、ニート率を県内の29市町村について算出し、上位10に色をつけた地図を示すと、下図の右側のようです。これをみると、ニート率が高い地域は、県の東部と中央部に偏在しています。市部と郡部（町村部）の平均値を比べると、8市の平均は13.4‰であるのに対し、残りの21町村の平均は15.7‰です。相対的に、郡部の率が高いようです。なお、県庁所在地の山口市の値は17.9‰、県内で10位となっています。

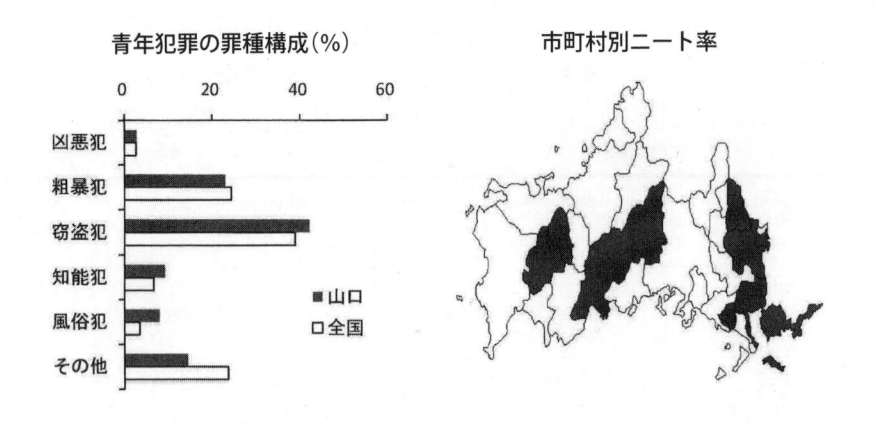

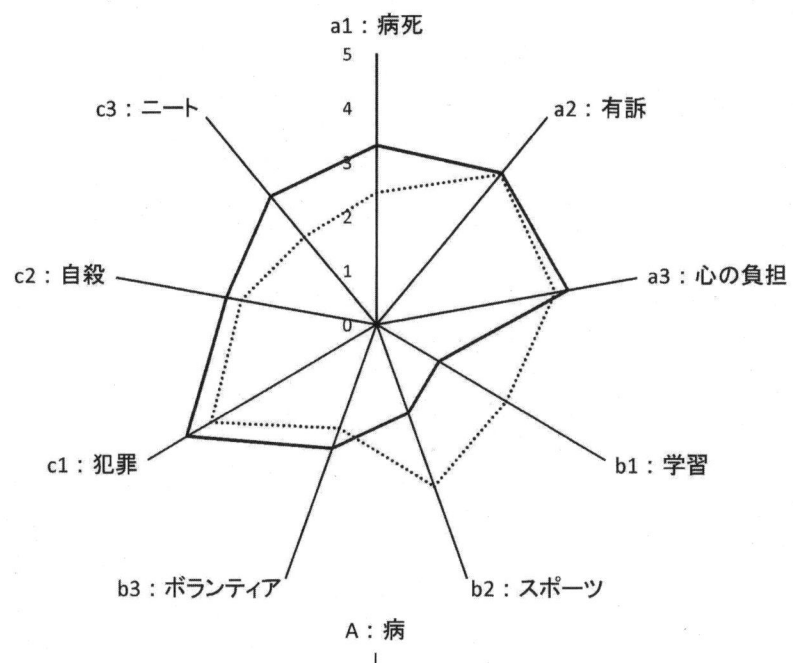

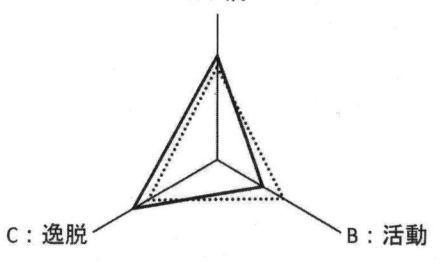

	指標の定義	実値	スコア	順位
a1：病死	外因以外の死因による死亡者の割合（10万人あたり）	26.8	3.3	9
a2：有訴	身体の不調を訴えている者の割合（％）	25.6	3.7	15
a3：心の負担	心の負担感を表わす6つの状態の経験率の平均値（％）	16.4	3.7	11
b1：学習	学習行動を実施した者の割合（％）	32.7	1.4	44
b2：スポーツ	スポーツを実施した者の割合（％）	35.5	1.7	44
b3：ボランティア	ボランティア活動を行った者の割合（％）	19.3	2.4	24
c1：犯罪	犯罪検挙人員の割合（1万人あたり）	29.8	4.1	5
c2：自殺	自殺者の割合（10万人あたり）	22.6	2.9	19
c3：ニート	非労働力人口の「その他」の者が人口に占める割合（‰）	14.6	3.1	11

2 都道府県別診断

徳島

　四国地方に入ってきました。まずは、入口の徳島です。青年の病の指標をみると、3指標とも、全国水準より低い位置にあります。結構なことです。当県の青年は、心身面で比較的健康であるようです。次に、活動の指標ですが、そうした心身の健康を土台にしているためか、スポーツ実施率とボランティア活動実施率が高くなっています。それぞれ、全国で9位、16位です。学習行動実施率も、相対順位としては、高い位置にあります。最後に、逸脱の指標をみると、ニートの比率が突出しています。16.5‰で、全国4位です。下の要約図をみると、病の項が陥没しています。逸脱の項も、合わせて凹ませることができれば、と思います。

　では、全国値との差が比較的大きい、ボランティア活動実施率とニート率について、やや仔細にみてみましょう。まず、ボランティア活動実施率を性別にみると、全国値を凌駕しているのは、男性のほうです。女性は、それを下回っています。では、当県の男性は、どのようなボランティア活動を行っているのでしょうか。下図の左側は、男性について、全国値との差が大きいものの実施率を図示したものです。これによると、スポーツ・文化関係や自然保護関係のボランティア活動の実施率が、相対的に高いようです。高齢者や子ども対象など、対人関係のボランティア活動の実施率が高いことも注目されます。次に、ニート率です。当県の場合、30代以降、率が急上昇し、34歳では、全国値と8.3ポイントも開くに至ります。30代以降の危機兆候が顕著です。

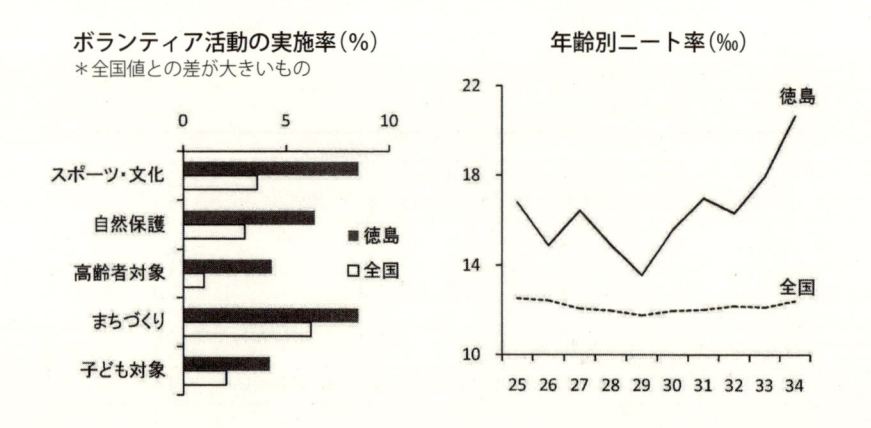

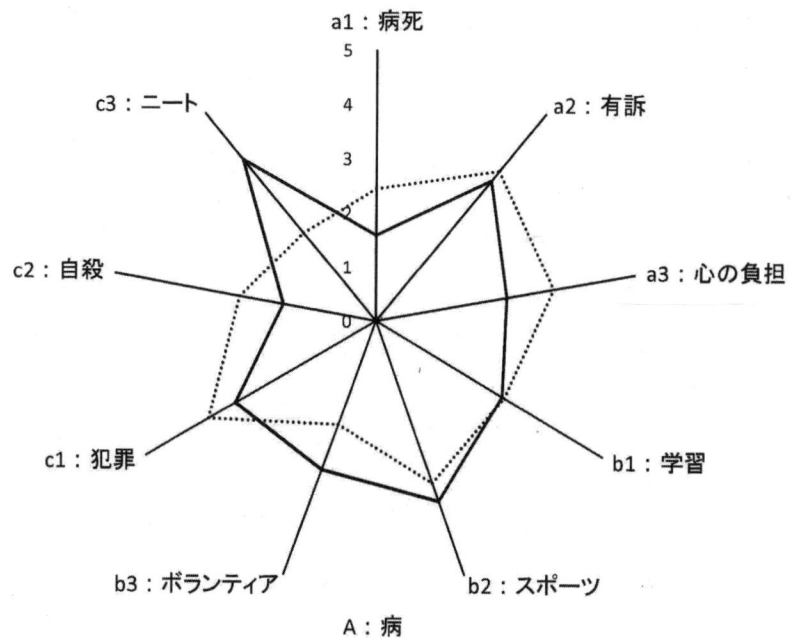

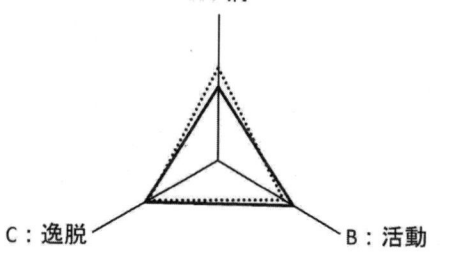

徳島

```
        a1：病死
          5
c3：ニート  4      a2：有訴
          3
          2        a3：心の負担
c2：自殺   1
          0
c1：犯罪           b1：学習

   b3：ボランティア   b2：スポーツ
```

```
      A：病


C：逸脱      B：活動
```

	指標の定義	実値	スコア	順位
a1：病死	外因以外の死因による死亡者の割合（10万人あたり）	18.1	1.6	42
a2：有訴	身体の不調を訴えている者の割合（％）	25.0	3.4	16
a3：心の負担	心の負担感を表わす6つの状態の経験率の平均値（％）	14.2	2.5	40
b1：学習	学習行動を実施した者の割合（％）	41.1	2.8	11
b2：スポーツ	スポーツを実施した者の割合（％）	72.6	3.5	9
b3：ボランティア	ボランティア活動を行った者の割合（％）	21.1	2.9	16
c1：犯罪	犯罪検挙人員の割合（1万人あたり）	24.9	3.0	19
c2：自殺	自殺者の割合（10万人あたり）	18.1	1.8	36
c3：ニート	非労働力人口の「その他」の者が人口に占める割合（‰）	16.5	3.9	4

香川

　病死率、有訴率、そして心の負担感という、病の3指標は、どれも全国値より高くなっています。このように、3指標揃って高い県というのはあまりないので、若干の懸念を覚えるところです。活動の指標は、スポーツ実施率のみが全国水準と同程度です。学習行動実施率はやや低くなっています。最後に、逸脱の指標をみると、こちらも、全てが全国値を凌駕しています。とくに、ニート率の突出が目立っています。青年千人あたり13.7人、全国で19位です。なお、相対順位でいうと、犯罪者出現率も9位と高い位置にあります。下の要約図をみると、活動の項が凹んだ形になっています。この部分を伸ばすことが、今後の課題といえそうです。

　それでは、突出幅が大きい病死率とニート率について、やや詳細にみてみましょう。まず、病死率ですが、当県の青年の場合、10年前の1997年に比して微増しています。全国値が減少傾向にあるのと対照的です。結果、2007年データでは、全国水準との差が開くに至っています。なお、年齢層別にみると、20代後半層で、全国値との差が大きくなっていることも指摘しておきます。続いてニート率ですが、ここでは、男性と女性で率がどれほど違うかを明らかにしてみます。下図の右側によると、ニート率が全国値を上回っているのは男性であることが分かります。女性は、全国値よりも低い位置にあります。当県の場合、ニート率の男女差が大きいことが特徴です。なお、こうした傾向は、10年前の1995年よりも強まっています。

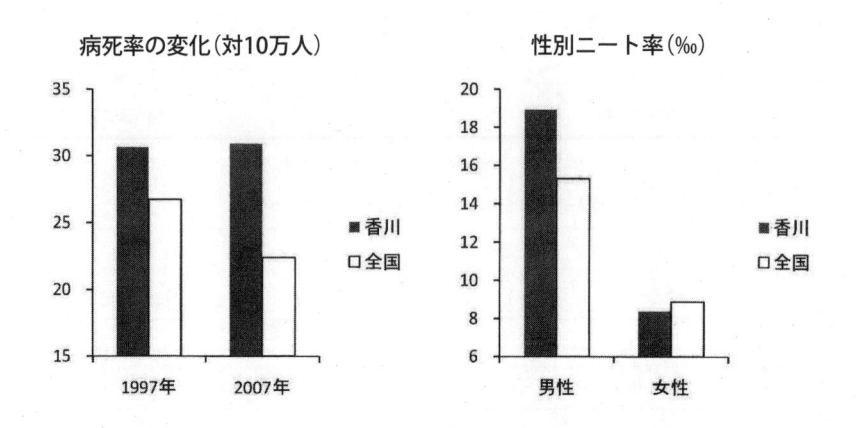

病死率の変化（対10万人）

性別ニート率（‰）

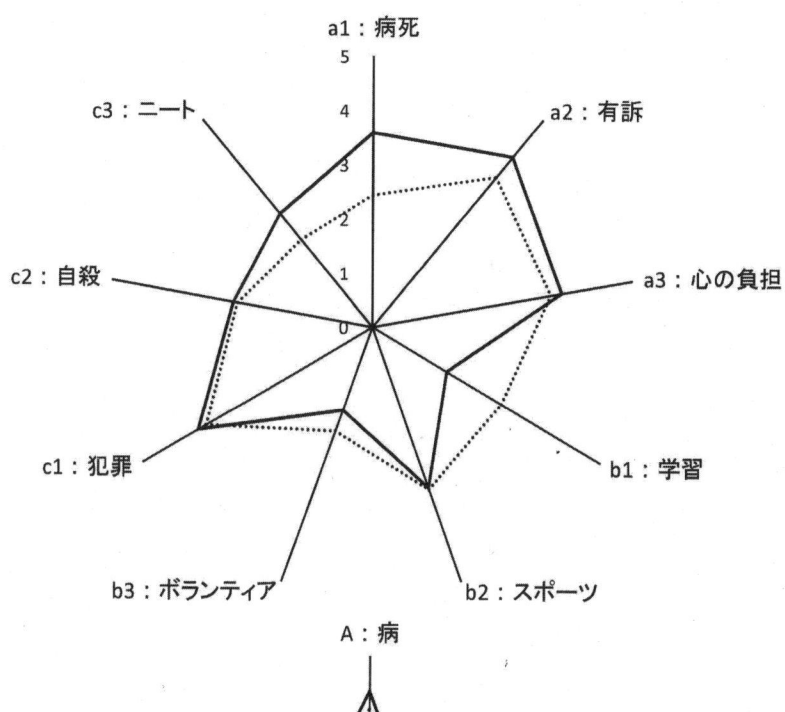

香川

	指標の定義	実値	スコア	順位
a1：病死	外因以外の死因による死亡者の割合（10万人あたり）	28.2	3.6	6
a2：有訴	身体の不調を訴えている者の割合（%）	26.6	4.1	9
a3：心の負担	心の負担感を表わす6つの状態の経験率の平均値（%）	16.4	3.6	13
b1：学習	学習行動を実施した者の割合（%）	34.4	1.6	39
b2：スポーツ	スポーツを実施した者の割合（%）	71.1	3.2	18
b3：ボランティア	ボランティア活動を行った者の割合（%）	16.4	1.6	35
c1：犯罪	犯罪検挙人員の割合（1万人あたり）	28.2	3.8	9
c2：自殺	自殺者の割合（10万人あたり）	21.8	2.7	26
c3：ニート	非労働力人口の「その他」の者が人口に占める割合（‰）	13.7	2.7	19

2 都道府県別診断

愛媛

　青年の病の指標をみると、病死率がやや高い位置にあります。心の負担感も、全国値を上回っています。活動の指標をみると、学習行動実施率は全国水準以下ですが、スポーツとボランティアの実施頻度は、全国値よりも高いようです。最後に、逸脱の指標をみると、徳島や香川と同様、ニート率の突出が目につきます。15.0‰、全国で9位です。下の要約図をみると、値の高い指標とそうでない指標とが相殺し合っているためか、全国値の図形とほぼ重なっています。今後は、条件整備などにより、青年の学習行動実施率を高め、活動の項をより突出させたいものです。

　では、値が相対的に高い、ボランティア活動実施率とニート率について、やや細かいデータを提示しましょう。まず、ボランティア活動実施率を性別にみると、全国値との差が出ているのは、女性のほうです。男性ではわずか0.6ポイントの差ですが、女性では3.5ポイントもの差があります。男性よりも女性の率が高いのは全国的傾向ですが、当県の場合、それが際立っています。先ほどみた徳島とは対照的です。次に、ニート率を県内の20市町村について出し、1位〜5位を黒色、6位〜10位を灰色とした地図をつくりましたので、ご覧に入れましょう。下図の右側によると、ニート率が高い地域は、県の西南部に偏在しています。平均値を市部と郡部（町村部）で比べると、前者が20.8‰、後者が17.7‰です。他県とは違って、当県では、市部の率が相対的に高いようです。なお、県庁所在地の松山市は11.7‰で、県内順位は15位となっています。

性別ボランティア活動実施率(%)

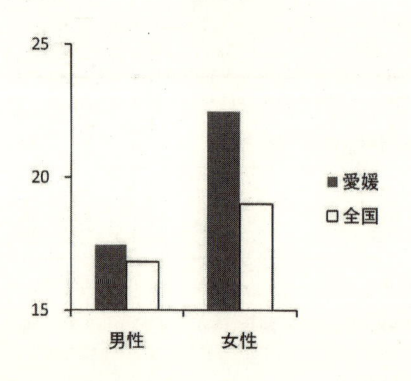

市町村別ニート率

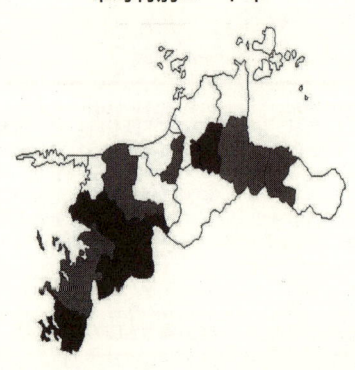

愛媛

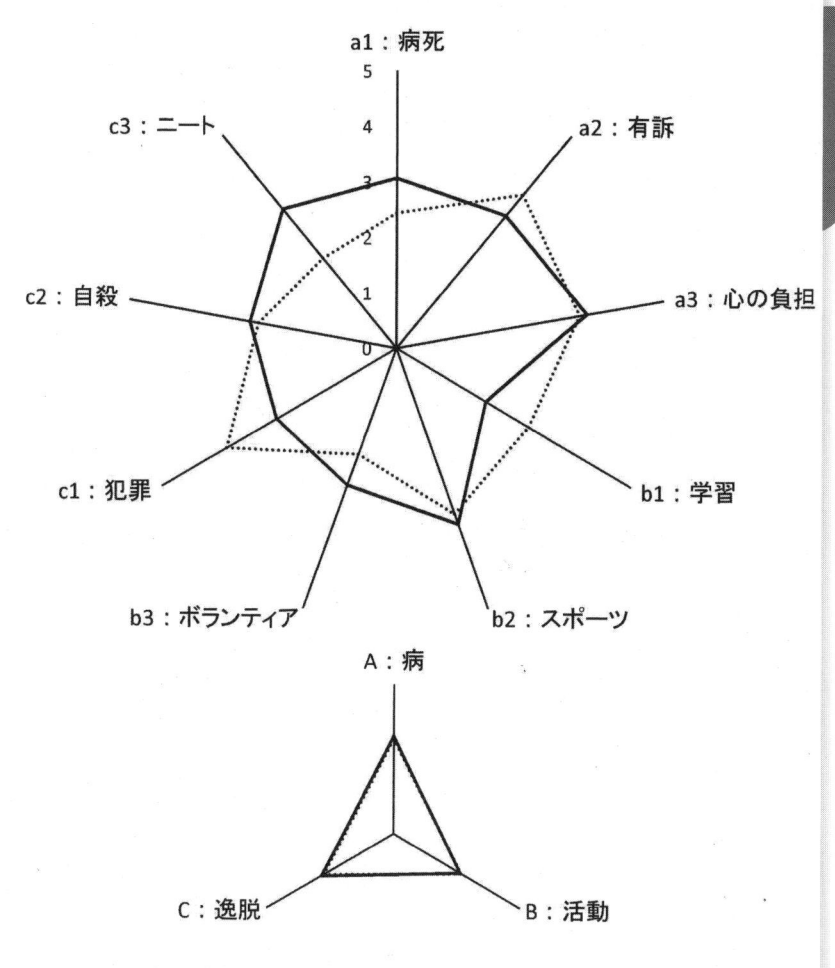

	指標の定義	実値	スコア	順位
a1：病死	外因以外の死因による死亡者の割合（10万人あたり）	25.6	3.1	13
a2：有訴	身体の不調を訴えている者の割合（％）	24.4	3.1	20
a3：心の負担	心の負担感を表わす6つの状態の経験率の平均値（％）	16.2	3.6	16
b1：学習	学習行動を実施した者の割合（％）	36.0	1.9	27
b2：スポーツ	スポーツを実施した者の割合（％）	72.0	3.4	11
b3：ボランティア	ボランティア活動を行った者の割合（％）	20.0	2.6	20
c1：犯罪	犯罪検挙人員の割合（1万人あたり）	22.8	2.5	28
c2：自殺	自殺者の割合（10万人あたり）	22.1	2.7	23
c3：ニート	非労働力人口の「その他」の者が人口に占める割合（‰）	15.0	3.3	9

2 都道府県別診断

高知

　当県の診断図は、左上になびいたピーナッツのような型をしています。まず、病の指標をみると、病死率はやや高いのですが、有訴率と心の負担感は低い水準にあります。後者は、全国で45位です。次に、活動の状況をみると、ボランティア活動実施率は全国値より高いのですが、学習行動とスポーツの実施頻度の低さが目立ちます。最後に、逸脱の部分をみると、ニート率が鋭利に突出しています。19.2‰＝1.92％、つまり、青年のおよそ50人に1人がニートという計算になります。全国で最も高い水準です。下の要約図をみると、逸脱の項が突き出た形になっています。この部分を凹ませると同時に、条件整備等により、青年の学習やスポーツの実施を促進させ、活動の部分を充実させる余地はあろうかと思います。なお、青年の病が少ないことは結構なことです。

　では、全国1位のニート率に絞って、詳細にみてみましょう。ニート率を年齢別にみると、当県の場合、34歳が最も高いのですが、この世代は、10年前の1995年では24歳、5年前の2000年では29歳であったわけです。これら3時点のニート率をつなぐと、この世代の加齢に伴うニート率の変化が分かります。その結果によると、29歳になって率がはね上がり、その後少し落ち着く、という傾向になっています。しかるに、加齢とともに、全国水準との差が若干開いてくる傾向が気がかりです。次に、ニート率の県内地図をご紹介します。上位5位は黒色、6〜10位は灰色にしています。高率地域は郡部に点在しているようです。

1971年生まれ世代のニート率の変化(‰)　　　**市町村別ニート率(%)**

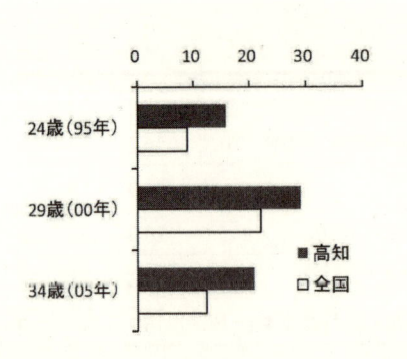

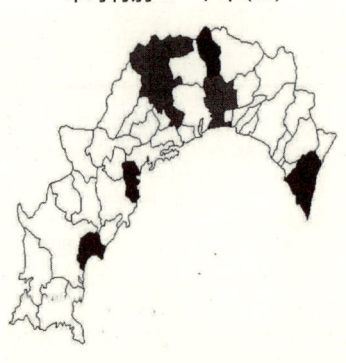

高知

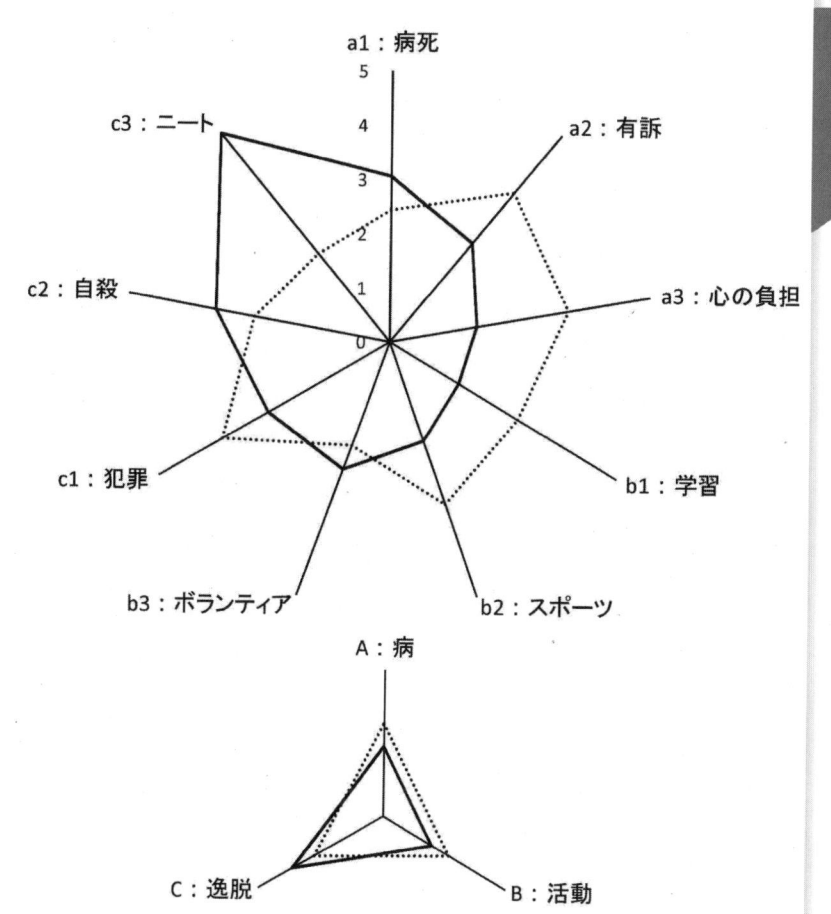

	指標の定義	実値	スコア	順位
a1：病死	外因以外の死因による死亡者の割合（10万人あたり）	25.6	3.1	14
a2：有訴	身体の不調を訴えている者の割合（%）	22.8	2.4	36
a3：心の負担	心の負担感を表わす6つの状態の経験率の平均値（%）	12.6	1.7	45
b1：学習	学習行動を実施した者の割合（%）	33.7	1.5	42
b2：スポーツ	スポーツを実施した者の割合（%）	66.3	1.9	40
b3：ボランティア	ボランティア活動を行った者の割合（%）	19.6	2.5	22
c1：犯罪	犯罪検挙人員の割合（1万人あたり）	23.1	2.6	25
c2：自殺	自殺者の割合（10万人あたり）	24.4	3.3	14
c3：ニート	非労働力人口の「その他」の者が人口に占める割合（‰）	19.2	5.0	1

2 都道府県別診断

福岡

　九州地方に入ってきました。九州中枢県の福岡では、青年のすがたはどのようなものでしょうか。まず、病の指標をみると、目出度いことに、3指標とも、全国値より低くなっています。青年が病を患う確率は、他県に比して低いようです。しかるに、活動の3指標も、同様に全国値を下回っています。こちらは、結構なこととはいえません。大都市県ですので、それなりの機会はあるかと思いますが、学習、スポーツ、そしてボランティア活動という青年の活動があまり活発でないようです。最後に、逸脱の指標をみると、3つの指標とも、値が高くなっています。犯罪者出現率は全国で3位です。下の要約図をみると、逸脱の項が突き出ています。この部分を凹ませ、青年の活動の部分をより充実させたいものです。

　それでは、まず、全国値との差が比較的大きい犯罪者出現率について吟味してみます。犯罪と一口にいっても、コソ泥もあれば、殺人のような凶悪犯罪もあります。青年犯罪の罪種構成を全国と比較してみると、当県の場合、粗暴犯が少しばかり多いことが特徴です。粗暴犯とは、暴行、傷害、脅迫、および恐喝の総称のことです。次に、全国水準と比した場合、低さが目立つスポーツ実施率について、層別にみてみます。下図の右側によると、男性よりも女性で全国値と差が出ているのが分かります。また、女性の中でも、とくに無業層において差が出ているようです。この層は、青年全体の14％を占めます。小さいシェアとはいえません。施策の重点を、この層に向けることも必要かと存じます。

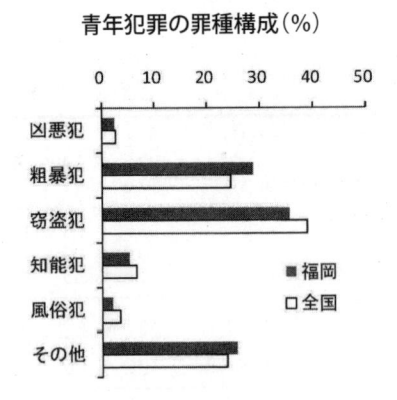

福岡

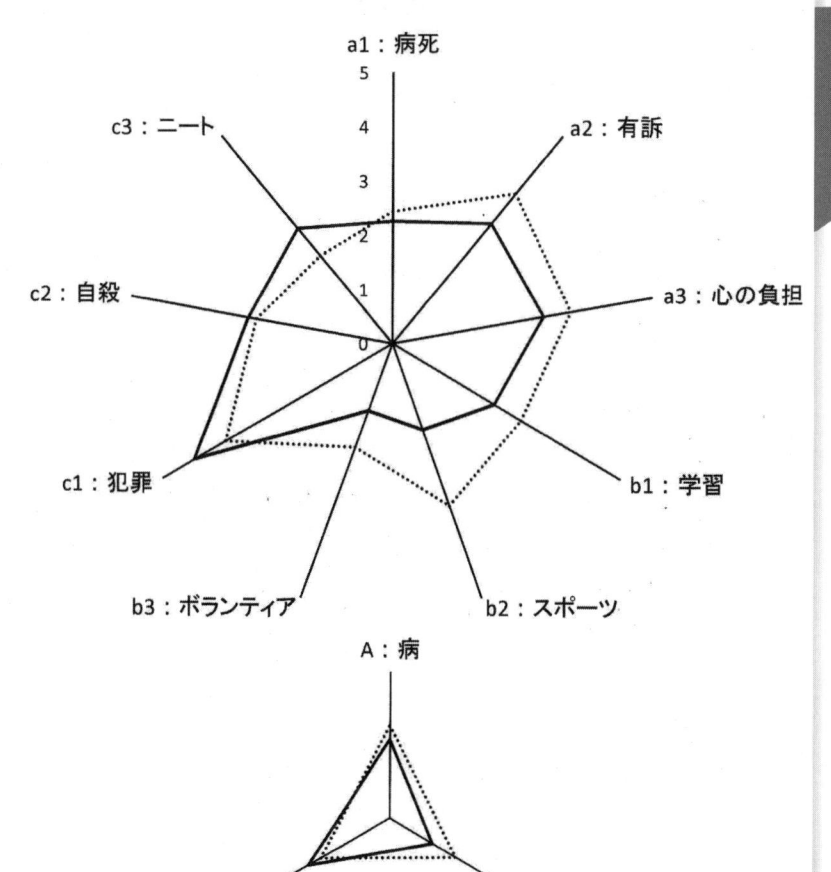

	指標の定義	実値	スコア	順位
a1：病死	外因以外の死因による死亡者の割合（10万人あたり）	21.5	2.3	29
a2：有訴	身体の不調を訴えている者の割合（%）	23.9	2.9	23
a3：心の負担	心の負担感を表わす6つの状態の経験率の平均値（%）	15.0	2.9	35
b1：学習	学習行動を実施した者の割合（%）	37.9	2.2	22
b2：スポーツ	スポーツを実施した者の割合（%）	65.3	1.7	45
b3：ボランティア	ボランティア活動を行った者の割合（%）	15.3	1.3	42
c1：犯罪	犯罪検挙人員の割合（1万人あたり）	30.5	4.3	3
c2：自殺	自殺者の割合（10万人あたり）	22.1	2.7	23
c3：ニート	非労働力人口の「その他」の者が人口に占める割合（‰）	13.7	2.8	17

2 都道府県別診断

佐賀

　青年の病の指標をみると、病死率と心の負担感が全国値より高くなっています。それぞれ、16位、15位です。活動の状況に目を転じると、ボランティア活動の実施頻度が非常に高くなっています。最後に、逸脱の指標をみると、犯罪者出現率は低いのですが、自殺率とニート率が全国水準を凌駕しています。ニート率は全国で6位です。下の要約図をみると、活動と逸脱の項が突き出ています。後者を凹ませ、前者をより突出させることが望まれます。条件整備などにより、学習やスポーツの頻度も、ボランティア活動に見劣りしない程度にまで、高めたいものです。

　それでは、全国値との差が出ているボランティア活動実施率とニート率について、詳しいデータをお見せしましょう。まず、当県の青年がどのようなボランティア活動をやっているかです。下図の左側は、全国値との差が大きい5種類の実施率を図示したものですが、当県では、まちづくり関係のボランティア活動の実施率が飛びぬけて高くなっています。ほか、安全活動や自然保護関係など、地域密着型のボランティア活動の実施率が相対的に高いことも注目されます。次にニート率ですが、この指標を年齢別に出すと、25歳で最も高くなっています。この世代は、新卒時にたまたま県内の雇用環境が悪かったなど、「ついてない」世代なのでしょうか。この世代は、2010年現在では30歳になっています。はて、2010年の『国勢調査』から算出される、この世代のニート率はどうなっているでしょうか。事態が改善されていることを願うばかりです。

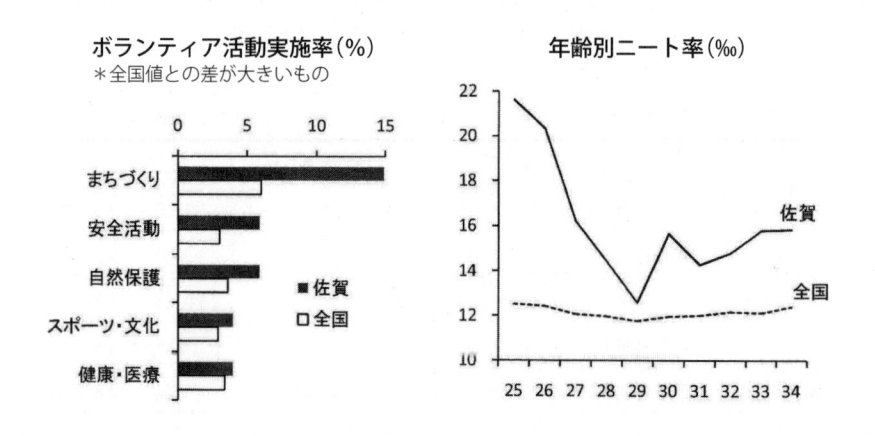

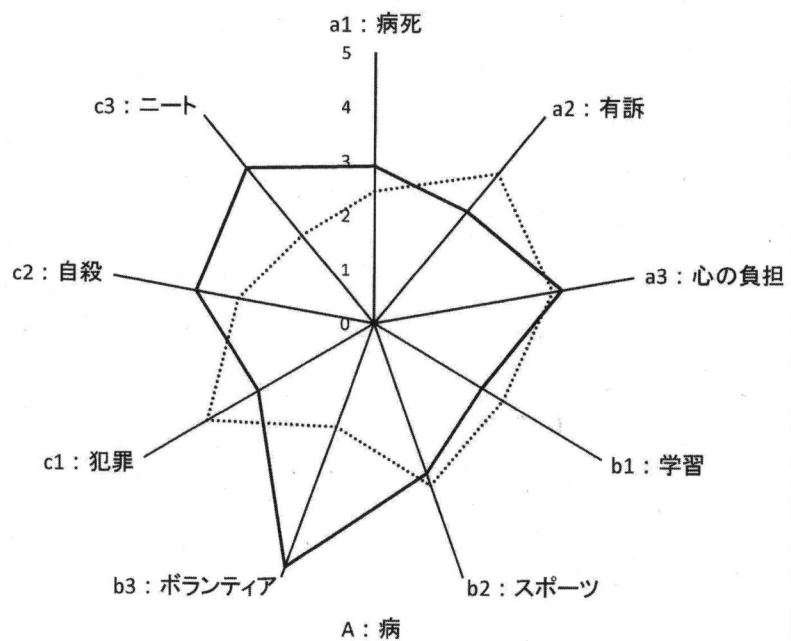

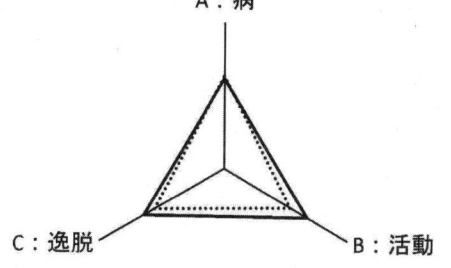

	指標の定義	実値	スコア	順位
a1：病死	外因以外の死因による死亡者の割合（10万人あたり）	24.8	2.9	16
a2：有訴	身体の不調を訴えている者の割合（％）	23.4	2.7	27
a3：心の負担	心の負担感を表わす6つの状態の経験率の平均値（％）	16.3	3.6	15
b1：学習	学習行動を実施した者の割合（％）	38.6	2.4	19
b2：スポーツ	スポーツを実施した者の割合（％）	70.3	3.0	24
b3：ボランティア	ボランティア活動を行った者の割合（％）	27.7	4.8	2
c1：犯罪	犯罪検挙人員の割合（1万人あたり）	22.6	2.5	29
c2：自殺	自殺者の割合（10万人あたり）	24.8	3.4	11
c3：ニート	非労働力人口の「その他」の者が人口に占める割合（‰）	16.1	3.7	6

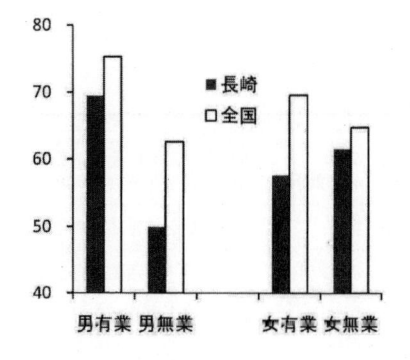

長崎

　青年の病の指標をみると、病死率がかなり高くなっています。和歌山に次いで2位です。一方、有訴率と心の負担感は全国値より低い水準にあります。活動の状況をみると、当県の場合、学習行動とスポーツがやや低調です。スポーツ実施率は全国で最下位です。当県には離島が多く、地域によってはスポーツ施設がない、という事情もあるのでしょうか。最後に、逸脱の部分に目を転じると、お隣の佐賀と同じく、ニート率が高くなっています。全国で3位です。下の要約図をみると、逸脱の項が突き出ています。この部分を凹ませ、活動の項をもっと伸ばすことが課題といえそうです。

　さて、病死率ですが、1997年から2007年にかけて、全国値は減少しています。しかるに、当県の場合、微増の傾向です。では、病死のうち、どのような死因が多いのでしょうか。まず想定されるのは、がん、心臓病、そして脳卒中の3大生活習慣病です。2007年でみて、当県の青年の病死者50名のうち、これらの死因による者は26人（52％）となっています。全国の同じ値（62％）と比べると、低くなっています。その分、他の死因が多い、ということです。次に、スポーツ実施率が、青年のどの層で低いのかをみてみます。下図の右側によると、全国値と差がついているのは、男性無業層と女性有業層であることが知られます。とくに後者は、青年全体の36％をも占めるので、無視できない層です。今後、施策の重点をこの層に向ける必要もあるかと思います。

長崎

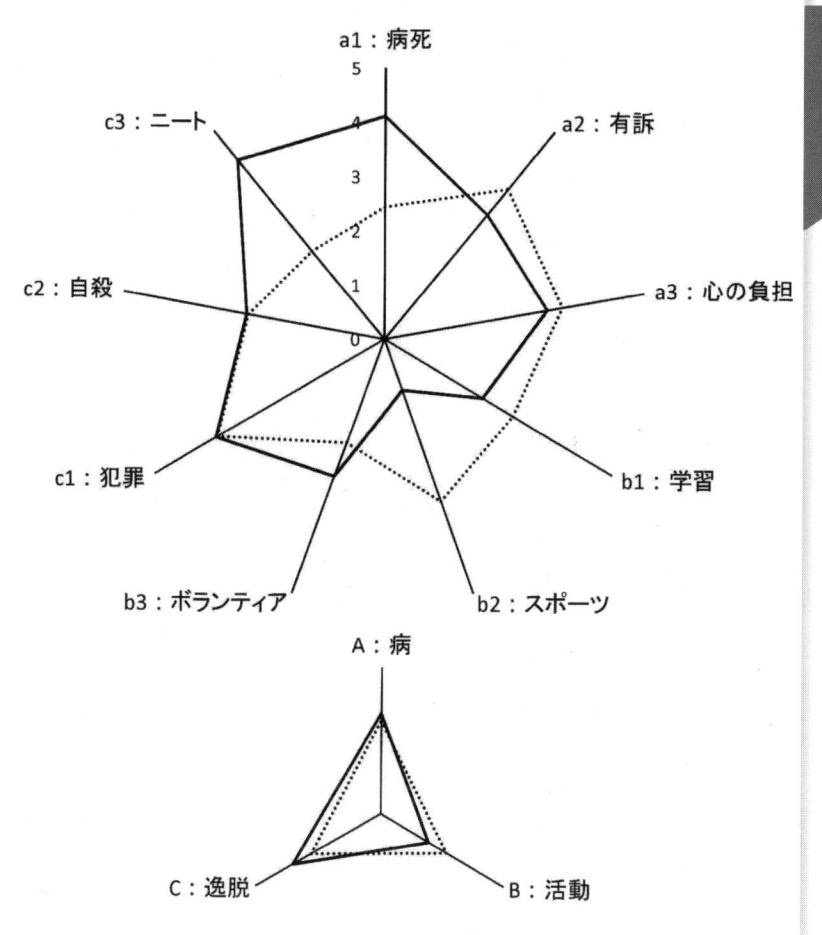

	指標の定義	実値	スコア	順位
a1：病死	外因以外の死因による死亡者の割合（10万人あたり）	30.9	4.1	2
a2：有訴	身体の不調を訴えている者の割合（%）	24.1	3.0	21
a3：心の負担	心の負担感を表わす6つの状態の経験率の平均値（%）	15.4	3.1	27
b1：学習	学習行動を実施した者の割合（%）	37.4	2.2	23
b2：スポーツ	スポーツを実施した者の割合（%）	62.6	1.0	47
b3：ボランティア	ボランティア活動を行った者の割合（%）	20.2	2.7	19
c1：犯罪	犯罪検挙人員の割合（1万人あたり）	27.6	3.6	10
c2：自殺	自殺者の割合（10万人あたり）	21.6	2.6	27
c3：ニート	非労働力人口の「その他」の者が人口に占める割合（‰）	17.5	4.3	3

2 都道府県別診断

熊本

　肥後の国、熊本にきました。当県の青年の病の指標をみると、病死率がやや高い水準にあります。10万人あたり27人、全国で10位です。有訴率と心の負担感は、全国値よりは低くなっています。次に、青年の活動状況に目を転じると、ボランティア活動の実施頻度が高いことが注目されます。過去1年間にボランティア活動を行った青年は、全体のおよそ4人に1人、全国で8位です。学習行動とスポーツの実施頻度も、これと同じくらいにまで高めたいものです。最後に、逸脱の指標を出すと、犯罪者出現率と自殺率は低いのですが、ニート率が少しばかり高くなっています。下の要約図をみると、活動の項が突き出た形になっています。結構なことです。

　当県の場合、ボランティア活動実施率が高いことに興味を覚えますので、この指標に限定して仔細な検討を加えてみます。まず、青年のうちどの層で実施率が高いのでしょうか。下図の左側は、性別・就業状態別に、実施率をみたものです。これによると、女性よりも男性、有業者よりも無業者の率が、全国値よりもかなり高くなっています。全国的傾向とは違った興味深いデータです。もっとも、無業者は、25～34歳の青年のうち量的には少ない層であることに注意が要ります。当県の場合、およそ15％です。その無業者のボランティア活動の種類ですが、子ども対象のものが飛びぬけて多くなっています。同じ無業者でも、その活動の様相は、全国的な平均傾向とはかなり異なっているようです。

性別・就業状態別ボランティア実施率（％）

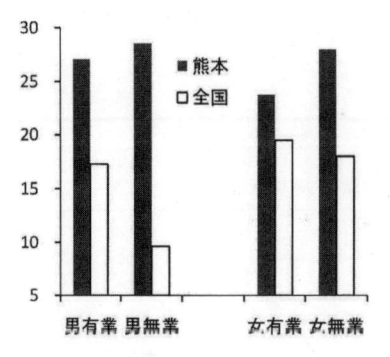

無業者のボランティア実施率（％）
＊全国値との差が大きいもの

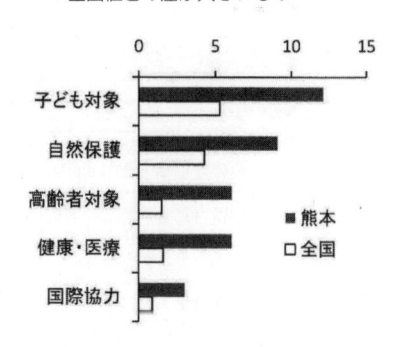

熊本

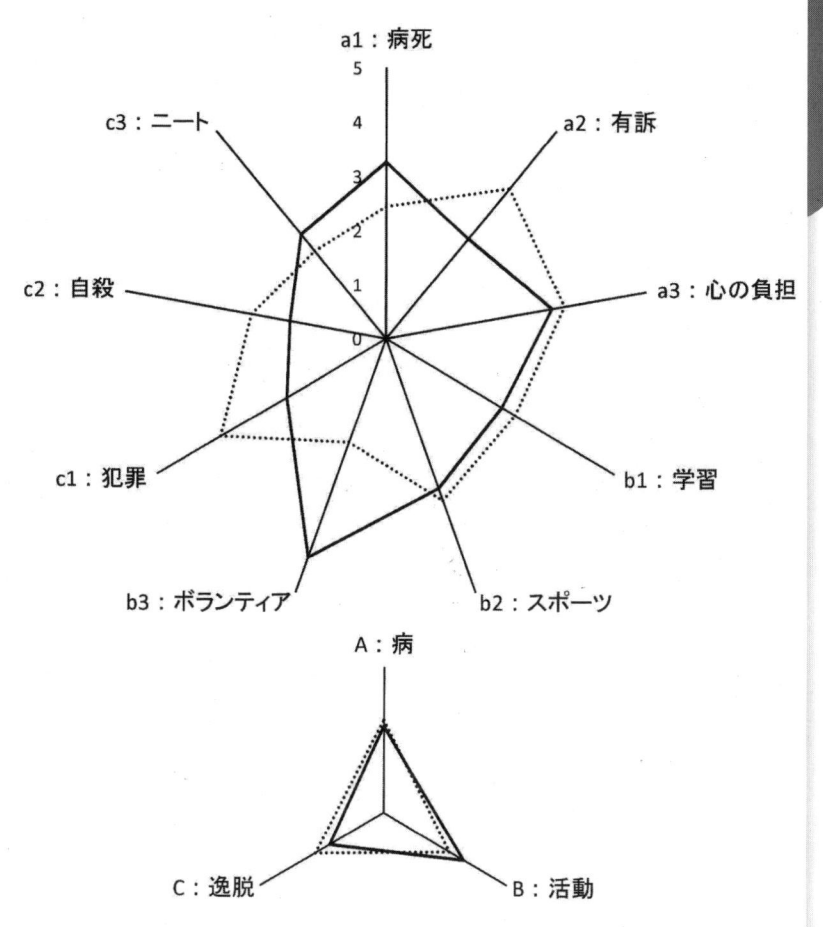

```
        a1：病死
c3：ニート    a2：有訴
c2：自殺        a3：心の負担
c1：犯罪        b1：学習
   b3：ボランティア    b2：スポーツ
```

A：病
C：逸脱　　B：活動

	指標の定義	実値	スコア	順位
a1：病死	外因以外の死因による死亡者の割合（10万人あたり）	26.5	3.3	10
a2：有訴	身体の不調を訴えている者の割合（%）	22.8	2.4	34
a3：心の負担	心の負担感を表わす6つの状態の経験率の平均値（%）	15.5	3.2	25
b1：学習	学習行動を実施した者の割合（%）	39.6	2.5	17
b2：スポーツ	スポーツを実施した者の割合（%）	70.3	2.9	25
b3：ボランティア	ボランティア活動を行った者の割合（%）	25.9	4.3	8
c1：犯罪	犯罪検挙人員の割合（1万人あたり）	21.2	2.2	35
c2：自殺	自殺者の割合（10万人あたり）	18.5	1.9	35
c3：ニート	非労働力人口の「その他」の者が人口に占める割合（‰）	13.1	2.5	22

大分

　青年の病の指標をみると、3つの指標とも、全国値を下回っています。とくに、有訴率は低く、全国で下から2番目です。外的基準でみた場合、当県の青年の心身は比較的健康であるようです。次に、活動の指標をみると、ボランティアの実施頻度が高くなっています。実施率は全国で3位です。一方で、学習行動とスポーツの実施率は全国水準以下です。施設の不備ないしは地域的偏在というような事情があるのでしょうか。最後に、逸脱の部分をみると、犯罪者出現率は低いのですが、自殺率とニート率の相対的な突出が目立っています。下の要約図をみると、活動の項のみが突き出た望ましい型ができています。こうした傾向を、さらに色濃くしていきたいものです。

　当県の診断図をみると、有訴率が低いことに関心がいきますので、この指標について細かくみてみます。下図の左側は、性別、年齢層別に率を出したものです。全国値を下回る度合いは、女性で大きいようです。当県の女性の場合、加齢に伴って、率が下がることも注目されます。

　次に、県内の21市町村についてニート率を出し、上位5位に黒色、6〜10位に灰色をつけた地図をつくってみました。これによると、黒色の地域は、県内の中央部に多くなっています。県庁所在地の大分市は15.6‰で7位です。市部と郡部（町村部）の平均を比べると、前者が13.2‰、後者が9.0‰です。市部のほうが率の平均が高いというのは、当県の特徴であるといえます。

性別・年齢層別有訴率（%）

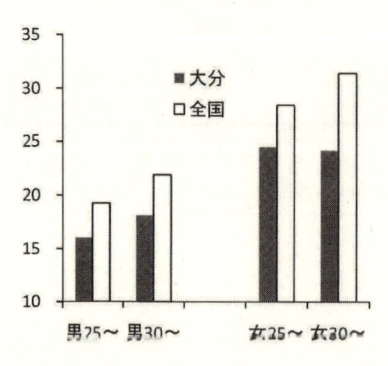

市町村別ニート率

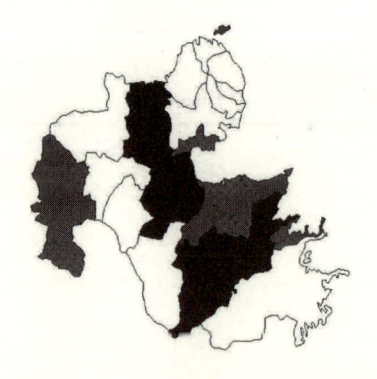

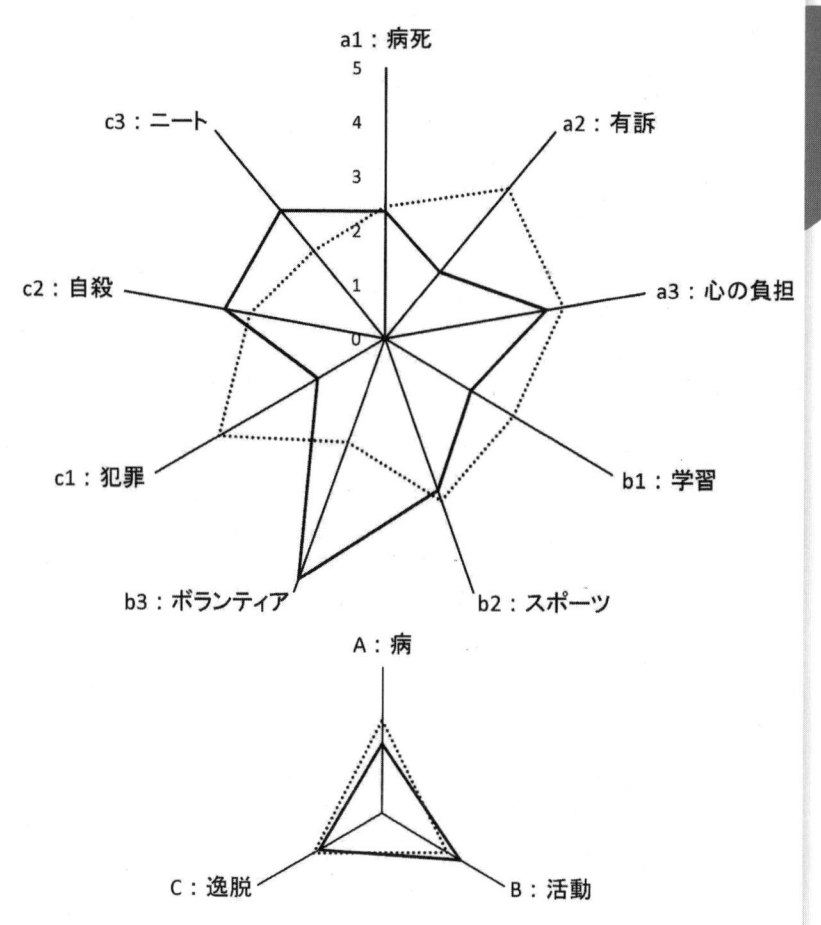

	指標の定義	実値	スコア	順位
a1：病死	外因以外の死因による死亡者の割合（10万人あたり）	22.0	2.4	26
a2：有訴	身体の不調を訴えている者の割合（%）	21.0	1.6	46
a3：心の負担	心の負担感を表わす6つの状態の経験率の平均値（%）	15.4	3.1	29
b1：学習	学習行動を実施した者の割合（%）	35.9	1.9	28
b2：スポーツ	スポーツを実施した者の割合（%）	70.4	3.0	23
b3：ボランティア	ボランティア活動を行った者の割合（%）	27.5	4.7	3
c1：犯罪	犯罪検挙人員の割合（1万人あたり）	18.1	1.5	44
c2：自殺	自殺者の割合（10万人あたり）	23.4	3.1	16
c3：ニート	非労働力人口の「その他」の者が人口に占める割合（‰）	14.5	3.1	12

2 都道府県別診断

宮崎

　青年の病の指標をみると、お隣の大分と同様、有訴率が低くなっています。全国で、下から3番目です。心の負担感も低い水準にあります。不謹慎な表現かも知れませんが、南国特有の楽天気質というものでしょうか。次に、活動の指標をみると、スポーツ実施率とボランティア活動実施率が全国値を大きく凌駕しています。学習行動実施率も、これらに見合うだけの水準に高めることができれば、理想的といえそうです。最後に、逸脱の部分に目を転じると、自殺率の高さが際立っています。全国で6位。ニート率も、全国水準を上回っています。下の要約図をみると、活動と逸脱の項が突き出ています。後者を凹ませることが要請されます。

　それでは、突出が目立っている2つの指標について詳しくみてみましょう。まず、ボランティア活動実施率を性別にみると、全国値との差は、男性で大きくなっています。しかるに当県では、女性の率もかなり高く、男女差があまりないのが特徴です。次に、自殺率です。当県の場合、県のホームページにて、年齢別自殺者数の時系列データが公開されていましたので、それをもとに最近10年間の自殺率のグラフをつくってみました。下図の右側によると、当県の率が、過去一貫して全国水準より高かった、というわけではなさそうです。当県の自殺率は、最近3年間急上昇の傾向にあり、その結果、全国値との差が出てきています。こうした危機兆候を認識してか、当県では、2007年11月に『宮崎県自殺対策推進本部』が設置されています。その取組に期待したいところです。

性別ボランティア活動実施率(%)

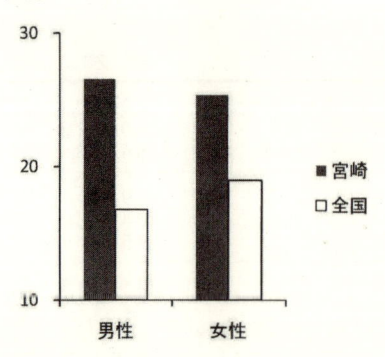

青年の自殺率の推移(対10万人)

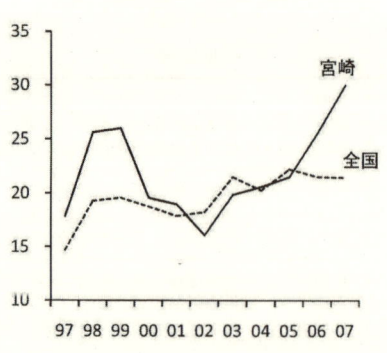

宮崎

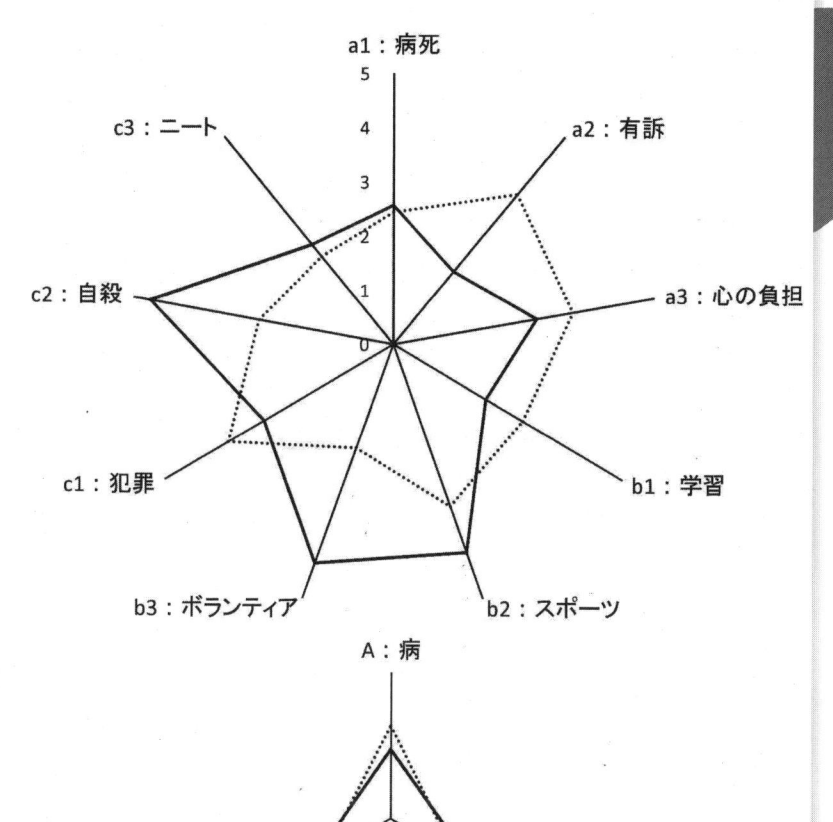

	指標の定義	実値	スコア	順位
a1：病死	外因以外の死因による死亡者の割合（10万人あたり）	23.1	2.6	23
a2：有訴	身体の不調を訴えている者の割合（%）	21.3	1.8	45
a3：心の負担	心の負担感を表わす6つの状態の経験率の平均値（%）	14.7	2.7	38
b1：学習	学習行動を実施した者の割合（%）	36.6	2.0	25
b2：スポーツ	スポーツを実施した者の割合（%）	74.8	4.1	6
b3：ボランティア	ボランティア活動を行った者の割合（%）	26.0	4.3	7
c1：犯罪	犯罪検挙人員の割合（1万人あたり）	24.0	2.8	21
c2：自殺	自殺者の割合（10万人あたり）	30.0	4.7	6
c3：ニート	非労働力人口の「その他」の者が人口に占める割合（‰）	12.8	2.4	25

2 都道府県別診断

ところで、宮崎県精神保健福祉センターは、『宮崎県こころの健康アンケート調査報告書』を2008年3月に刊行しています*3。そこでは、最近6ヵ月間における対象者の自殺願望の有無が明らかにされ、また、属性や生活状況によって、自殺願望経験率がどのように異なるかなど、大変興味深い分析がなされています。今後の自殺対策を考えるにあたって参考になりそうなデータも含まれていますので、それをご紹介しましょう。

　右頁の上のグラフは、30代*4の対象者について、最近6ヵ月間における自殺願望の経験状況を示したものです。「少」は「少しあった」、「有」は「あった」という回答を意味しています。いかがでしょうか。自殺願望経験率は、男性よりも女性、農村部よりも都市部、製造業よりもオフィス産業、技術職よりも事務職、そして中小企業勤務者よりも大企業勤務者で高いことが分かります。大雑把に解釈しますと、管理化、官僚制化が進んだ環境にいる青年ほど、自殺願望を抱きやすいようです。

　次に、右頁下のチャート図をご覧ください。この図は、4種の生活不安(羞恥心)を取り上げ、それぞれが強い群と弱い群とで、自殺願望経験率がどのように異なるかを明らかにしたものです*5。これによると、4つの要因とも、青年の自殺願望の多寡にはっきりと影響しています。とくに、「助けを求めることが恥ずかしい」という羞恥心が強い者*6と、そうでない者の差が顕著です。前者の自殺願望率は40％、後者のそれは18％であり、倍以上違っています。心身の負荷を抱えつつも、一人で抱え込み、なかなか相談に踏み切らない青年が少なくないことと推察されます。こうみると、青年の自殺予防に際しては、相談環境の充実とともに、悩みを抱えた青年をいかにしてその場に来させるか、ということも重要でありましょう。なお、羞恥心の強弱が自殺願望率に影響するのは、青年層独特の傾向であることも申し添えておきたいと思います。

*3――――2006年12月から2007年1月にかけて実施された調査で、県内で就業している男女を対象にしています。調査結果は、宮崎県のホームページで閲覧可能です。
*4――――本書でいう青年は25～34歳ですが、本調査では、年齢区分が10～20代、30代というようになっていますので、ここでは、30代の結果を紹介します。
*5――――羞恥心とは、「助けを求めることに恥ずかしさを感じる」という意味です。「実にそう思う」あるいは「そう思う」と答えた者は強群、それ以外の者は弱群に入れました。他の3つについては、「よくある」ないしは「ときどきある」を強群、それ以外を弱群としました。
*6――――もっとも、羞恥心の強群はわずか31人と、サンプル数がかなり少ないことに留意しなければなりません。

30代青年の自殺願望（最近6ヵ月間）

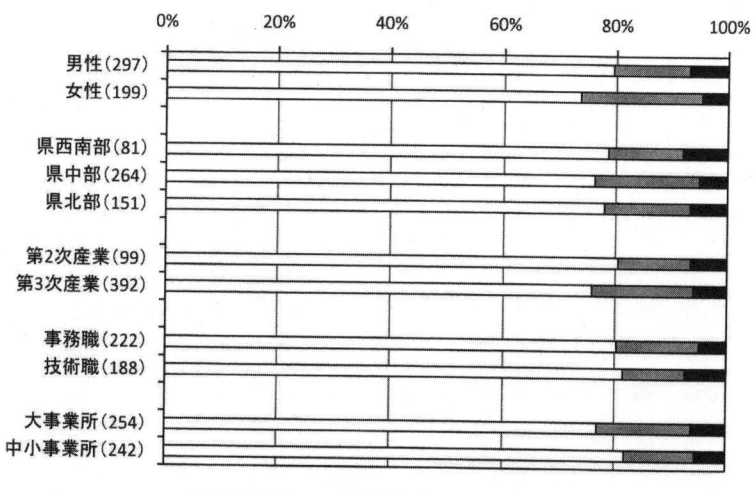

男性(297)
女性(199)

県西南部(81)
県中部(264)
県北部(151)

第2次産業(99)
第3次産業(392)

事務職(222)
技術職(188)

大事業所(254)
中小事業所(242)

□自殺願望無　■自殺願望少　■自殺願望有

生活不安の強弱でみた自殺願望経験率（%）

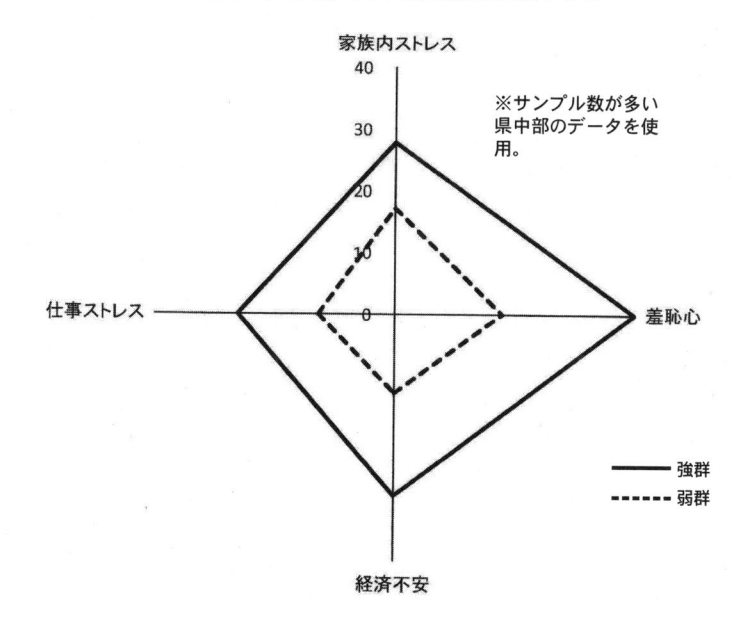

※サンプル数が多い県中部のデータを使用。

家族内ストレス / 羞恥心 / 経済不安 / 仕事ストレス

―― 強群
----- 弱群

鹿児島

　前著でも書きましたが、鹿児島は、私の出身県です。郷里にいる、昔の級友たちのことを思い浮かべながら、この稿を認めようとしています。まず、病の指標をみると、病死率がやや高い水準にありますが、有訴率と心の負担感はかなり低くなっています。青年が病を患う確率は、他県に比して低いようです。次に、活動の部分をみると、スポーツ実施率とボランティア活動実施率の値が高くなっています。スポーツ実施率は全国で1位です。当県の青年はかなりアクティヴです。最後に、逸脱の指標を出すと、ニート率が少し高くなっています。犯罪者出現率と自殺率は低水準です。下の要約図をみると、活動の項が鋭く突き出ています。結構な型です。

　それでは、値が高い2つの指標に関する詳細なデータを紹介しましょう。まず、どのようなスポーツの実施率が比較的高いかをみると、バレーボールやウォーキング・ジョギングの実施率で、全国値と差をつけています。ところで、当県のホームページをみると、「健やかスポーツ100日運動」という興味深い実践が行われているようです。「県民が主体的・継続的に週2回、年間100日はスポーツ・レクリエーション活動に親しむこと」が目標とされています。青年のスポーツ実施率全国1位という偉業は、このことの所産でしょうか。次に、ボランティア活動実施率を同じく性別にみると、こちらも、女性の率が高くなっています。とはいえ、率の男女差が大きい、ということはありません。

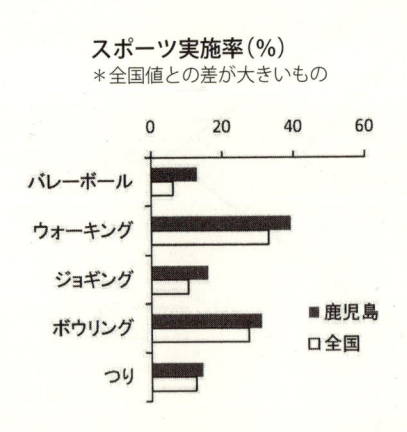

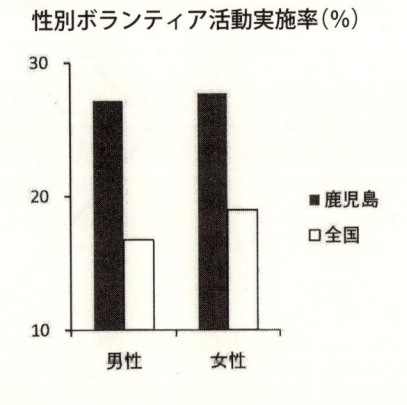

スポーツ実施率(%)
＊全国値との差が大きいもの

性別ボランティア活動実施率(%)

鹿児島

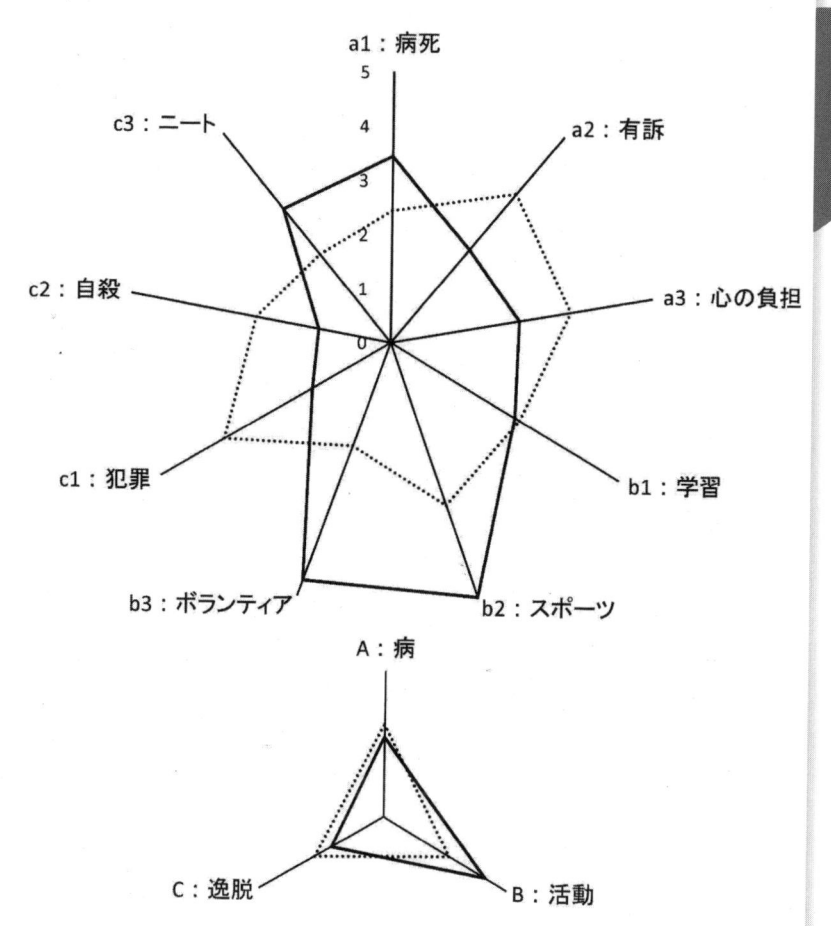

	指標の定義	実値	スコア	順位
a1：病死	外因以外の死因による死亡者の割合（10万人あたり）	27.5	3.4	8
a2：有訴	身体の不調を訴えている者の割合（%）	22.5	2.3	40
a3：心の負担	心の負担感を表わす6つの状態の経験率の平均値（%）	14.1	2.5	41
b1：学習	学習行動を実施した者の割合（%）	40.7	2.7	12
b2：スポーツ	スポーツを実施した者の割合（%）	78.4	5.0	1
b3：ボランティア	ボランティア活動を行った者の割合（%）	27.3	4.7	5
c1：犯罪	犯罪検挙人員の割合（1万人あたり）	19.1	1.7	41
c2：自殺	自殺者の割合（10万人あたり）	16.6	1.4	41
c3：ニート	非労働力人口の「その他」の者が人口に占める割合（‰）	14.8	3.2	10

2 都道府県別診断

沖縄

　いよいよ、最後の沖縄にきました。当県の青年のすがたはどのようなものでしょうか。まず、病の指標を出すと、病死率は高いのですが、有訴率と心の負担感が共に全国最下位であることが注目されます。次に、活動の指標をみると、3指標とも、値が低くなっています。学習やスポーツ施設の不足ないしは偏在という事情があるのでしょうか。最後に、逸脱の部分をみると、ニート率の突出が目立っています。全国で2位です。ここで興味が持たれるのは、当県の青年は、雇用機会が少なく、客観的にみれば厳しい状況に置かれているにもかかわらず、精神面では、いたって健康であることです。ゆるい、とろける、楽天的…そのような風土に憧れてのことでしょうか、近年、本土から沖縄に移住する若者が増えている、というレポートもあります（下川裕治『日本を降りる若者たち』講談社現代新書、2007年）。

　話が逸れました。では、詳しいデータとして、まず、心の負担感の設問別の肯定率をみてみましょう。下図の左側によると、当県では、どの設問の肯定率も低いのですが、とくに、「過敏になる」、「気が沈む」と答える青年が少ないようです。何だか、分かるような気がします。次に、ニート率の1歳刻みのデータをみましょう。当県の率は、どの年齢でも、全国値よりかなり高くなっています。当県の曲線は凸凹しており、傾向が定かではありません。加齢とともに増加する、ないしは減少する、という傾向はなさそうです。

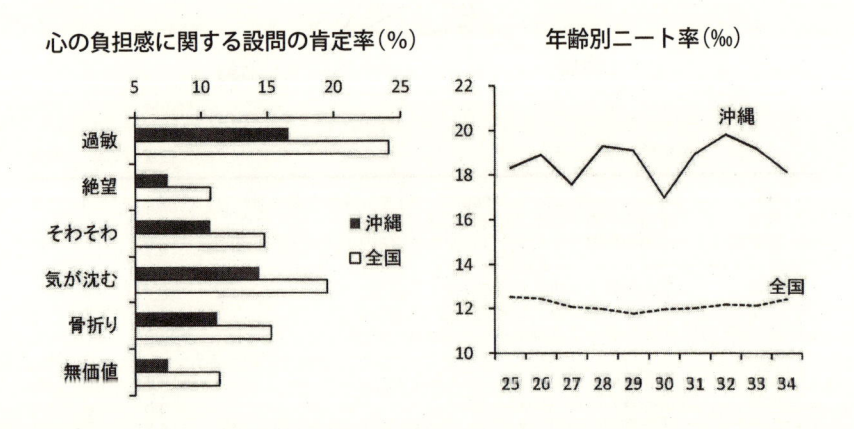

沖縄

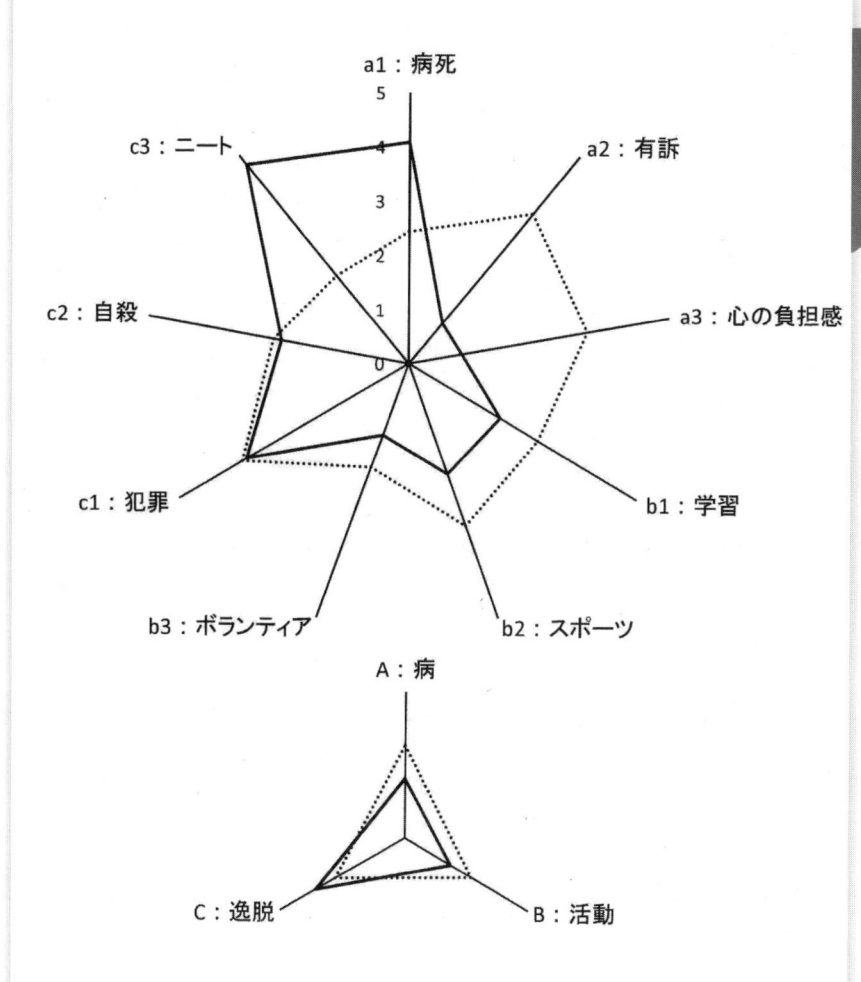

	指標の定義	実値	スコア	順位
a1：病死	外因以外の死因による死亡者の割合（10万人あたり）	30.7	4.1	4
a2：有訴	身体の不調を訴えている者の割合（%）	19.6	1.0	47
a3：心の負担	心の負担感を表わす6つの状態の経験率の平均値（%）	11.3	1.0	47
b1：学習	学習行動を実施した者の割合（%）	36.5	2.0	26
b2：スポーツ	スポーツを実施した者の割合（%）	67.2	2.2	38
b3：ボランティア	ボランティア活動を行った者の割合（%）	15.6	1.4	41
c1：犯罪	犯罪検挙人員の割合（1万人あたり）	27.0	3.5	12
c2：自殺	自殺者の割合（10万人あたり）	20.8	2.4	29
c3：ニート	非労働力人口の「その他」の者が人口に占める割合（‰）	18.6	4.8	2

2 都道府県別診断

3 まとめ

　本章でみてきた47枚の診断カルテから、各県の青年の様相がそれなりに明らかになったことと思います。青年の心身の状況が思わしくない県、逸脱行動が多い県、あるいは活動の頻度が高い県など、さまざまな型が見出されました。各県の政策担当者の方には、自県の実情に即した、地に足のついた政策立案をして下さることを望みます。ところで、次のように思われる方もおられるかもしれません。「当県の青年の自殺率が高いことは、前から分かりきっていることだ。別に、新しい知見はない」と。しかるに、本書のカルテの特色は、複数の診断指標を総動員していることです。自殺率が高いといっても、それと同時にニート率が高い場合もあれば、心の負担感が併行して高い場合も考えられるでしょう。前者の場合は、若者の雇用環境の是正が主要な政策課題となります。一方、後者の場合は、若者の心のケア、ないしは地域における若者集団の創出などが要請されることになるでしょう。一つの突出部分だけに目を奪われることなく、「多角性・総合性」という本書の診断方式の特徴についても、十分ご理解いただきたく存じます。

　さて、「各県、様相はさまざまである。これで終わり」では、いささか締まりが悪いですので、47枚のカルテを、いくつかのタイプに整理することを試みたいと思います。今、各県のカルテの中央部にある、3極の要約図の中で、どの項が、全国値と最も差をつけて突出しているかに注目してみます。それが病の項であるならば「病突出型」、活動の項であれば「活動突出型」、逸脱の項ならば「逸脱突出型」とします。なお、全国値を上回っている項がない場合は「中庸型」とします。私の出身の鹿児島県は、活動の項が、全国値と最も差をつけて突き出ているので、「活動突出型」となります。このような基準によって、47都道府県をタイプ分けし、地図上で塗り分けると、右頁のようになります。括弧内は、各タイプに該当する県の数です。いかがでしょうか。まず、北海道と東北の全ての県が、病突出型ないしは逸脱突出型に分類されているのが気になります。一方、九州の県の多くが活動突出型であることには興味がひかれます。なぜ、こうした地域的な分化が生じるのか。追求に値する問題であると思います。

　最後に、あと一つのことについて述べて、本章を閉じたいと思います。今回は、おおよそ、2005年から2007年のデータを用いて、各県のカルテを作成し

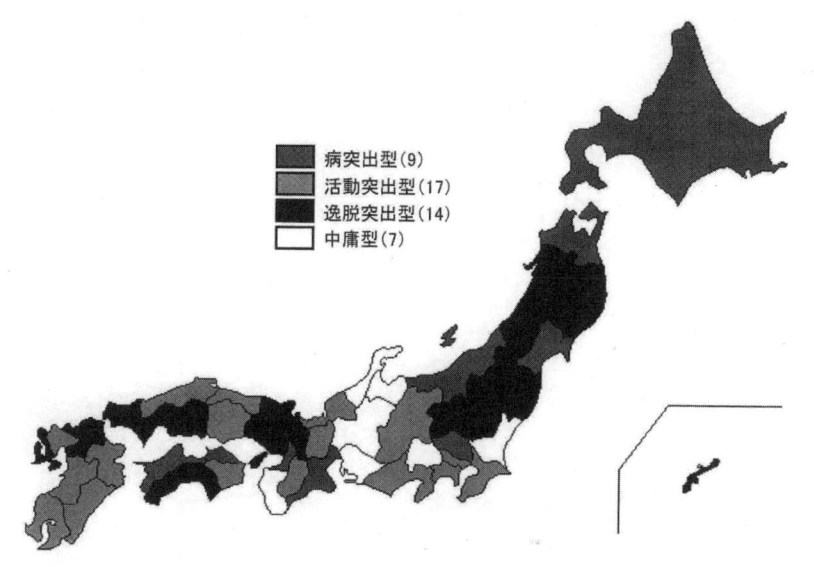

病突出型(9)
活動突出型(17)
逸脱突出型(14)
中庸型(7)

たのですが、今から5年後、10年後には、それぞれの県のカルテはどのように様変わりしているでしょうか。おそらく、この期間中、多くの県が、青年に関する施策を打ち出し、実行に移すことでしょう。そうした各県の努力の効果を評価しようというねらいのもと、私は、今から5年後を目途に、本書と同じ作業を再び行ってみたいと考えております。このような作業のことを、ひとまず、「定点観測」と名づけておきます。

とはいえ、このように口でいっても、あまりピンとこない方もおられると思いますので、この定点観測という作業の実例をご覧に入れましょう。冒頭でみたように、近年、自殺の増加が社会問題になっています。各県も、自県の自殺率の位置というものに多大な関心を持っていることでしょう。しかるに、各県の状況を的確に把握するには、全体の自殺率ではなく、年齢層別の自殺率を仔細に明らかにする必要があるかと思います。自殺の原因といっても、高齢層と青年層では異なるでしょうし、高齢層の自殺予防のための施策が、青年層の自殺予防には、あまり効をなさない、ということも考えられるからです。私は、わが国の自殺者数が3万人の大台に達する直前の1997年と、最新のデータが得られる2007年について、各県の年齢層別の自殺率を明らかにし[*7]、31〜33

[*7] 分子の自殺者数は、厚生統計協会『人口動態統死亡統計・都道府県編』の1997年版、2007年版より得ました。分母の人口は、総務省統計局『人口推計年報』の1997版と2007年版より得ました。

頁で説明したやり方で、相対スコアに換算しました。右の表は、そのデータの一部です。このデータから、各県の年齢層ごとの自殺率の相対水準が、この10年間でどのように変化したかを知ることが可能です。下図は、山形県の定点観測カルテです。実線は当県、点線は全国のスコア値です。

1997年（山形）　　　　2007年（山形）

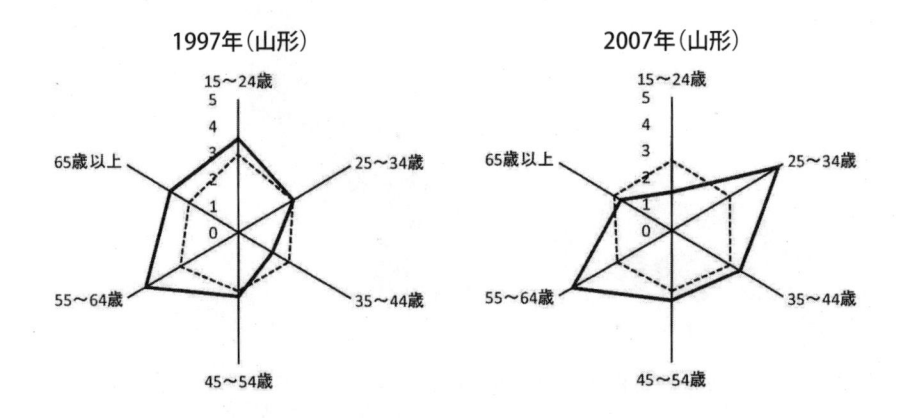

　図をみると、この10年間で、65歳以上の高齢層のスコア値は減じていますが、その分、25～34歳の青年層のスコア値が激増しています。この期間中における、当県の自殺予防関連施策を調査したわけではありませんが、もしかすると、内容が、高齢層向きのものに偏していた、ということも考えられます。

　定点観測とは、このように、時期をおいて、同じ観点から評価をすることです。本章でみた47都道府県の青年の診断カルテは、今から5年後には、どのように変貌しているか。大変興味が持たれるところです。

1997年

	15～24歳	25～34歳	35～44歳	45～54歳	55～64歳	65歳以上
北海道	2.2	2.5	2.6	2.5	2.8	2.5
青森	3.2	5.0	3.0	3.8	3.6	4.0
岩手	1.2	2.5	4.8	3.3	4.0	3.7
宮城	3.3	2.5	2.0	2.9	2.9	2.0
秋田	1.6	3.1	3.8	3.7	5.0	5.0
山形	3.5	2.4	1.5	2.4	4.2	3.1
︙	︙	︙	︙	︙	︙	︙
長崎	3.4	1.9	3.7	2.5	2.1	1.9
熊本	2.0	2.3	2.3	3.0	2.7	1.6
大分	4.0	3.8	2.0	1.6	1.6	1.9
宮崎	1.3	3.0	3.6	3.9	4.0	4.2
鹿児島	3.2	3.7	4.2	3.3	3.1	2.4
沖縄	4.4	3.4	4.3	2.4	4.5	1.0
全国	2.9	2.4	2.2	2.2	2.6	2.2

スコア値の算出式（Y=aX+b）の係数と切片の値

	15～24歳	25～34歳	35～44歳	45～54歳	55～64歳	65歳以上
a	0.533	0.184	0.199	0.139	0.149	0.098
b	−1.560	−0.266	−1.269	−1.411	−1.896	−0.863

2007年

	15～24歳	25～34歳	35～44歳	45～54歳	55～64歳	65歳以上
北海道	2.6	3.0	3.5	3.3	2.5	2.2
青森	1.8	2.3	3.6	4.1	5.0	4.7
岩手	3.9	5.0	3.2	3.1	2.9	5.0
宮城	3.7	3.4	2.8	3.0	3.3	2.1
秋田	5.0	4.7	5.0	4.7	3.8	4.9
山形	1.4	4.8	3.0	2.7	4.4	2.3
︙	︙	︙	︙	︙	︙	︙
長崎	2.2	2.6	3.1	2.8	3.1	2.1
熊本	1.2	1.9	2.8	3.5	2.9	3.1
大分	1.0	3.1	4.1	1.7	3.1	2.3
宮崎	3.1	4.7	3.9	4.2	4.9	4.5
鹿児島	2.0	1.4	3.1	2.8	3.8	4.6
沖縄	1.5	2.4	3.2	3.4	4.5	1.0
全国	2.6	2.6	2.6	2.3	2.4	2.6

スコア値の算出式（Y=aX+b）の係数と切片の値

	15～24歳	25～34歳	35～44歳	45～54歳	55～64歳	65歳以上
a	0.261	0.245	0.141	0.121	0.130	0.156
b	−0.961	−2.681	−1.085	−1.752	−2.156	−2.222

3 まとめ

[第3章]

青年をとりまく環境の都道府県別診断

1 青年をとりまく環境について

　前章でみた、それぞれの県の青年のすがたは、当然、各県の環境特性に少なからず規定されていると考えられます。前章のカルテで、あまり好ましくない傾向が浮き彫りになったからといって、「わが県の政策担当者は何をやっているのだ」、「たるんでいる」というような見方はとってほしくないと思います。青年のすがたをより望ましい方向に変化せしめるには、自県に厳として存在する環境条件をしっかりと直視し、是正がきく部分は是正する、是正がきかない部分は、それを所与とした上で、その影響を最小限にとどめるような政策立案を行う、というような手立てが必要となります。このような観点のもと、本章では、47都道府県において、青年をとりまく環境がどのようなものかを診てみようと思います。

　さて、青年をとりまく環境とは何でしょうか。少し抽象度を下げていうならば、たとえば、自殺やニートのような、青年の内向的逸脱の原因となる環境要因としては、どのようなものがあるでしょうか。最近の社会状況からして、まず出てくるのは、働こうにも職がない、職にありつけているにしても、劣悪極まりない条件で働かされる、などというものでしょう。これらは、青年の職場（難しい言葉でいうと職域）に関するものです。昨今、青年の職場環境が大きく歪んだものになっていることは、多くの人が感じていることと推察します。しかるに、少し考えてみれば分かることですが、職場のほかに、家庭や地域社会も、青年の主要な生活の場を構成しています。職場が歪んでいても、他の生活の場がそれを補って余りあるほどしっかりしているならば、上記のような内向的逸脱に傾く青年の数は少なくなることでしょう。青年のすがたを規定する環境要因を考えるにあたっては、これら3つの生活の場を見据えた、全体的・構造的視点を採ることが重要であると思います。本書では、各県において、家庭、職場、そして地域社会という、青年層の生活環境がどのような様相を呈しているかを診ていきたいと思います。

これらの環境を計測する指標について述べる前に、3つの生活の場が、青年層にとってどのような意味を持つかについて、ごく大雑把に言及してみましょう。まずは、家庭です。家庭は、情緒的・情愛的な人間関係が支配的な第一次集団です。こうした基底的性格を持つ家庭には、子どもの社会化機能（Socialization）と、成員の情緒安定機能（Stabilization）という、2つのS機能が期待されると考えられます。青年層を検討対象としている本書では、もっぱら後者に着眼することになりますが、彼らにとって、この情緒安定機能（癒しの機能）が重要な意味を持っていると主張することに、異を唱える人はそう多くはないでしょう。このことを傍証するデータもあります。下図は、25〜34歳の青年層について、配偶関係別の自殺率を出したものです[1]。

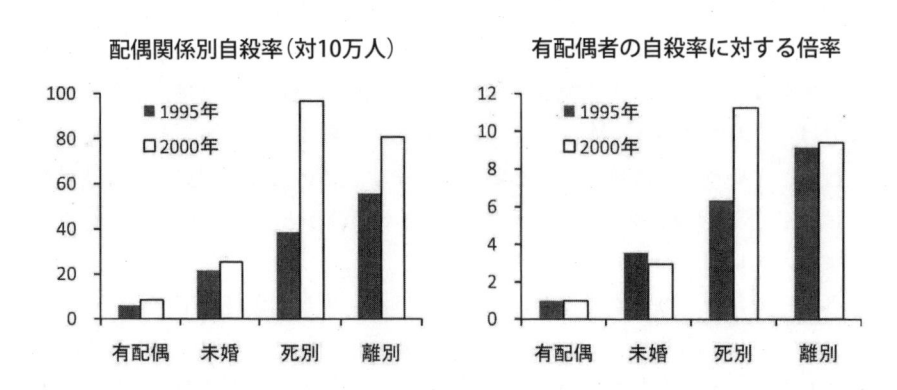

配偶関係別自殺率（対10万人）　　　**有配偶者の自殺率に対する倍率**

　図をみると、家庭を持っていない者ほど、自殺率が高い傾向が明らかです。右側の倍率のグラフによると、2000年でみて、未婚者の自殺率は有配偶者の3倍、死別者、離別者に至っては、有配偶者のおよそ10倍です。1995年から2000年という、自殺率急増期にかけて、こうした格差が開いてきていることも注目されます。しからば、家庭を持っていればよいのかといえば、そうとはいえず、最近の若者の家庭は、癒しの場というよりも、葛藤の場としての性格を強めている面もあります。DVや虐待の多発などが、このことを教えています。本書では、家庭環境の様相を測る指標として、形態面の指標のほか、家庭生活の内実にも迫れるような指標を採用したいと思います。

[1] ──分子の配偶関係別の自殺者数は、厚生労働省『第5回・自殺死亡統計──人口動態統計特殊報告──』（2007年）から得ています。分母の配偶関係別の人口は、総務省『国勢調査』から得ています。

次に、職場です。近年、この部分が大きく歪んできています。まず挙げられるのが、環境そのものの欠損、すなわち失業という事態の増加です。このことは、生活苦や自己アイデンティティの喪失という形で、青年層の苦悩の源泉になっています。一方、職に就いている者をみても、就労による自己実現どころか、むしろそれによる自己疎外を強いられるようなケースが増えているようです。埼玉のプリンター製造工場で、1年間派遣労働者として勤務した経験を赤裸々に描いた、岩淵弘樹氏の著作から、引用させていただきましょう。「…変わらない作業。機械と機械の間を埋める器械的作業。ガシャン、シュー、カチャ、パスッ、ガター ×800回。俺じゃなくていいよ。…（中略）…俺にとっての今日はチリほどの意味もない。『ぷりんたーのぶひんをこっちからあっちへはこんでいました』小学生が夏休み最終日に慌てて書いた絵日記のように、ページの埋め合わせでしかない、どうでもいい一日だった。クソ」[*2]。このような労働を経験しているのは、若者のごく一部だけである、と断言することができましょうか。各県の職場環境を評価する指標としては、失業、長時間労働、そして職場における心理的葛藤の側面を計測できるような指標を用いたいと思います。

　最後に、地域社会です。家庭や職場と違って、地域社会は境界が明確でなく、概念規定が難しいのですが、ひとまず、青年の日常生活圏と考えていただければと思います。「遠くの親戚より近くの他人」といいますが、地域社会は、地縁を契機とした、各種の青年集団が形成され、その活動が展開される舞台であるといえます。ここでいう集団としては、青年団のようなフォーマルなものもあれば、趣味的な活動を行うインフォーマルなものもあるでしょう。いうなれば、地域社会は、青年の自己実現の場としての性格を持っているとも考えられます。上述のように、職場が自己疎外の場と化しつつある今日、自己実現、すなわち自己の蘇生の場としての地域社会の重要性が高まっているように思われます。本書では、各県の地域社会において、各種の青年集団が生まれる基盤的条件がどれほど備わっているかを診てみたいと思います。

　では、前置きはこれくらいにして、次頁以降において、青年をとりまく環境を測る具体的な指標について説明することにします。

[*2]――岩淵弘樹『遭難フリーター』太田出版（2009年）の41頁より引用。

2 環境を測る指標

家庭環境を測る指標①

単身率

　家庭環境を測る第一の指標は、家庭を持っていない者がどれほどいるかです。具体的には、25〜34歳の青年層のうち、単身者が占める比率を出してみようと思います。別に、一人身でいることが悪いというのではありません。ただ、単身者は、先ほど述べたような家庭の情緒安定機能を享受し得ない、あるいはその機会が乏しい、ということは確かでありましょう。最初に、こうした形態面を診てみようと思います。

　2005年の『国勢調査報告』によると、世帯主の年齢が25〜34歳である単身世帯数は2,970,542世帯だそうです。同年齢の人口は18,034,906人ですから、単身率は、前者を後者で除して、16.5％となります。この比率を県別に計算すると、最も大きいのは東京の30.9％、最も小さいのは和歌山の7.4％です。率の相対順位に依拠して、各県に色をつけた地図をみると、単身率は、都市的な県で高いようです。東京をはじめ、宮城、愛知、大阪、広島、そして福岡という地方中枢県が黒く染まっています。

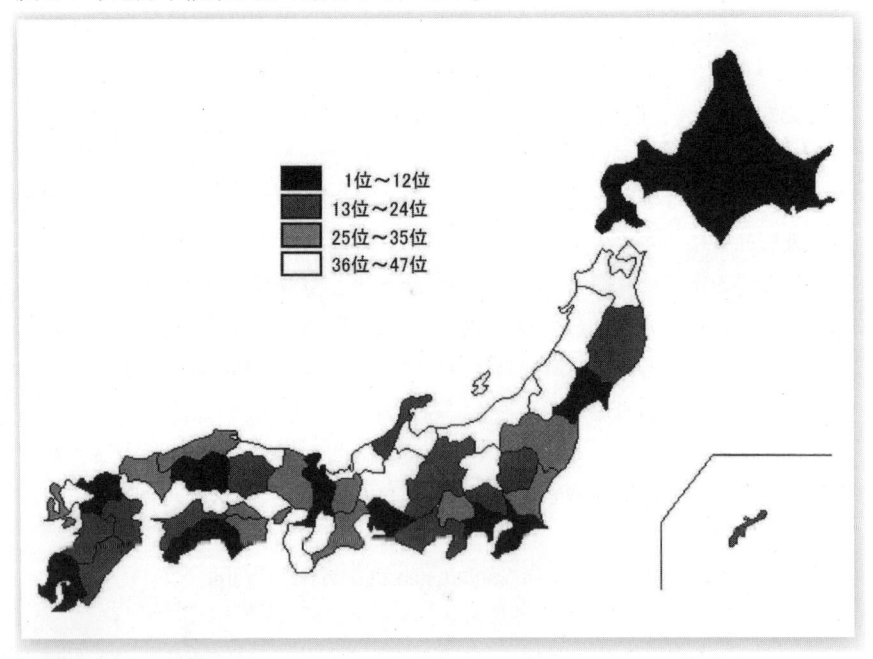

| 家庭環境を測る指標② | 離婚率 |

「籠の中の鳥は出たがる」という言があります。独身の頃は、結婚して、早く家庭という籠に入りたがるものだが、いざそこに入ってみると、配偶者と反りが合わなかったり、あれやこれやのゴタゴタが起きたりして、さっさと外に出たくなる、という意味です。近年、若者の家庭が、癒しの場というよりも、葛藤の場としての性格を強めつつあることは、先ほど述べた通りです。このようなことの度合いは、家族解体の頻度によって計測することができると思われます。家庭環境を測る第2の指標は、家庭を持っている者（有配偶人口）に対する、離婚者の比率です。離婚者とは、離婚を届け出た者のことです。

2005年の厚生労働省『人口動態統計』によると、25〜34歳の離婚者は、夫と妻を合わせて189,536人、この年の同年齢の有配偶人口（8,230,984人）に占める比率は23.0‰です。この値を県別に出すと、最高は高知の31.0‰、最低は福井の18.1‰となっています。下の地図をみると、九州の諸県で、青年の離婚率が高い傾向にあります。

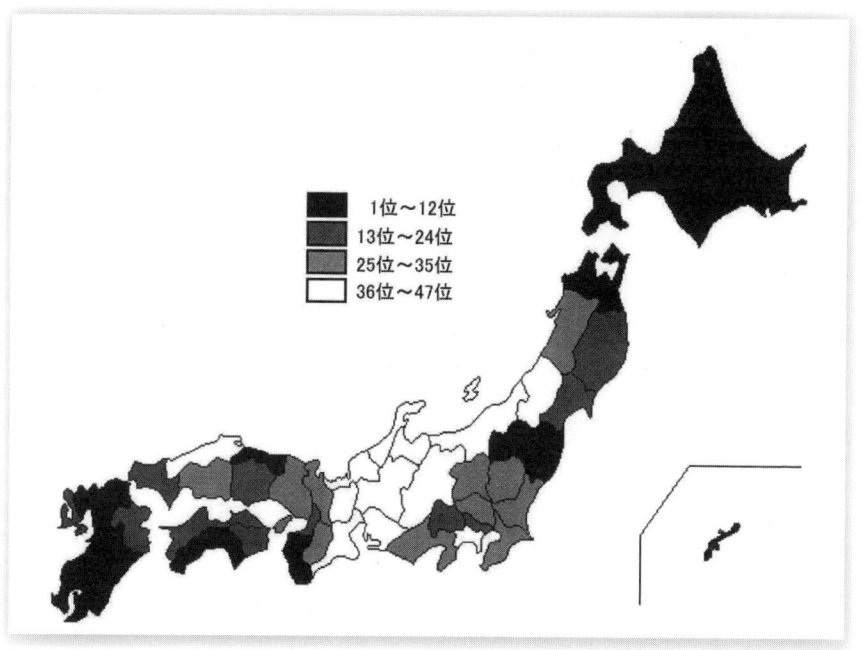

| 家庭環境を測る
指標③ | 家族の悩み |

　先ほどの2つは、家庭の有無や家族解体の頻度という、いってみれば、形態面を測る指標です。しかし、これだけでは不十分でしょう。同居の家族がいても、いろいろと厄介なことはありますし、家族解体（離婚）という形で表面化しなくとも、多かれ少なかれ、多くの青年が、家庭内に葛藤を抱えている、というのが真相であると思います。家庭環境を測る指標として、あと一つ、青年たちの家庭生活の内実に迫れる指標を使ってみたいと思います。具体的には、家族との人間関係で悩んでいる青年がどれほどいるかです。

　2007年の厚生労働省『国民生活基礎調査』によると、25〜34歳の推定母集団15,076,000人のうち、「家族との人間関係」に関する悩みがあると答えた者は1,138,000人、率にして7.5％です。この値を県別に出すと、最高は兵庫の9.4％、最低は鹿児島の5.5％となっています。地図をみると、家庭の悩みを持っている青年は、東北の県で多いようです。これらの県では、拡大家族が比較的多いと思いますが、同居の親世代との葛藤などがあるのでしょうか。関心が持たれます。

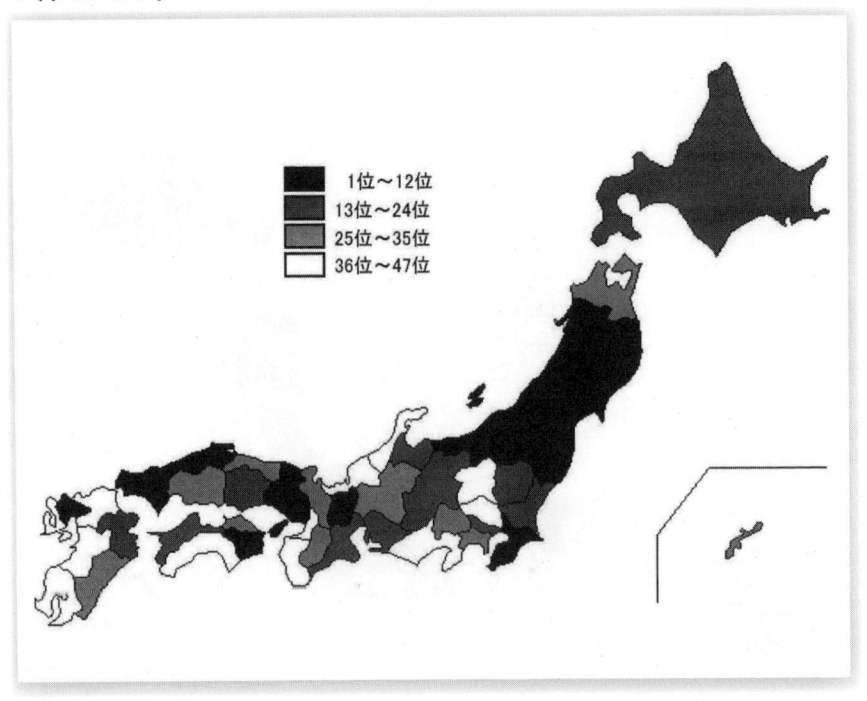

| 職場環境を測る 指標① | 失業率 |

　25～34歳の青年層にとって、職場は重要な環境であると思われますが、近年、この職場を持つことすらできない者が増えてきていることは、周知の通りです。働こうにも働けない。このような状態にある者がどれほどいるかを表す、よく知られた統計指標があります。それは失業率です。失業率とは、完全失業者が労働力人口に占める比率のことです。2005年の『国勢調査報告』によると、25～34歳の労働力人口14,110,251人のうち、完全失業者[*3]は1,011,632人、よって、失業率は後者を前者で除して7.2％と算出されます。この年齢層の失業率は、10年前の1995年では4.7％でした。率が増加しています。

　2005年の青年層の失業率を県別にみると、最高は沖縄の12.7％、最低は福井の5.0％です。地図をみると、中部地方を境にして、周辺部にいくほど、色が濃くなっていく傾向がみられます。

[*3]　『国勢調査』でいう完全失業率とは、「調査週間中、収入になる仕事を少しもしなかった人のうち、仕事に就くことが可能であって、かつ公共職業安定所に申し込むなどして積極的に仕事を探していた人」のことです。簡単にいえば、働く意欲があるにもかかわらず、職にありつけていない人のことです。

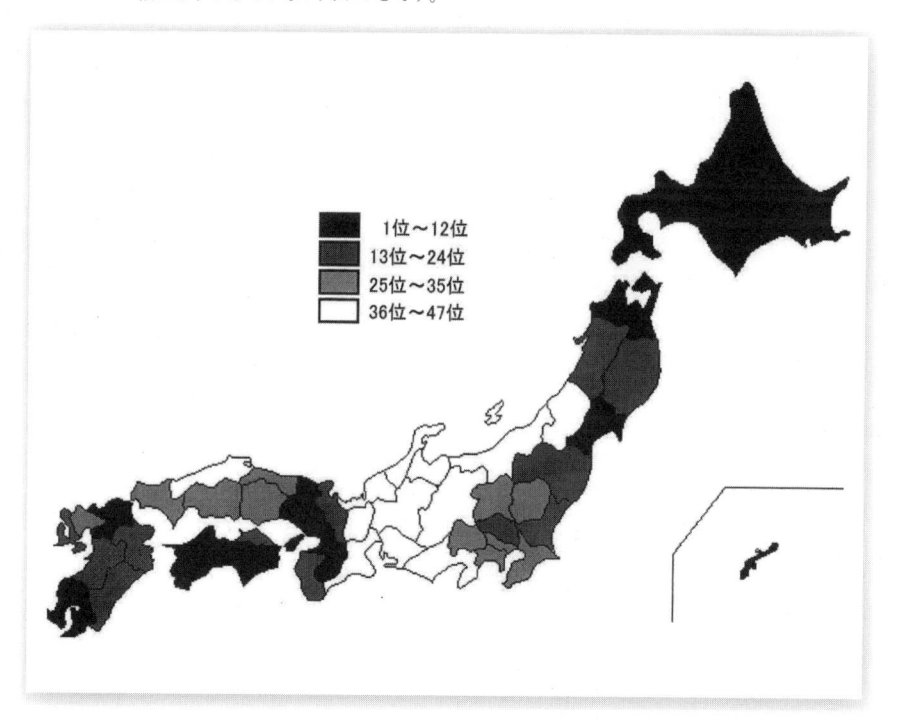

| 職場環境を測る指標② | 過労率 |

　働けない者も悲惨ですが、働いている（けている）者も、問題を抱えています。昨今、多くの企業が人件費節約のため、雇用人員を極限までしぼってきていますので、一人あたりの仕事量が多くなるのは当然です。とくに、組織の末端にいる若年者については然りでしょう。若者の過労死や過労自殺の事件も各地で起きています。ここでは、各県において、このような過労状態にある青年がどれほどいるかをみてみます。

　2005年の『国勢調査報告』によると、週間就業時間*4が「60時間以上」と答えた25〜34歳の就業者は1,732,395人いたそうです。週60時間ということは、週5日勤務と仮定して、1日12時間働いている計算になります。まさに過労状態です。この意味での過労青年は、同年齢の就業者全体（13,098,619人）の13.2％を占めます。この値を県別に計算すると、最高は北海道の16.5％、最低は高知の9.1％となっています。地図をみると、過労率は、都市的な地域で高い傾向にあるようです。

*4────就業時間とは、「調査週間中、実際に働いた就業時間の合計」とされています。北海道の率が高いのは、調査実施時期が農繁期と重なったからかもしれません。

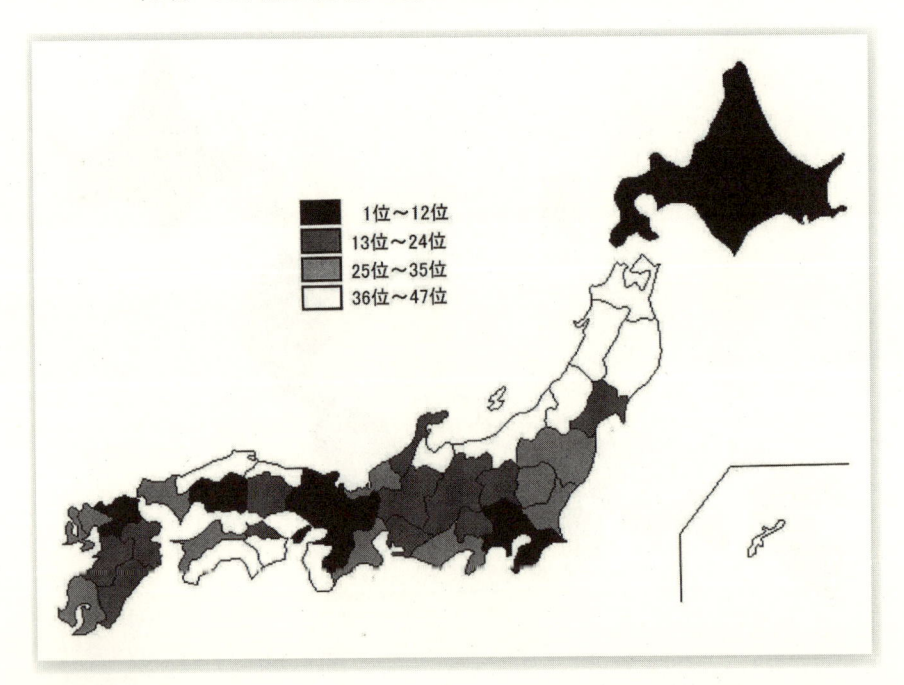

職場環境を測る指標③

仕事の悩み

　前の2つの指標は、失業（職がない）と過労（働きすぎ）という、対極の事態の多寡を測るものです。しかるに、その中間の、一見、フツーに働いている青年であっても、多かれ少なかれ、職場に何らかの問題を抱えているように思います。低賃金、ギスギスとした人間関係、各種のハラスメント、自己疎外的労働…。139頁で引用した岩淵弘樹氏の文章を、もう一度読み返してみてください。ここでは、失業や過労のような可視的な問題兆候ではなく、職場での仕事に対して当人がどのように思っているかという、内面の部分を診てみようと思います。

　2007年の厚生労働省『国民生活基礎調査』によると、25～34歳の推定母集団15,076,000人のうち、「自分の仕事」に関する悩みがあると答えた者は4,338,000人となっています。率にして28.8％です。「家族との人間関係」で悩んでいる者の比率（7.5％）よりもかなり高くなっています。この指標を県別に出すと、最高は東京の32.4％です。最低は宮崎の24.2％です。上の地図をみると、高率地域はあちこちに分散しています。明確な傾向を把握することは難しそうです。

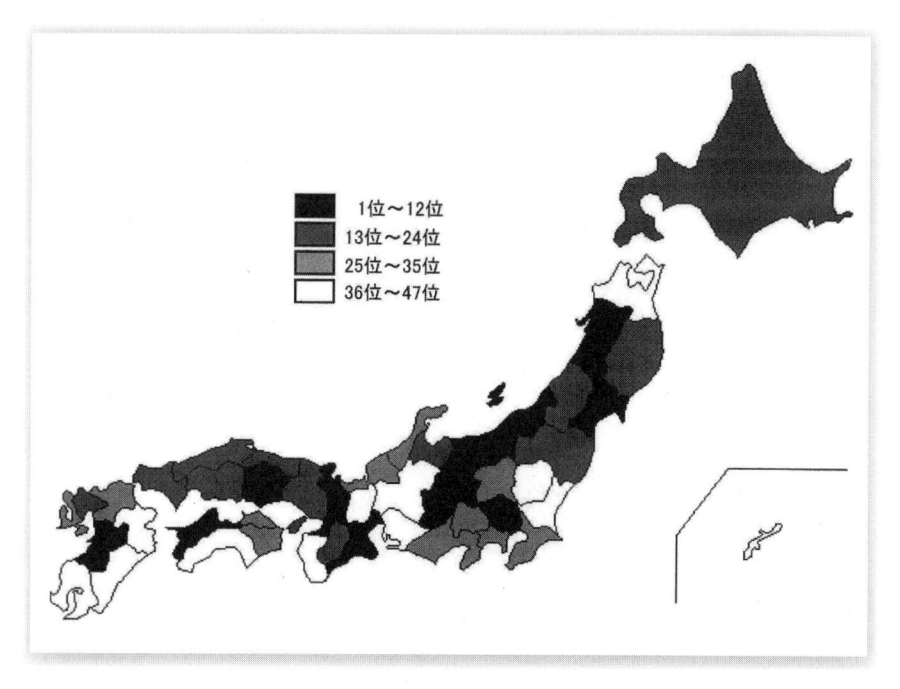

2 環境を測る指標

地域環境を測る
指標①

短期居住者率

　前に述べたように、地域社会は、地縁を契機とした各種の青年集団が形成され、学習やスポーツ、あるいは趣味的な活動が展開される場となることを期待されています。しかるに、人口の流動性が増し、一つの地域に長く住み続ける青年は少なくなってきました。周囲をみても、昨日か今日越してきたばかりの者、ないしは間もなく出て行ってしまう者ばかり…。これでは、地域における安定的な青年集団の形成はおぼつかないでしょう。各県において、このような事態がどれほど顕著であるか。現住の市町村に在住している期間が短い者の比率でもって、この点を計測してみたいと思います。

　やや年次が古いですが、2000年の『国勢調査報告』によると、5年前（1995年）の居住地が現住の市町村ではなかった25～34歳の青年は、5,646,648人いたそうです。この年の同年齢人口（18,520,455人）の30.5％に該当します。居住年数5年未満の短期居住者がおよそ3割ということです。47都道府県でみると、最高は千葉の36.1％、最低は広島の22.1％です。大都市周辺の近郊県で、値が高い傾向にあります。

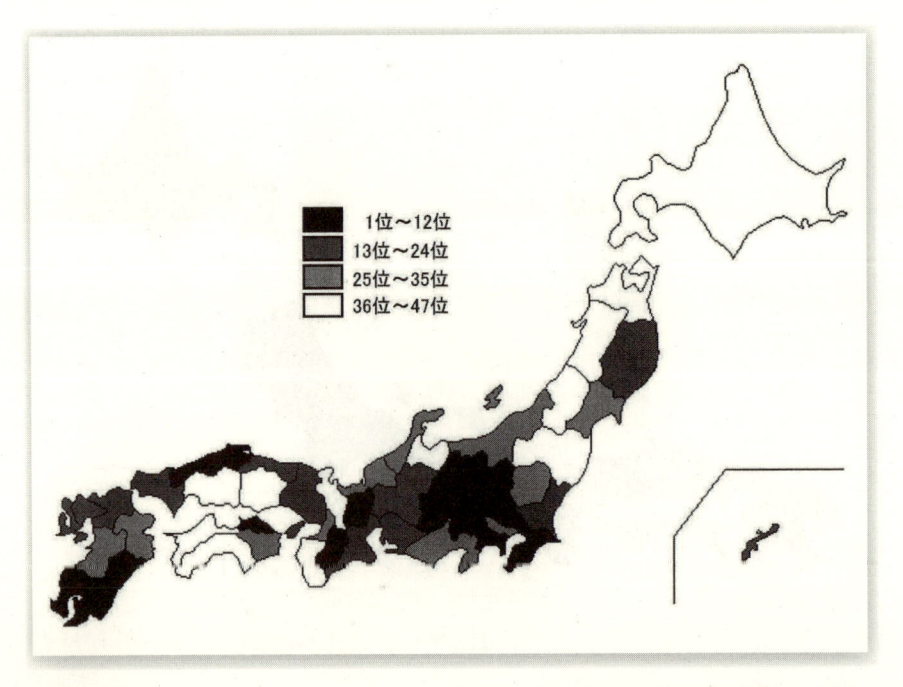

凡例：
- 1位～12位
- 13位～24位
- 25位～35位
- 36位～47位

第3章 青年をとりまく環境の都道府県別診断

| 地域環境を測る指標② | 地域外就労率 |

地域社会が、青年たちの活動の場、すなわち彼らの自己実現の場となることを阻害する条件は、他にもあります。それは、彼らが、自分の地域社会で過ごす時間が短い、ということです。今日、多くの青年は、居住地域から遠く離れたオフィスで働いています*5。地域社会は、通勤の通り道でしかない、という者も少なからずいるでしょう。このような青年がどれほどいるか。居住している市町村の外で働いている青年の比率でもって、この点を測ってみます。

2005年の『国勢調査報告』によると、25〜34歳の青年で、居住している市町村の外で就業している者の数は5,202,586人となっています。同年齢の就業者全体（13,098,619人）の39.7％を占めます。この値を県別にみると、最高は奈良の65.5％、最低は北海道の15.0％です。奈良では、おそらく、大阪への通勤者が多いと思われます。東京に隣接する、埼玉、千葉、そして神奈川といった近郊県でも値が高くなっています。

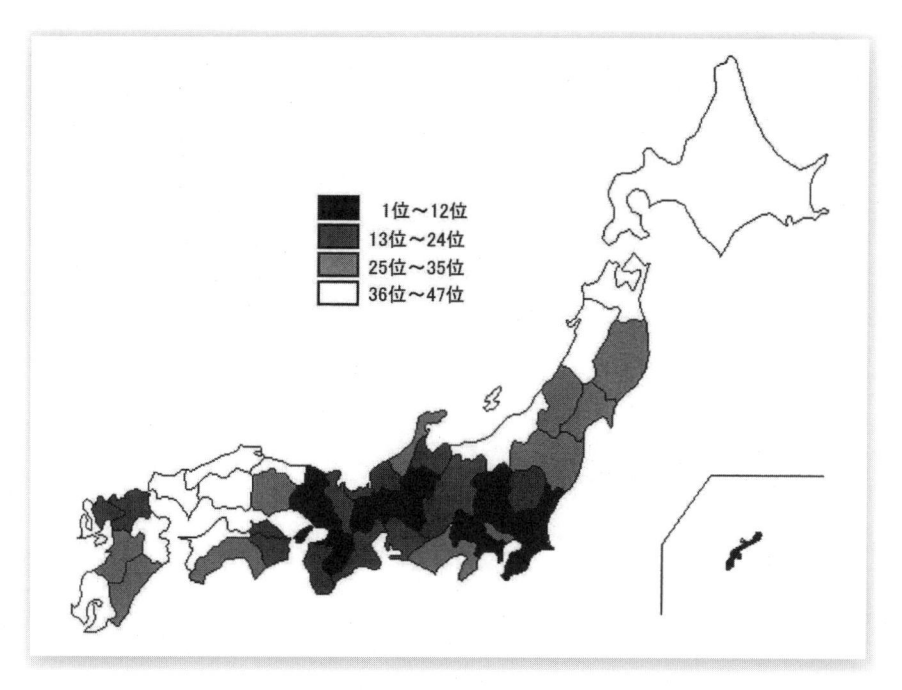

*5―――昔は、住む場所と働く場所が一致していること（職住一致）がほとんどでした。自営業や家族従業が多かったからです。

| 地域環境を測る
指標③ | **生活環境の悩み** |

　先ほどは、地域社会が、自らに期待される機能を果たすために必要な条件を持っているかという、機能的な観点から診断指標を選定しました。ところで、当の青年たちが、自分の地域社会をどのように考えているか、ということも重要です。公害や事故の多発など、さまざまな問題を抱えている地域も数多く存在することと思います。最後に、青年たちの意識をフィルターにして、このあたりのことをみてみようと思います。

　2007年の厚生労働省『国民生活基礎調査』によると、25〜34歳の推定母集団15,076,000人のうち、「生活環境*6」に関する悩みがあると答えた者は880,000人となっています。率にすると、5.8％となります。この値を県別に算出すると、最高は東京の7.5％、最低は山形の4.2％です。47都道府県の傾向を地図でみると、高率県は、近畿地方に集中しています。公害や、在日外国人とのトラブルなど、固有の地域問題があるのでしょうか。

*6───「生活環境」とは漠然とした言葉ですが、地域社会と類似の概念と考えて差し支えないと思われます。

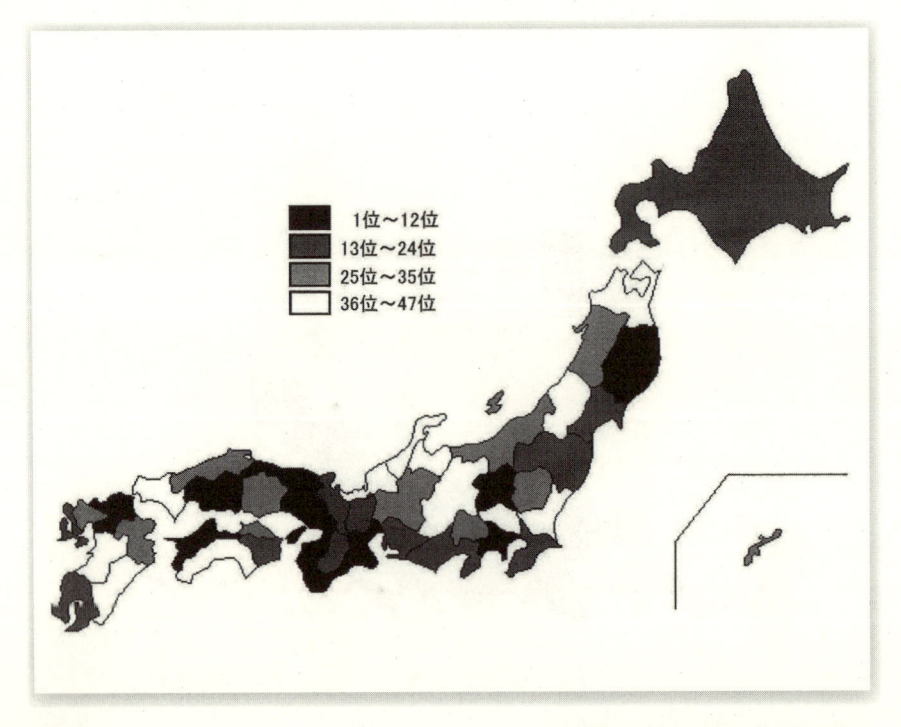

1位〜12位
13位〜24位
25位〜35位
36位〜47位

以上、青年の環境を測る9つの指標について説明しました。次節以降では、これらを総動員し、各県の青年をとりまく環境を多角的・総合的に診断することにします。

3 都道府県別診断

次頁以降において、各県の診断カルテをお出しします。このカルテでは、環境を測る9つの指標の値を、前章と同じ要領（31～33頁参照）でスコア値に換算し、チャート図の形式で示しています。実線は当該県、点線は全国のものです。中央の3極の図は、それを要約したものです。家庭環境を計測する3指標、職場環境を計測する3指標、そして地域環境を計測する3指標の平均値が示されています。

なお、ここで用いている9つの指標は、値が低いほど好ましいことを意味します。故に、突出していることは注意を要する、ということを示唆します[*7]。

[*7] 前著『47都道府県の子どもたち』にて、子どもをとりまく環境を測る指標として取り上げたものは、値が高いほど、好ましいことを意味しました。前著と併行して読まれる方は、カルテの見方が逆になることにご注意ください。

北海道

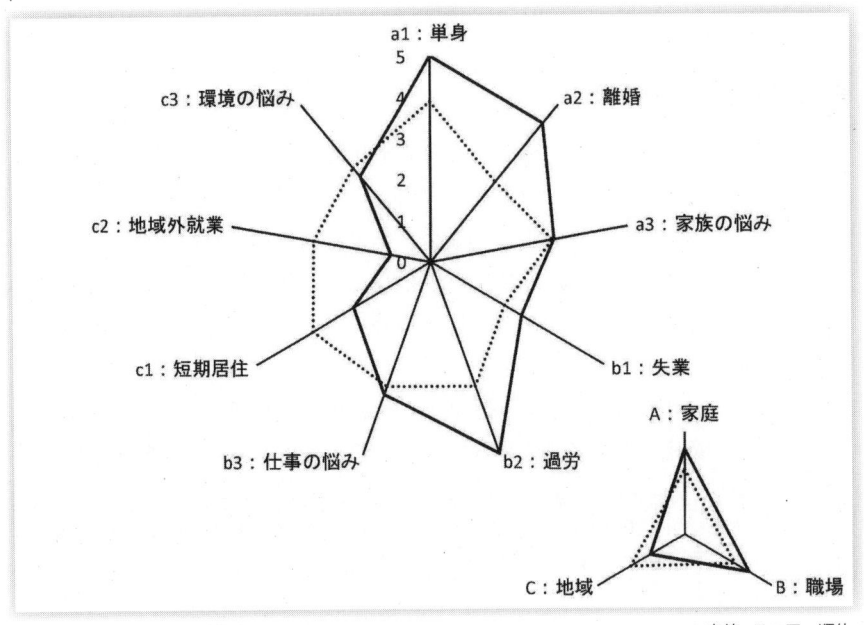

	指標の定義	実値	スコア	順位
a1：単身	単身者が人口に占める割合（%）	19.9	5.0	2
a2：離婚	離婚者が有配偶人口に占める割合（‰）	29.1	4.4	3
a3：家族の悩み	家族の人間関係に関する悩みのある者の割合（%）	7.6	3.1	23
b1：失業	完全失業者が労働人口に占める割合（%）	8.1	2.6	10
b2：過労	週60時間以上就労している者が就労者に占める割合（%）	16.5	6.0	1
b3：仕事の悩み	仕事に関する悩みのある者の割合（%）	29.2	3.4	13
c1：短期居住	5年前、現住市区町村以外の所に住んでいた者の割合（%）	26.4	2.2	43
c2：地域外就業	居住市区町村外で就業している者の割合（%）	15.0	1.0	47
c3：環境の悩み	生活環境に関する悩みがある者の割合（%）	5.6	2.7	16

　家庭環境の指標をみると、青年の単身率と離婚率が高い水準にあります。それぞれ、全国で2位、3位です。職場の指標をみると、失業率と過労率が高くなっています。過労率は就業者全体の16.5％であり、全国で1位です。職に就けない青年も多ければ、過労気味の青年も多いという、二極化が比較的顕著です。地域環境の指標では、突出しているものはありません。いずれも、全国水準以下です。短期居住率や地域外就業率が低く、地域社会が、青年の自己実現の場となり得る条件が備わっていることを示唆します。下の要約図をみると、家庭と職場の項が突き出ています。これらの環境の歪みが懸念されます。

第3章　青年をとりまく環境の都道府県別診断

青森

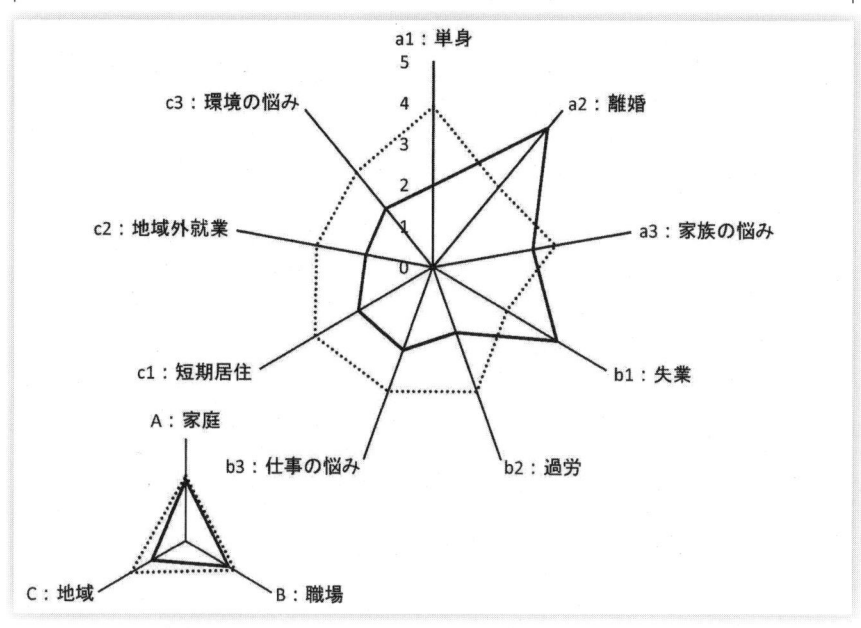

	指標の定義	実値	スコア	順位
a1：単身	単身者が人口に占める割合（%）	10.5	2.0	39
a2：離婚	離婚者が有配偶人口に占める割合（‰）	29.2	4.4	2
a3：家族の悩み	家族の人間関係に関する悩みのある者の割合（%）	7.0	2.5	32
b1：失業	完全失業者が労働人口に占める割合（%）	10.0	3.6	2
b2：過労	週60時間以上就労している者が就労者に占める割合（%）	10.4	1.7	40
b3：仕事の悩み	仕事に関する悩みのある者の割合（%）	26.6	2.2	40
c1：短期居住	5年前、現住市区町村以外の所に住んでいた者の割合（%）	26.1	2.1	44
c2：地域外就業	居住市区町村外で就業している者の割合（%）	23.9	1.7	38
c3：環境の悩み	生活環境に関する悩みがある者の割合（%）	4.9	1.8	37

　家庭の指標をみると、単身率は低いのですが、離婚率が高くなっています。29.2‰≒3%、年間、およそ33組に1組の夫婦が離婚を届けて出ていることになります。全国で2位です。職場の指標では、失業率の高さが目立っています。こちらも、全国で2位です。ですが、過労率や職場の悩みを持っている青年の率が小さいことは、結構なことです。最後に、地域環境をみると、いずれも指標も値が低くなっています。地域社会が、青年の生活に占めるウェイトが大きくなり得る条件が備わっています。下の要約図をみると、3つの環境の中で、際立って歪んでいる部分はないようです。

岩手

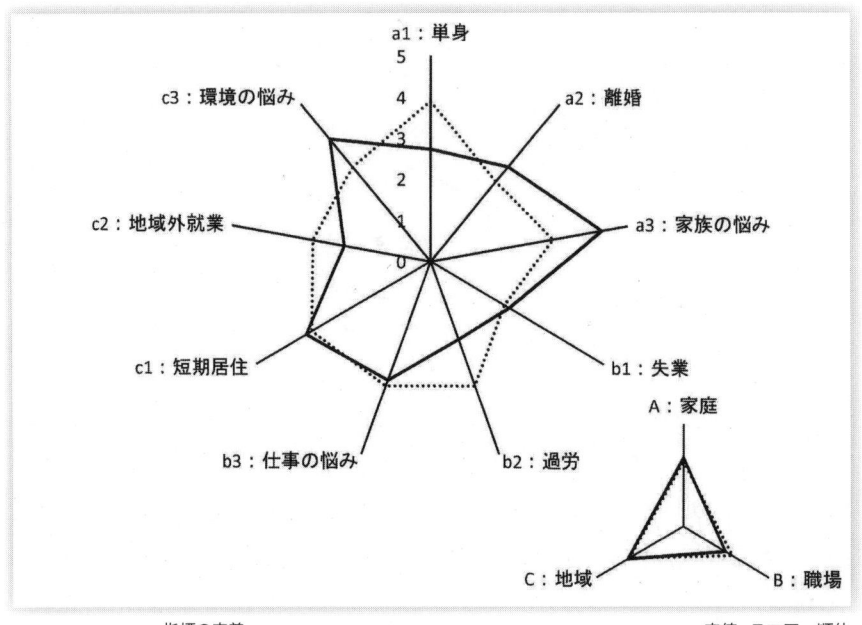

	指標の定義	実値	スコア	順位
a1：単身	単身者が人口に占める割合（%）	12.8	2.7	22
a2：離婚	離婚者が有配偶人口に占める割合（‰）	24.5	3.0	15
a3：家族の悩み	家族の人間関係に関する悩みのある者の割合（%）	8.8	4.3	6
b1：失業	完全失業者が労働人口に占める割合（%）	7.4	2.3	18
b2：過労	週60時間以上就労している者が就労者に占める割合（%）	11.0	2.0	36
b3：仕事の悩み	仕事に関する悩みのある者の割合（%）	28.5	3.1	21
c1：短期居住	5年前、現住市区町村以外の所に住んでいた者の割合（%）	31.1	3.6	17
c2：地域外就業	居住市区町村外で就業している者の割合（%）	29.7	2.2	30
c3：環境の悩み	生活環境に関する悩みがある者の割合（%）	6.6	3.9	3

　家庭環境をみると、家族に関する悩みを抱える青年の率が高くなっています。全国で6位です。そのせいか、離婚率もやや高い位置にあります。職場の指標では、目立って高いものはありません。青森と同様、過労率が低いのは結構なことです。最後に、地域環境の部分をみると、短期居住率と、生活環境の悩みがある者の率が、全国値を凌駕しています。後者は、全国で3位です。家族の悩みといい、環境の悩みといい、環境に対する青年の意識があまり芳しくないようです。このことの原因について、点検が必要かと思います。下の要約図は、全国のものとほぼ一致しています。目立って歪んでいる部分はありません。

宮城

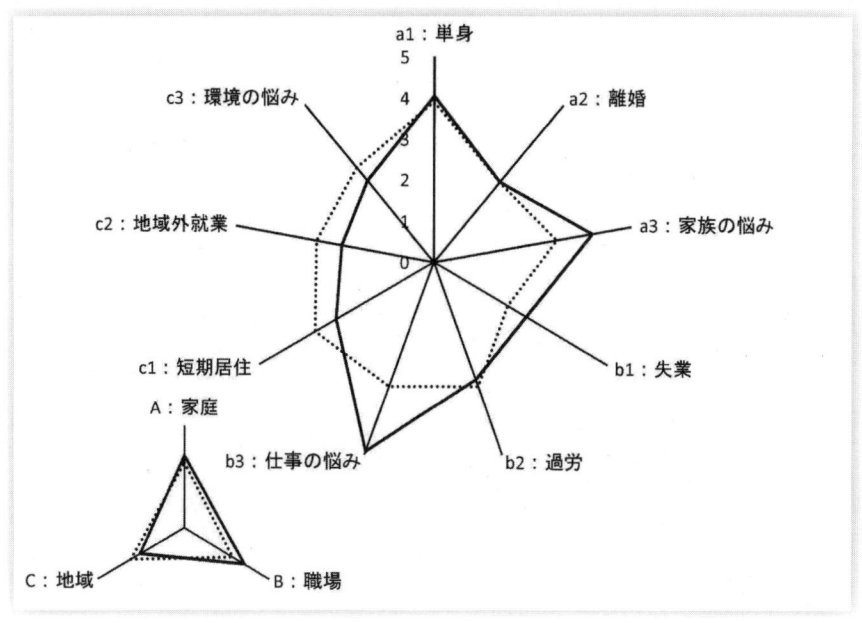

	指標の定義	実値	スコア	順位
a1：単身	単身者が人口に占める割合(%)	16.9	4.0	5
a2：離婚	離婚者が有配偶人口に占める割合(‰)	23.0	2.5	23
a3：家族の悩み	家族の人間関係に関する悩みのある者の割合(%)	8.4	4.0	10
b1：失業	完全失業者が労働人口に占める割合(%)	8.2	2.7	9
b2：過労	週60時間以上就労している者が就労者に占める割合(%)	12.9	3.0	15
b3：仕事の悩み	仕事に関する悩みのある者の割合(%)	32.2	4.9	2
c1：短期居住	5年前、現住市区町村以外の所に住んでいた者の割合(%)	28.4	2.8	34
c2：地域外就業	居住市区町村外で就業している者の割合(%)	31.7	2.3	28
c3：環境の悩み	生活環境に関する悩みがある者の割合(%)	5.5	2.6	20

　家族の部分をみると、単身率と離婚率は全国水準とほぼ同じですが、家族の悩みがある青年の率が高くなっています。次に、職場に目を移すと、失業率に加えて、仕事に関する悩みを訴える者の率が高い水準にあります。32.2％、全国で2位です。前章のカルテで、当県の青年は、心の負担感が高いことが分かったのですが、このことと関連があるのでしょうか。地域環境の指標は、どれも値が低くなっています。結構なことです。下の要約図をみると、家庭と職場の項がやや突出しています。これらの環境に関する、青年の悩みの多さに由来します。その原因を追及することが求められます。

秋田

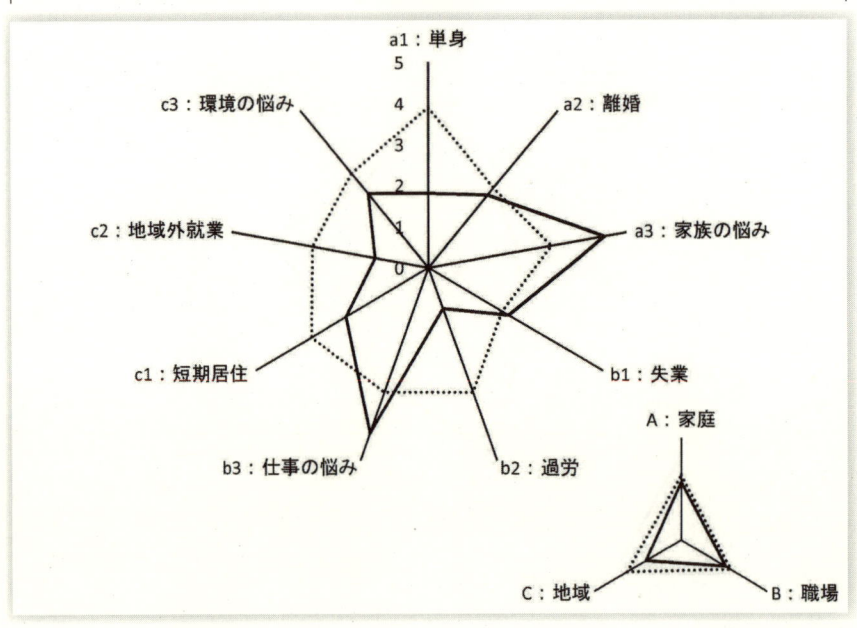

指標の定義		実値	スコア	順位
a1：単身	単身者が人口に占める割合(%)	9.9	1.8	43
a2：離婚	離婚者が有配偶人口に占める割合(‰)	22.3	2.3	27
a3：家族の悩み	家族の人間関係に関する悩みのある者の割合(%)	8.8	4.4	4
b1：失業	完全失業者が労働人口に占める割合(%)	7.5	2.3	17
b2：過労	週60時間以上就労している者が就労者に占める割合(%)	9.2	1.1	46
b3：仕事の悩み	仕事に関する悩みのある者の割合(%)	31.0	4.3	3
c1：短期居住	5年前、現住市区町村以外の所に住んでいた者の割合(%)	27.0	2.4	40
c2：地域外就業	居住市区町村外で就業している者の割合(%)	19.5	1.4	44
c3：環境の悩み	生活環境に関する悩みがある者の割合(%)	5.3	2.3	27

　青年の家庭環境をみると、単身率や離婚率が低くなっています。こうした外的な指標でみた場合、問題はないのですが、家族の悩みを有する者の比率が高い水準にあります。全国で4位です。このことは、職場環境についてもいえます。失業率や過労率は高くはないのですが、職場に関する悩みを持つ者が多いのです。以上のことは、青年の家庭や職場が、外的な指標では捉えられない、内的な歪みを持っていることを示唆しています。地域環境の指標は、突出しているものはありません。下の要約図をみると、全国値より突出している項はありません。しかるに、青年の家庭や職場の内実を点検する必要があるかと思います。

山形

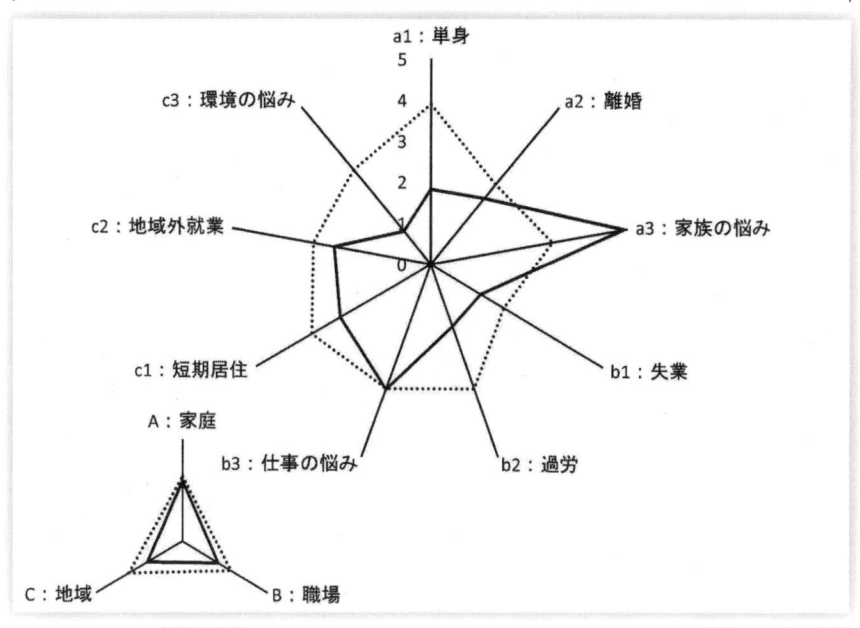

	指標の定義	実値	スコア	順位
a1：単身	単身者が人口に占める割合(%)	9.9	1.8	41
a2：離婚	離婚者が有配偶人口に占める割合(‰)	21.6	2.1	36
a3：家族の悩み	家族の人間関係に関する悩みのある者の割合(%)	9.3	4.9	2
b1：失業	完全失業者が労働人口に占める割合(%)	5.9	1.5	38
b2：過労	週60時間以上就労している者が就労者に占める割合(%)	10.2	1.6	42
b3：仕事の悩み	仕事に関する悩みのある者の割合(%)	28.8	3.3	16
c1：短期居住	5年前、現住市区町村以外の所に住んでいた者の割合(%)	27.7	2.6	37
c2：地域外就業	居住市区町村外で就業している者の割合(%)	33.1	2.4	27
c3：環境の悩み	生活環境に関する悩みがある者の割合(%)	4.2	1.0	46

　家庭環境をみると、秋田と同様、単身率や離婚率は低いのですが、家族に関する悩みを持つ青年の率が高くなっています。9.3％、全国で2位です。家庭環境の内実の精査が要請されます。職場環境の指標をみると、失業率と過労率は低い水準にあります。職場の悩みを持つ者の比率は、全国値と同程度です。最後に、地域環境の指標をみると、値が目立って高いものはありません。地域社会が、青年の自己実現（蘇生）の場となるための条件が比較的備わっています。また、生活環境の悩みを持つ者の率が低いことも注目されます。下の要約図をみると、3つの環境のうち、大きく歪んでいる部分はなさそうです。

福島

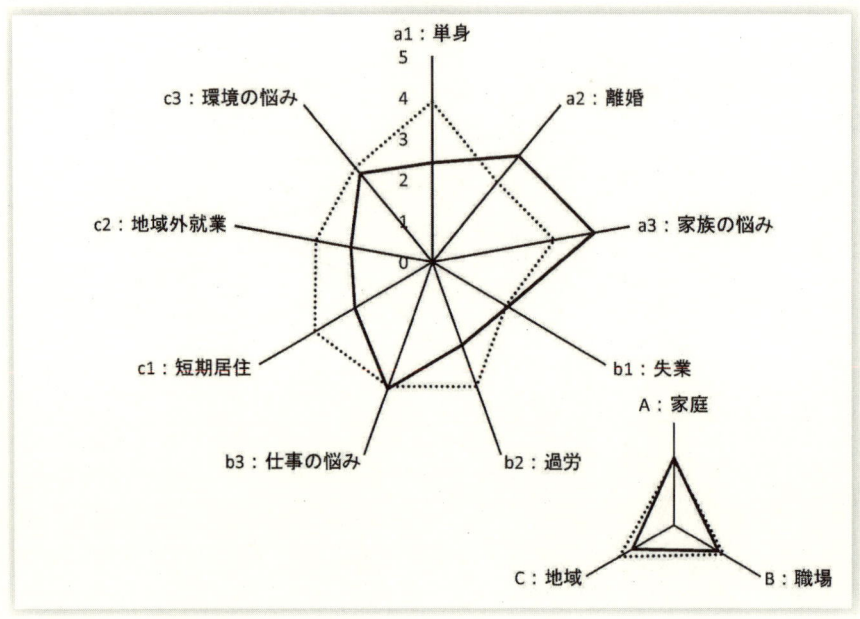

	指標の定義	実値	スコア	順位
a1：単身	単身者が人口に占める割合（%）	11.8	2.4	31
a2：離婚	離婚者が有配偶人口に占める割合（‰）	25.7	3.4	8
a3：家族の悩み	家族の人間関係に関する悩みのある者の割合（%）	8.5	4.1	9
b1：失業	完全失業者が労働人口に占める割合（%）	7.3	2.2	21
b2：過労	週60時間以上就労している者が就労者に占める割合（%）	11.2	2.2	32
b3：仕事の悩み	仕事に関する悩みのある者の割合（%）	28.9	3.3	15
c1：短期居住	5年前、現住市区町村以外の所に住んでいた者の割合（%）	26.4	2.2	42
c2：地域外就業	居住市区町村外で就業している者の割合（%）	28.4	2.1	32
c3：環境の悩み	生活環境に関する悩みがある者の割合（%）	5.7	2.8	13

　家庭環境の指標をみると、離婚率と、家族の悩みを有する者の率が高くなっています。それぞれ、全国で8位、9位です。家族（夫婦）葛藤→家族解体、というような連鎖の存在が懸念されます。職場の指標では、目立って高いものはありません。過労率が低いのは結構なことです。最後に、地域の指標をみると、どれも値が低くなっています。地域社会が、青年同士の触れ合い、交流の場となるための潜在的条件が備わっているようです。下の要約図にて、トータルな傾向をみると、家庭環境の歪みが若干懸念されます。この部分の点検、必要とあらば、歪みを是正するための介入が必要かと思います。

茨城

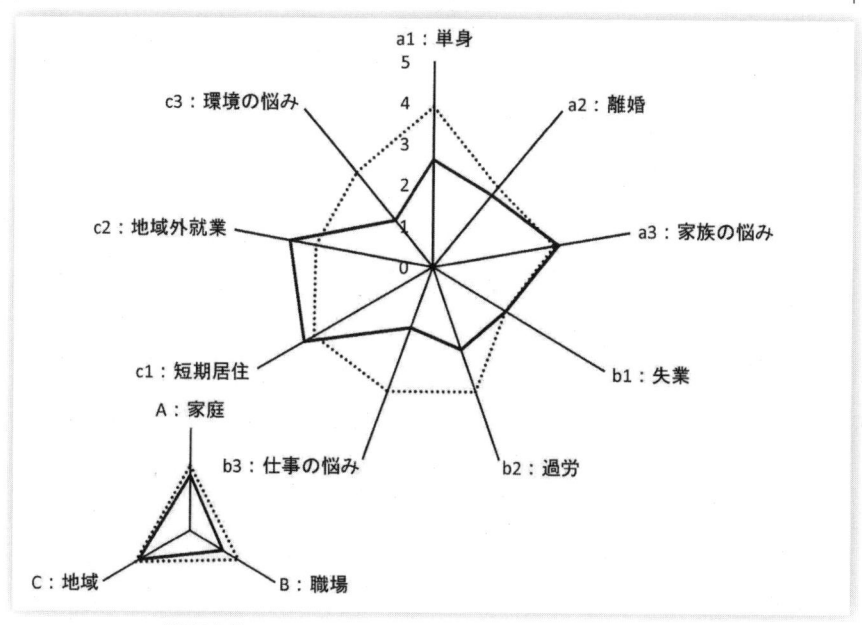

	指標の定義	実値	スコア	順位
a1：単身	単身者が人口に占める割合(%)	12.4	2.6	26
a2：離婚	離婚者が有配偶人口に占める割合(‰)	22.2	2.3	28
a3：家族の悩み	家族の人間関係に関する悩みのある者の割合(%)	7.6	3.2	20
b1：失業	完全失業者が労働人口に占める割合(%)	7.2	2.1	23
b2：過労	週60時間以上就労している者が就労者に占める割合(%)	11.2	2.1	33
b3：仕事の悩み	仕事に関する悩みのある者の割合(%)	25.4	1.6	45
c1：短期居住	5年前、現住市区町村以外の所に住んでいた者の割合(%)	31.5	3.7	13
c2：地域外就業	居住市区町村外で就業している者の割合(%)	47.8	3.6	9
c3：環境の悩み	生活環境に関する悩みがある者の割合(%)	4.6	1.5	43

　関東地方に入ってきました。まず、家庭環境の指標をみると、値が目立って高いものはありません。次に、職場の指標をみると、失業率が全国水準とほぼ同じくらいであるだけで、過労率と、職場の悩みを持つ者の比率は低い水準にあります。結構なことです。ところが、地域の指標をみると、短期居住率と地域外就業率が高くなっています。地域社会が、青年の活動の場となるための条件が、相対的に脆弱であることを示唆します。近年、首都圏への通勤者のベッドタウン的性格を強めつつある、当県の特質が出ています。とはいえ、下の要約図によると、3つの場の中で、大きく歪んでいる部分はありません。

栃木

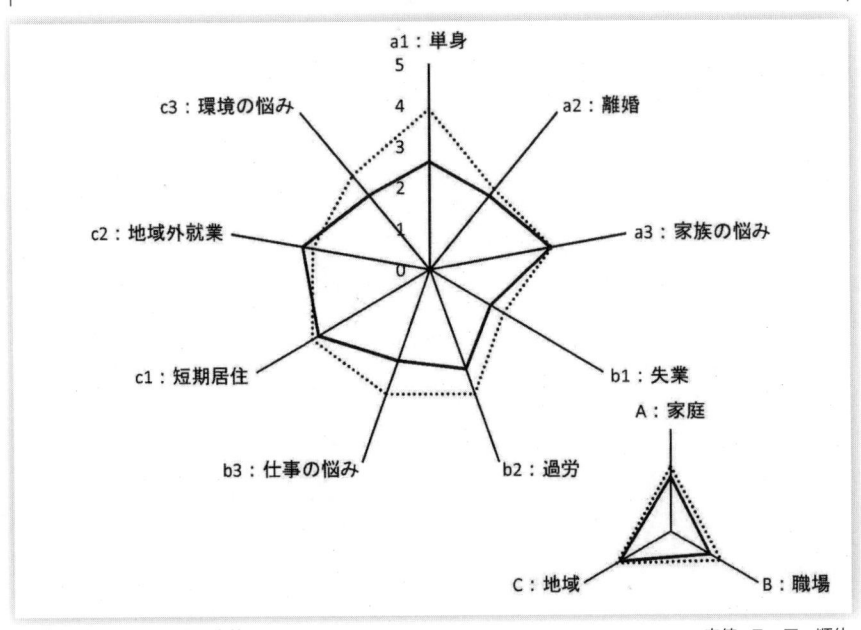

指標の定義	実値	スコア	順位
a1：単身　単身者が人口に占める割合(%)	12.5	2.6	24
a2：離婚　離婚者が有配偶人口に占める割合(‰)	22.4	2.3	26
a3：家族の悩み　家族の人間関係に関する悩みのある者の割合(%)	7.5	3.1	24
b1：失業　完全失業者が労働人口に占める割合(%)	6.4	1.7	31
b2：過労　週60時間以上就労している者が就労者に占める割合(%)	12.0	2.6	25
b3：仕事の悩み　仕事に関する悩みのある者の割合(%)	27.0	2.4	37
c1：短期居住　5年前、現住市区町村以外の所に住んでいた者の割合(%)	29.9	3.2	25
c2：地域外就業　居住市区町村外で就業している者の割合(%)	43.0	3.2	14
c3：環境の悩み　生活環境に関する悩みがある者の割合(%)	5.3	2.3	27

　一見して、大きく突出している指標がないことに気づきます。結構なことです。唯一、全国水準を上回っているのは、地域外就業率です。青年就業者の43％、全国で14位です。高速交通網の発達により、当県も、首都圏への通勤者のベッドタウン的性格を強めてきていることがうかがえます。今後も、ますますこうした傾向が強まっていくことが予想されます。そうなった場合、今にも増して、青年と地域社会との結びつきが薄れていくものと思われます。基盤的な条件が脆弱になっていくのであれば、地域社会における青年集団の創造に向けた、人為的な政策が求められることになると思います。

群馬

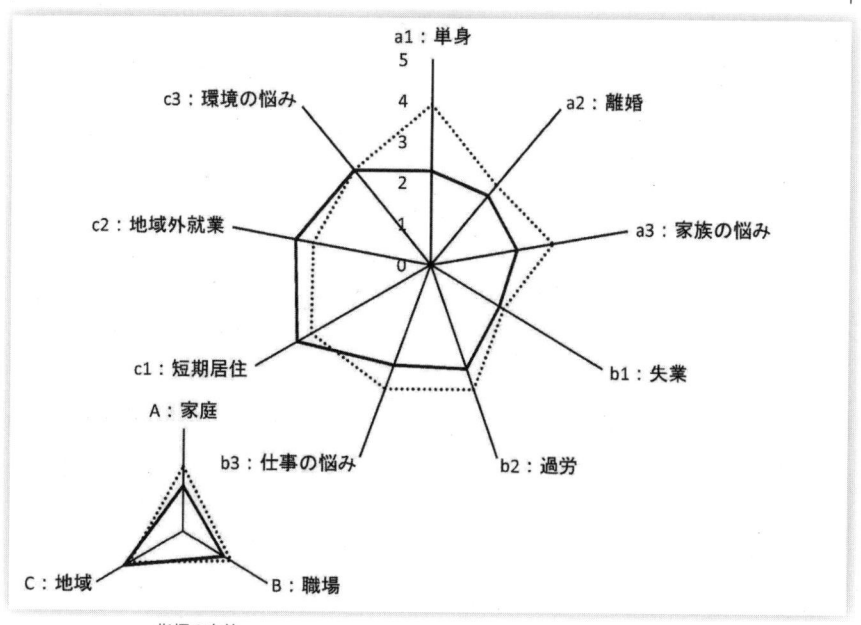

	指標の定義	実値	スコア	順位
a1：単身	単身者が人口に占める割合(%)	11.4	2.3	36
a2：離婚	離婚者が有配偶人口に占める割合(‰)	22.0	2.2	33
a3：家族の悩み	家族の人間関係に関する悩みのある者の割合(%)	6.7	2.2	39
b1：失業	完全失業者が労働人口に占める割合(%)	6.9	2.0	26
b2：過労	週60時間以上就労している者が就労者に占める割合(%)	12.2	2.7	22
b3：仕事の悩み	仕事に関する悩みのある者の割合(%)	27.5	2.6	33
c1：短期居住	5年前、現住市区町村以外の所に住んでいた者の割合(%)	31.9	3.8	11
c2：地域外就業	居住市区町村外で就業している者の割合(%)	45.3	3.4	12
c3：環境の悩み	生活環境に関する悩みがある者の割合(%)	5.8	3.0	10

　お隣の栃木と同じく、目立って突出している指標はありません。家族の指標は、どれも値が低い水準にあります。職場の指標も同様です。ただ、地域環境の指標は、どれも全国値を凌駕しています。自地域に長期間居住している青年が少なく、地域外に働きに行っている青年が比較的多いようです。また、生活環境に関する悩みを持っている青年の比率もやや高くなっています。地域社会が、青年の活動の場となり得るための基盤的条件があまり備わっていないようです。近郊県としての性格を強めつつある当県の場合、致し方のないことです。そうである以上、行政による人為的なテコ入れが要請されます。

埼玉

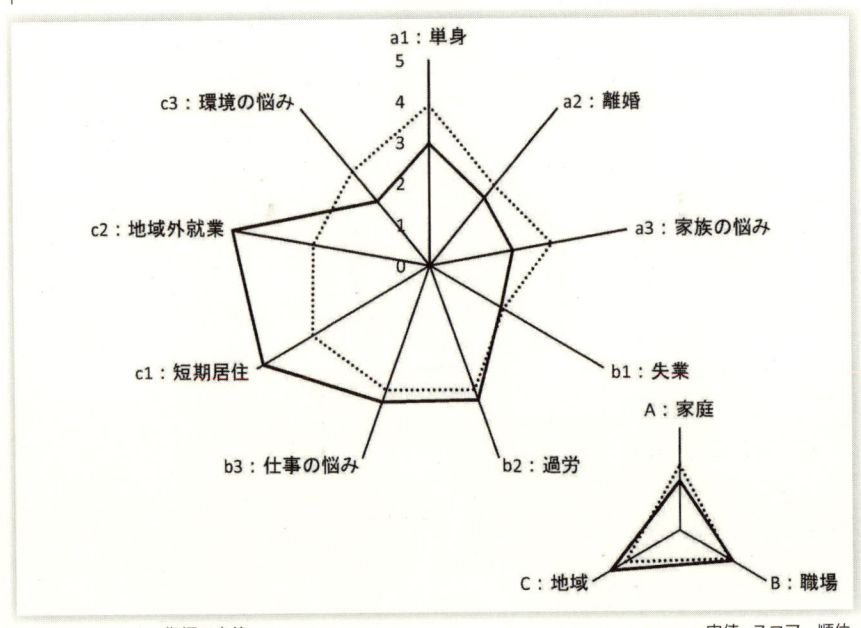

	指標の定義	実値	スコア	順位
a1：単身	単身者が人口に占める割合(%)	13.5	3.0	16
a2：離婚	離婚者が有配偶人口に占める割合(‰)	21.8	2.1	35
a3：家族の悩み	家族の人間関係に関する悩みのある者の割合(%)	6.6	2.1	42
b1：失業	完全失業者が労働人口に占める割合(%)	7.0	2.1	24
b2：過労	週60時間以上就労している者が就労者に占める割合(%)	13.7	3.5	7
b3：仕事の悩み	仕事に関する悩みのある者の割合(%)	29.4	3.5	10
c1：短期居住	5年前、現住市区町村以外の所に住んでいた者の割合(%)	35.5	4.8	3
c2：地域外就業	居住市区町村外で就業している者の割合(%)	65.4	5.0	2
c3：環境の悩み	生活環境に関する悩みがある者の割合(%)	5.0	2.0	36

　家庭環境の指標をみると、どれも、全国値より低くなっています。職場の指標では、過労率と、職場に関する悩みのある青年の比率が少しばかり高い水準にあります。過労→悩みというように、これらの指標は、互いに関連を持っているのかもしれません。最後に、地域環境の指標をみると、短期居住率と地域外就業率がかなり高くなっています。それぞれ、全国で3位、2位です。典型的な近郊県の当県では、東京への通勤者が数多くいるものと思われます。下の要約図をみると、当県の場合、地域環境の部分に歪みが集約されています。この事実について、しっかりと認識しておく必要があるかと思います。

千葉

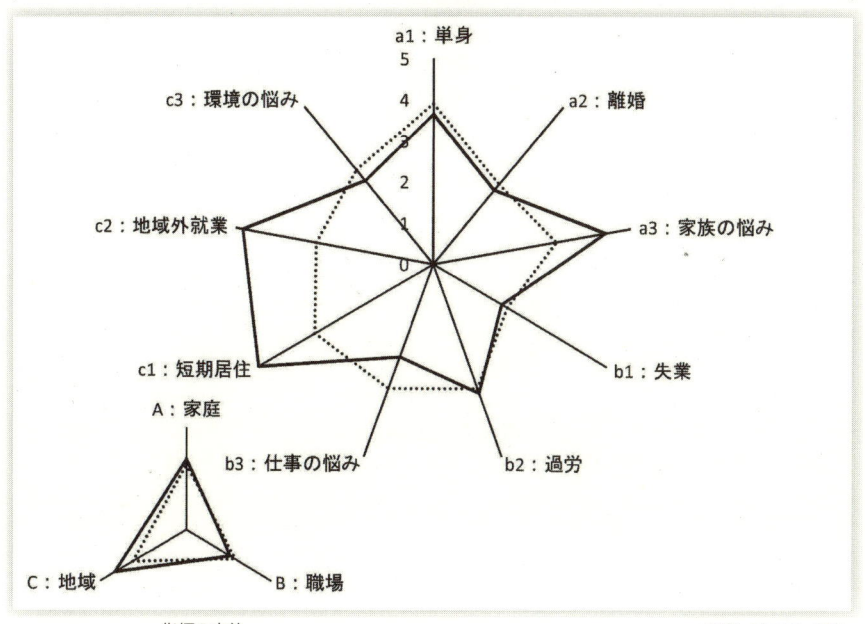

	指標の定義	実値	スコア	順位
a1：単身	単身者が人口に占める割合(%)	15.7	3.6	10
a2：離婚	離婚者が有配偶人口に占める割合(‰)	22.4	2.3	25
a3：家族の悩み	家族の人間関係に関する悩みのある者の割合(%)	8.8	4.4	5
b1：失業	完全失業者が労働人口に占める割合(%)	6.9	2.0	27
b2：過労	週60時間以上就労している者が就労者に占める割合(%)	13.5	3.4	8
b3：仕事の悩み	仕事に関する悩みのある者の割合(%)	27.1	2.4	35
c1：短期居住	5年前、現住市区町村以外の所に住んでいた者の割合(%)	36.1	5.0	1
c2：地域外就業	居住市区町村外で就業している者の割合(%)	63.1	4.8	3
c3：環境の悩み	生活環境に関する悩みがある者の割合(%)	5.5	2.6	18

　家庭環境の指標をみると、家族に関する悩みを持つ青年の比率が高くなっています。全国で5位です。単身による寂しさや、離婚に象徴される家族解体とは違った、家族関係の内実に関する悩みが多いことと推察されます。次に、職場の指標をみると、過労率がやや高くなっています。しかし、埼玉とは違って、そのことが、職場の悩みの多さと併発してはいません。最後に、地域の部分をみると、埼玉と同様の型が見受けられます。短期居住率は1位、地域外就業率は2位です。青年をして、地域社会から遊離せしめる条件が存在します。このことを補って余りある、人為的なテコ入れが要請されるかと思います。

東京

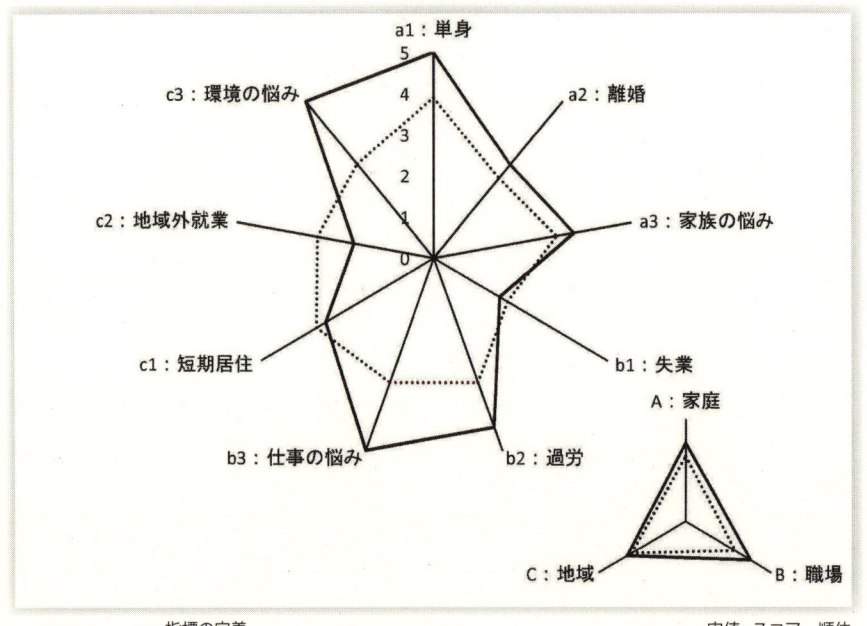

	指標の定義	実値	スコア	順位
a1：単身	単身者が人口に占める割合(%)	30.9	5.0	1
a2：離婚	離婚者が有配偶人口に占める割合(‰)	24.4	3.0	16
a3：家族の悩み	家族の人間関係に関する悩みのある者の割合(%)	8.0	3.5	15
b1：失業	完全失業者が労働人口に占める割合(%)	6.7	1.9	28
b2：過労	週60時間以上就労している者が就労者に占める割合(%)	15.4	4.4	2
b3：仕事の悩み	仕事に関する悩みのある者の割合(%)	32.4	5.0	1
c1：短期居住	5年前、現住市区町村以外の所に住んでいた者の割合(%)	29.5	3.1	28
c2：地域外就業	居住市区町村外で就業している者の割合(%)	28.0	2.0	34
c3：環境の悩み	生活環境に関する悩みがある者の割合(%)	7.5	5.0	1

　全国一の大都市、東京では、青年をとりまく環境はどのようなものでしょうか。まず、家庭環境の指標をみると、どれも全国値より高くなっています。職場の指標では、過労率と、職場の悩みを持つ青年の比率がかなり高い水準にあります。それぞれ、全国で2位、1位です。最後に、地域環境の部分をみると、生活環境の悩みを持つ青年が多いようです。騒音や大気汚染など、大都市ならではの地域問題があるのでしょうか。下の要約図をみると、家庭環境と職場環境の歪みが大きくなっています。後者については、大都市の職場は、官僚制化、管理化の度合いが高いことと関連しているのかもしれません。

神奈川

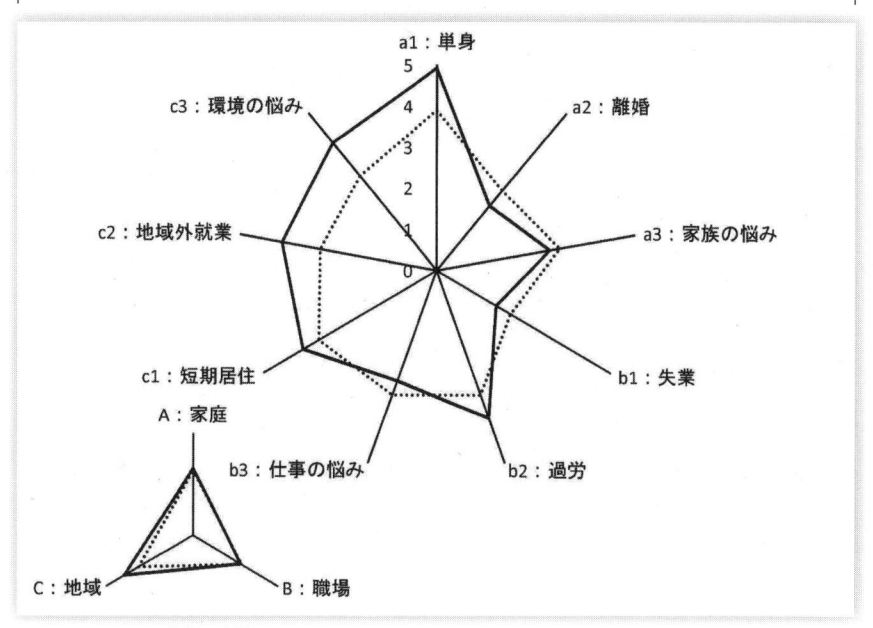

	指標の定義	実値	スコア	順位
a1：単身	単身者が人口に占める割合(%)	19.6	4.9	3
a2：離婚	離婚者が有配偶人口に占める割合(‰)	21.5	2.0	39
a3：家族の悩み	家族の人間関係に関する悩みのある者の割合(%)	7.3	2.9	29
b1：失業	完全失業者が労働人口に占める割合(%)	6.4	1.7	32
b2：過労	週60時間以上就労している者が就労者に占める割合(%)	14.3	3.8	5
b3：仕事の悩み	仕事に関する悩みのある者の割合(%)	28.0	2.9	28
c1：短期居住	5年前、現住市区町村以外の所に住んでいた者の割合(%)	32.1	3.9	10
c2：地域外就業	居住市区町村外で就業している者の割合(%)	52.0	3.9	5
c3：環境の悩み	生活環境に関する悩みがある者の割合(%)	6.7	4.0	2

　神奈川も、埼玉や千葉と並ぶ、典型的な近郊県です。まず、家庭環境の指標をみると、単身率が高くなっています。青年のおよそ2割、全国で2位です。次に、職場の指標をみると、失業中の青年は少ないのですが、その対極の過労状態にある青年が多いようです。青年就業者の14%、全国で5位です。最後に、地域の指標をみると、3指標とも、値が全国水準を凌駕しています。居住地域外で働く青年が多く、また、生活環境に関する悩みを持っている青年も多いようです。下の要約図をみると、地域の項が鋭く突き出ています。青年をとりまく環境の是正にあたっては、この部分に重点を置いた施策が要請されると思います。

新潟

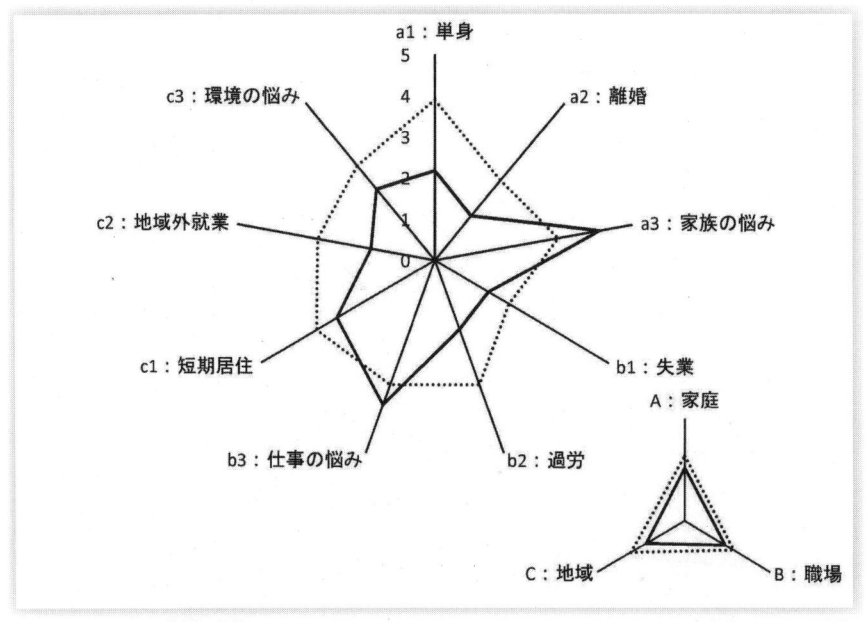

	指標の定義	実値	スコア	順位
a1：単身	単身者が人口に占める割合(%)	11.1	2.2	37
a2：離婚	離婚者が有配偶人口に占める割合(‰)	19.4	1.4	42
a3：家族の悩み	家族の人間関係に関する悩みのある者の割合(%)	8.6	4.2	8
b1：失業	完全失業者が労働人口に占める割合(%)	6.0	1.5	37
b2：過労	週60時間以上就労している者が就労者に占める割合(%)	10.6	1.8	38
b3：仕事の悩み	仕事に関する悩みのある者の割合(%)	29.9	3.8	8
c1：短期居住	5年前、現住市区町村以外の所に住んでいた者の割合(%)	28.4	2.8	33
c2：地域外就業	居住市区町村外で就業している者の割合(%)	22.5	1.6	39
c3：環境の悩み	生活環境に関する悩みがある者の割合(%)	5.2	2.2	32

　当県のチャート図は面積が小さく、全体的にみて、環境の歪みは少ないようです。全国値より値が高い指標は、家族の悩みを有する者の比率と、職場の悩みを有する者の比率です。家族解体が多いとか、失職者が多いとかいう、形態面の問題よりも、これらの環境の内実に関わる問題が横たわっているものと思われます。こればかりは、外的な指標からはうかがい知ることができません。青年たちを対象とした、より内実に踏み込んだ調査が要請されます。さて、下の要約図をみると、当県の三角形は、全国値のそれの内部にすっぽりと収まっています。相対評価でみる限り、環境の歪みはない、ということです。

富山

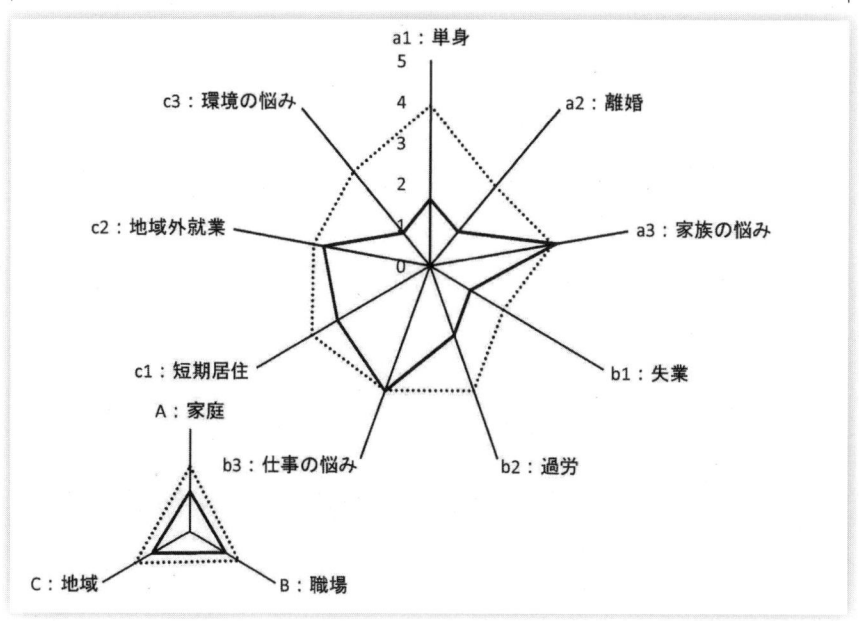

	指標の定義	実値	スコア	順位
a1：単身	単身者が人口に占める割合(%)	9.3	1.6	45
a2：離婚	離婚者が有配偶人口に占める割合(‰)	18.4	1.1	46
a3：家族の悩み	家族の人間関係に関する悩みのある者の割合(%)	7.6	3.2	22
b1：失業	完全失業者が労働人口に占める割合(%)	5.3	1.2	45
b2：過労	週60時間以上就労している者が就労者に占める割合(%)	10.6	1.8	39
b3：仕事の悩み	仕事に関する悩みのある者の割合(%)	28.8	3.3	16
c1：短期居住	5年前、現住市区町村以外の所に住んでいた者の割合(%)	27.9	2.7	36
c2：地域外就業	居住市区町村外で就業している者の割合(%)	36.5	2.7	20
c3：環境の悩み	生活環境に関する悩みがある者の割合(%)	4.2	1.0	46

　新潟と同様、チャート図の面積がかなり小さくなっています。家庭の指標をみると、単身率と離婚率がかなり低く、青年の家庭が、比較的安定的なものであることが知られます。しかるに、家族の悩みを持つ者の率はやや高くなっています。職場についても同じようことがいえ、失業や過労の青年は少ないのですが、職場の内実に関する悩みを持っている青年がやや多いのです。地域の指標は、どれも値が低くなっています。生活環境の悩みを持つ青年の比率は少なく、全国で46位です。下の要約図をみると、3つの項とも、全国値より大きく凹んでいます。3つの生活の場が、しっかりしていることがうかがえます。

3　都道府県別診断

石川

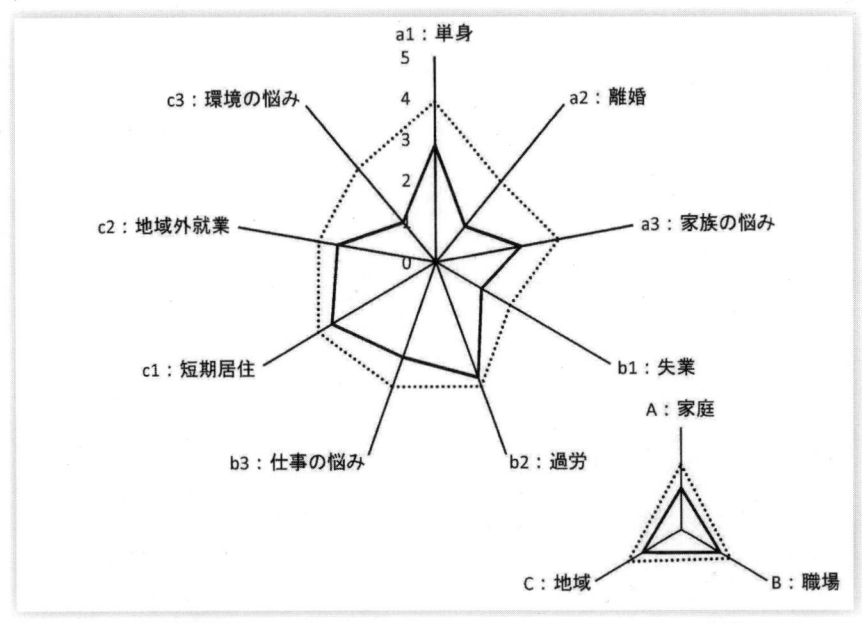

	指標の定義	実値	スコア	順位
a1：単身	単身者が人口に占める割合（%）	13.1	2.8	18
a2：離婚	離婚者が有配偶人口に占める割合（‰）	18.5	1.1	44
a3：家族の悩み	家族の人間関係に関する悩みのある者の割合（%）	6.6	2.1	41
b1：失業	完全失業者が労働人口に占める割合（%）	5.6	1.3	42
b2：過労	週60時間以上就労している者が就労者に占める割合（%）	12.8	3.0	16
b3：仕事の悩み	仕事に関する悩みのある者の割合（%）	27.2	2.5	34
c1：短期居住	5年前、現住市区町村以外の所に住んでいた者の割合（%）	29.1	3.0	31
c2：地域外就業	居住市区町村外で就業している者の割合（%）	33.6	2.5	25
c3：環境の悩み	生活環境に関する悩みがある者の割合（%）	4.4	1.3	44

　全ての指標が、全国値を下回っています。それだけ、青年をとりまく環境に、歪みが少ない、ということです。家族の指標では、離婚率と、家族の悩みを持つ青年の比率がかなり低くなっています。青年の家族が、安定的なものであることを示唆します。職場の指標では、過労率だけが、全国水準に接近しています。最後に、地域社会の指標をみると、生活環境の悩みが少ないことがうかがえます。結構なことです。下の要約図をみると、当県の二角形は、全国値のそれの内部にすっぽりと収まっています。あくまで相対評価ではありますが、青年の生活を充実ならしめる環境条件が備わっている、といえそうです。

福井

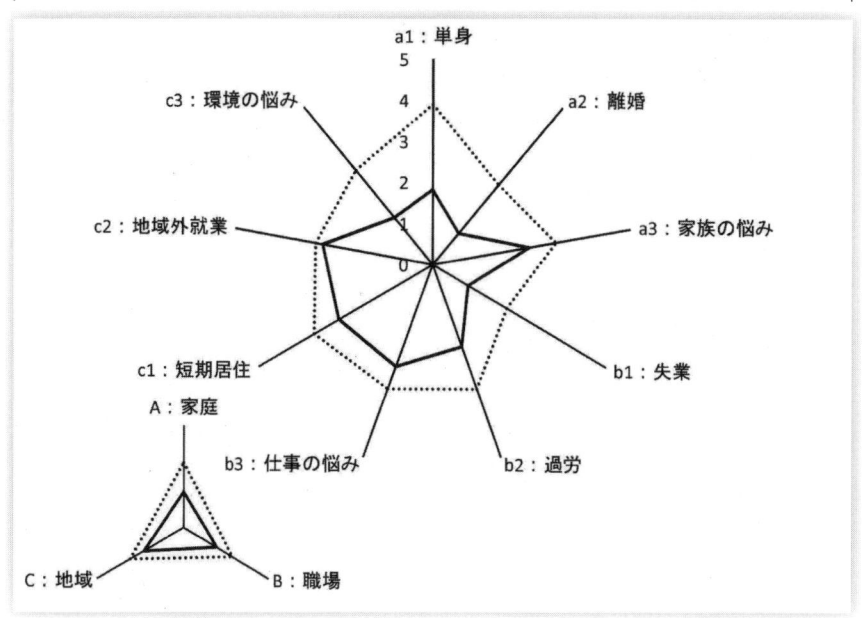

	指標の定義	実値	スコア	順位
a1：単身	単身者が人口に占める割合(%)	9.9	1.8	42
a2：離婚	離婚者が有配偶人口に占める割合(‰)	18.1	1.0	47
a3：家族の悩み	家族の人間関係に関する悩みのある者の割合(%)	6.9	2.4	37
b1：失業	完全失業者が労働人口に占める割合(%)	5.0	1.0	47
b2：過労	週60時間以上就労している者が就労者に占める割合(%)	11.2	2.1	34
b3：仕事の悩み	仕事に関する悩みのある者の割合(%)	27.6	2.7	32
c1：短期居住	5年前、現住市区町村以外の所に住んでいた者の割合(%)	28.0	2.7	35
c2：地域外就業	居住市区町村外で就業している者の割合(%)	37.4	2.8	19
c3：環境の悩み	生活環境に関する悩みがある者の割合(%)	4.6	1.5	42

　当県も、富山や石川のような、他の北陸県と同様、どの指標の値も低くなっています。家族の指標をみると、離婚率が全国で最下位です。職場の指標である失業率も、全国で最下位です。家族解体や失職のような、環境そのものが剥奪される事態が、全国で最も少ないことが注目されます。地域の指標をみると、お隣の石川と同じく、環境の悩みを持つ青年が少ないようです。地方ならではの、豊かな自然環境の賜物でしょうか。下の要約図をみると、3項とも凹んだ、理想的な型ができています。富山、石川、そして当県とみてきましたが、北陸県のこうした好ましい兆候には、何か理由があるのでしょうか。

山梨

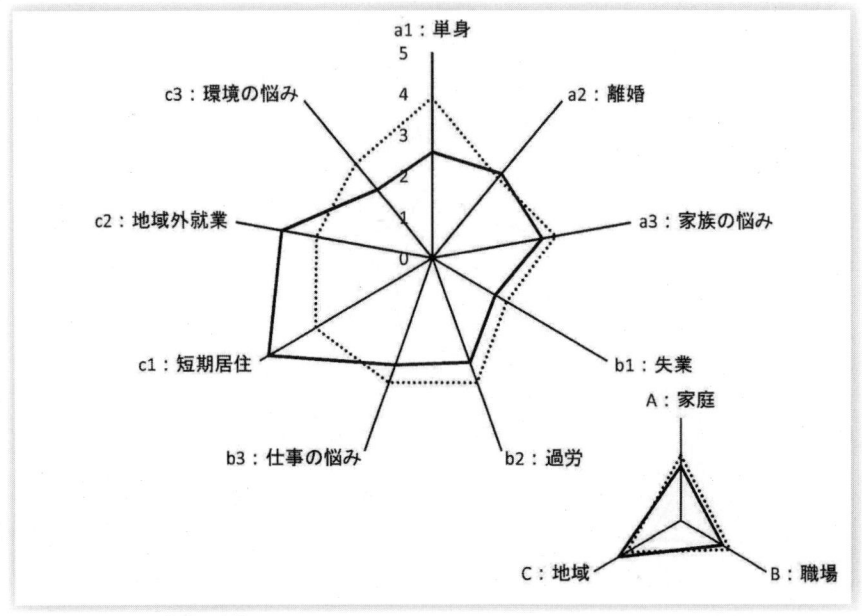

	指標の定義	実値	スコア	順位
a1：単身	単身者が人口に占める割合(%)	12.3	2.6	27
a2：離婚	離婚者が有配偶人口に占める割合(‰)	23.5	2.7	21
a3：家族の悩み	家族の人間関係に関する悩みのある者の割合(%)	7.2	2.8	31
b1：失業	完全失業者が労働人口に占める割合(%)	6.5	1.8	30
b2：過労	週60時間以上就労している者が就労者に占める割合(%)	12.3	2.7	21
b3：仕事の悩み	仕事に関する悩みのある者の割合(%)	27.8	2.8	29
c1：短期居住	5年前、現住市区町村以外の所に住んでいた者の割合(%)	35.2	4.8	4
c2：地域外就業	居住市区町村外で就業している者の割合(%)	50.9	3.8	6
c3：環境の悩み	生活環境に関する悩みがある者の割合(%)	5.2	2.2	35

　当県は地方県と括られがちですが、東京に隣接する、近郊県としての性格も併せ持っています。まず、家庭の指標をみると、離婚率が全国値を上回っています。職場の指標では、全国値より高いものはありません。ですが、地域社会の指標では、短期居住率と地域外就業率がかなり高くなっています。それぞれ、全国で4位、6位です。交通網の発達により、首都圏に通勤する若者のベッドタウン化が進んでいるものと思われます。それだけに、青年と地域社会との遊離が進行してしまうことが懸念されます。このような基盤的条件の脆弱さを補って余りある、人為的なテコ入れが求められるかと思います。

長野

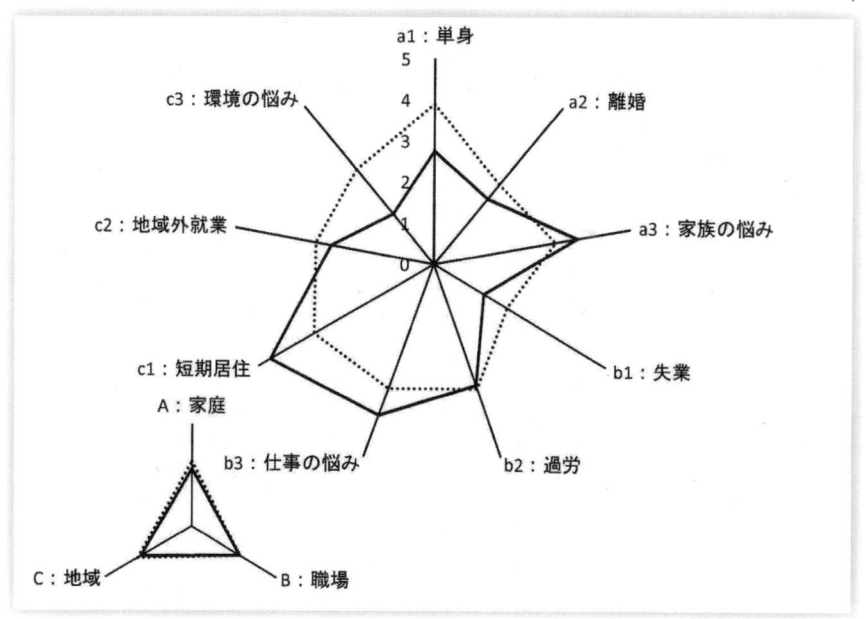

	指標の定義	実値	スコア	順位
a1：単身	単身者が人口に占める割合(%)	12.8	2.7	20
a2：離婚	離婚者が有配偶人口に占める割合(‰)	21.5	2.1	38
a3：家族の悩み	家族の人間関係に関する悩みのある者の割合(%)	8.1	3.7	14
b1：失業	完全失業者が労働人口に占める割合(%)	5.9	1.4	39
b2：過労	週60時間以上就労している者が就労者に占める割合(%)	13.1	3.1	14
b3：仕事の悩み	仕事に関する悩みのある者の割合(%)	30.2	3.9	7
c1：短期居住	5年前、現住市区町村以外の所に住んでいた者の割合(%)	34.9	4.7	5
c2：地域外就業	居住市区町村外で就業している者の割合(%)	34.9	2.6	24
c3：環境の悩み	生活環境に関する悩みがある者の割合(%)	4.7	1.6	41

　家庭環境の指標をみると、家庭を持たない者、あるいは家族解体に見舞われる者は少ないのですが、家族に関する悩みを持つ青年の比率がやや高くなっています。また、職場環境に悩む青年も多いようです。青年全体のおよそ3割、全国で7位です。最後に、地域社会の部分をみると、短期居住率が高くなっています。下の要約図にて、傾向を俯瞰すると、当県の図形は、全国の図形とほぼ重なっています。目立った歪みはありませんが、際立って好ましい兆候もみられません。さしあたりの課題としては、家族や職場に関する青年の悩みの実相を明らかにして、それを除去する施策を打ち立てることであると思います。

岐阜

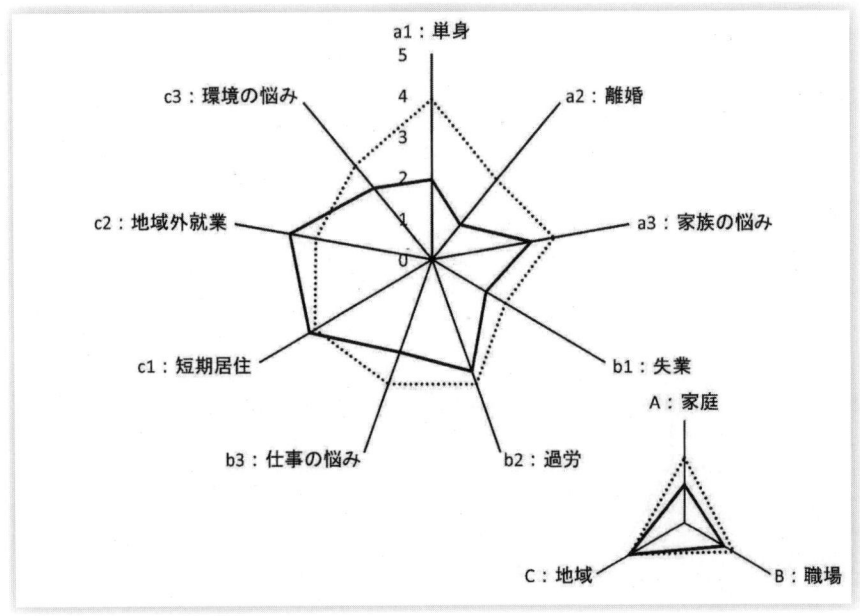

	指標の定義	実値	スコア	順位
a1：単身	単身者が人口に占める割合(%)	10.3	1.9	40
a2：離婚	離婚者が有配偶人口に占める割合(‰)	18.4	1.1	45
a3：家族の悩み	家族の人間関係に関する悩みのある者の割合(%)	7.0	2.5	33
b1：失業	完全失業者が労働人口に占める割合(%)	6.1	1.6	36
b2：過労	週60時間以上就労している者が就労者に占める割合(%)	12.6	2.9	19
b3：仕事の悩み	仕事に関する悩みのある者の割合(%)	27.1	2.4	36
c1：短期居住	5年前、現住市区町村以外の所に住んでいた者の割合(%)	31.0	3.6	18
c2：地域外就業	居住市区町村外で就業している者の割合(%)	48.1	3.6	8
c3：環境の悩み	生活環境に関する悩みがある者の割合(%)	5.2	2.3	31

　家庭環境の指標は、どれも値が低い水準にあります。青年の離婚率は、全国で下から2番目です。職場の指標も、全国値を上回っているものはありません。しかし、地域社会の部分をみると、青年と地域社会の乖離の度合いを表す指標、すなわち、短期居住率と地域外就業率がやや高くなっています。当県も、隣接する愛知への通勤者が多い、近郊県としての性格を強めてきているのかもしれません。下の要約図をみると、家庭と職場の項は凹んでいるのですが、地域の項がやや突き出ています。今後、この傾向がますます進んでいくかもしれません。このことを与件とした、人為的な施策が求められると思います。

静岡

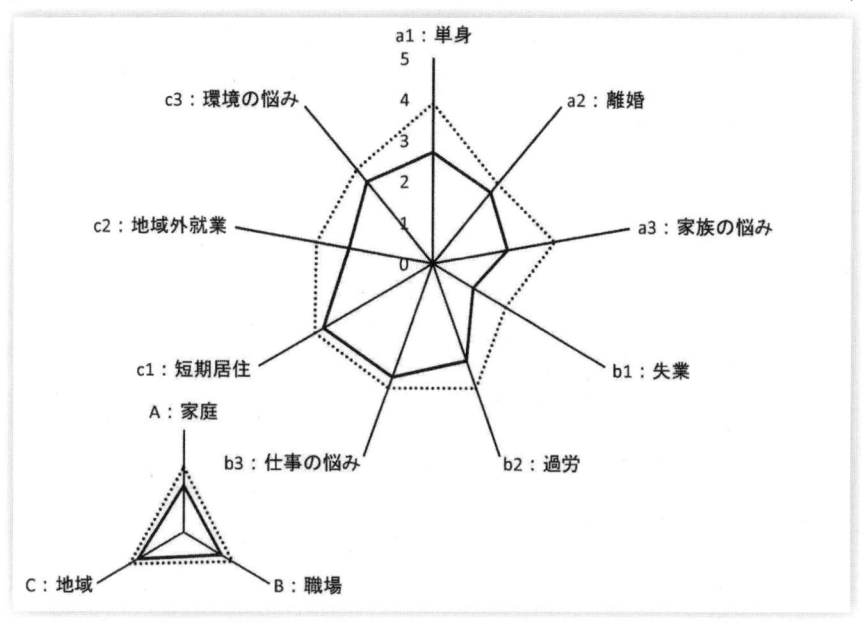

	指標の定義	実値	スコア	順位
a1：単身	単身者が人口に占める割合(%)	12.7	2.7	23
a2：離婚	離婚者が有配偶人口に占める割合(‰)	22.1	2.3	31
a3：家族の悩み	家族の人間関係に関する悩みのある者の割合(%)	6.4	1.9	44
b1：失業	完全失業者が労働人口に占める割合(%)	5.3	1.2	44
b2：過労	週60時間以上就労している者が就労者に占める割合(%)	11.9	2.5	27
b3：仕事の悩み	仕事に関する悩みのある者の割合(%)	28.2	2.9	25
c1：短期居住	5年前、現住市区町村以外の所に住んでいた者の割合(%)	29.6	3.2	27
c2：地域外就業	居住市区町村外で就業している者の割合(%)	29.4	2.1	31
c3：環境の悩み	生活環境に関する悩みがある者の割合(%)	5.5	2.6	19

　9つの指標は、どれも、全国値を下回っています。北陸の3県（富山、石川、福井）と似通ったタイプです。家庭環境をみると、家族の悩みを持つ青年の率が小さいことが注目されます。職場の部分では、失業率の低さが目立っています。全国値（7.4%）よりも、2ポイントほど低くなっています。地域の指標では、最も凹んでいるのは、地域外就業率です、自地域内で就業する青年が比較的多いことがうかがわれます。下の要約図をみると、当然ながら、3項とも凹んでいます。結構な型です。このような好ましい環境条件を、青年関連政策の策定・実施にあたって、十分に活かしたいものです。

愛知

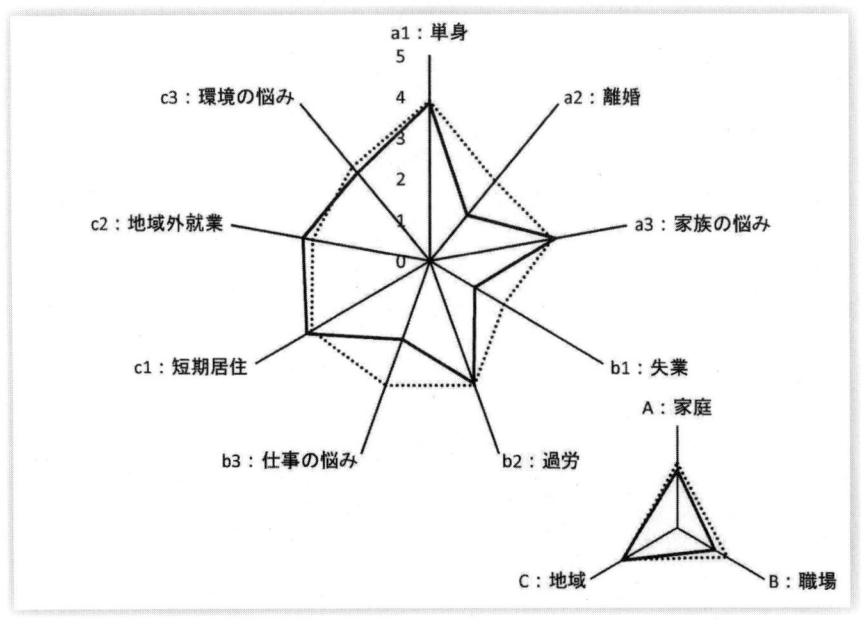

	指標の定義	実値	スコア	順位
a1：単身	単身者が人口に占める割合(%)	16.3	3.8	8
a2：離婚	離婚者が有配偶人口に占める割合(‰)	19.5	1.4	41
a3：家族の悩み	家族の人間関係に関する悩みのある者の割合(%)	7.6	3.2	21
b1：失業	完全失業者が労働人口に占める割合(%)	5.6	1.3	43
b2：過労	週60時間以上就労している者が就労者に占める割合(%)	13.1	3.2	13
b3：仕事の悩み	仕事に関する悩みのある者の割合(%)	26.3	2.0	42
c1：短期居住	5年前、現住市区町村以外の所に住んでいた者の割合(%)	31.0	3.5	19
c2：地域外就業	居住市区町村外で就業している者の割合(%)	42.9	3.2	15
c3：環境の悩み	生活環境に関する悩みがある者の割合(%)	5.7	2.8	14

　愛知は、日本で有数の大都市県です。当県における、青年の3つの生活の場は、どのような様相を呈しているでしょうか。まず、家庭の指標をみると、単身率の相対順位が高くなっています。職場の指標では、過労率の相対順位もやや高い位置にあります。製造工場で長時間働く単身青年の姿が想起されます。最後に、地域の指標をみると、短期居住率と地域外就業率が全国値を凌駕しています。地域社会が、青年の活動の場となるための基盤的条件がやや脆弱であることを示唆します。今後、この傾向はますます強まっていくことと思われます。そのことを認識した、政策立案が求められるかと思います。

三重

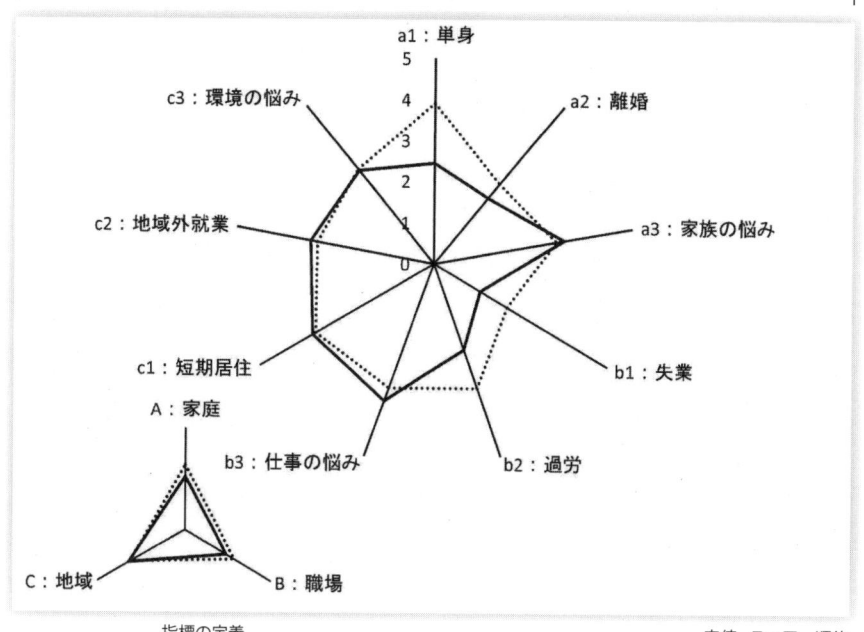

	指標の定義	実値	スコア	順位
a1：単身	単身者が人口に占める割合(%)	11.9	2.4	30
a2：離婚	離婚者が有配偶人口に占める割合(‰)	21.6	2.1	37
a3：家族の悩み	家族の人間関係に関する悩みのある者の割合(%)	7.7	3.3	18
b1：失業	完全失業者が労働人口に占める割合(%)	5.7	1.3	41
b2：過労	週60時間以上就労している者が就労者に占める割合(%)	11.4	2.2	30
b3：仕事の悩み	仕事に関する悩みのある者の割合(%)	29.5	3.6	9
c1：短期居住	5年前、現住市区町村以外の所に住んでいた者の割合(%)	30.8	3.5	20
c2：地域外就業	居住市区町村外で就業している者の割合(%)	41.9	3.1	17
c3：環境の悩み	生活環境に関する悩みがある者の割合(%)	5.8	2.9	11

　家庭環境の指標をみると、単身率や離婚率は低いのですが、家族の悩みを持つ青年の比率がやや高くなっています。同時に、仕事の悩みを持つ青年が比較的多いことも懸念されます。当県の場合、家庭や職場環境は、離婚率や失業率など、外的な尺度でみた場合、問題はないようですが、当の青年の意識レベルでみた場合、何らかの歪みを持っていることがうかがえます。このあたりのことを深く知るには、さらに踏み込んだ調査の実施が求められるでしょう。最後に、地域社会の部分をみると、短期居住率と地域外就業率が全国値を上回っています。当県も、愛知に隣接する近郊県としての性格を持っているようです。

滋賀

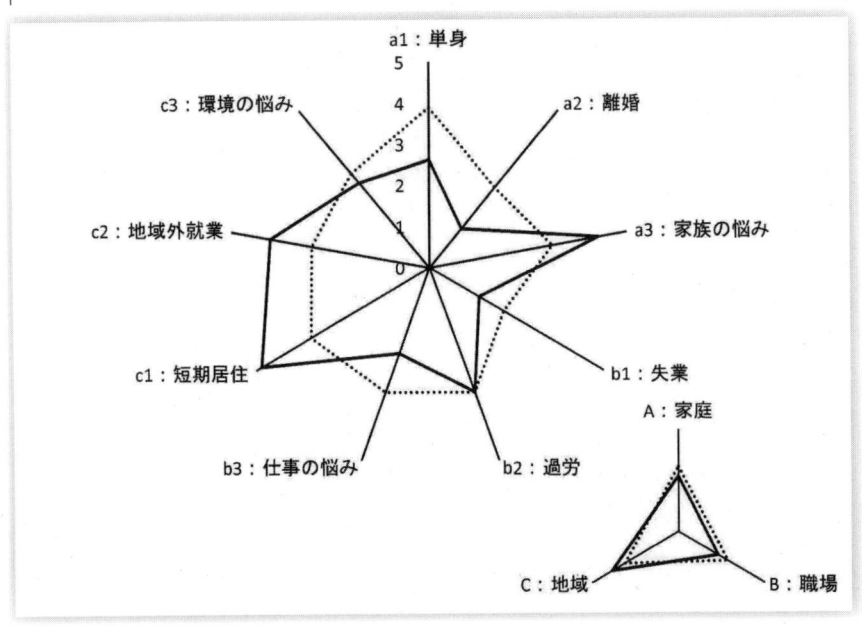

	指標の定義	実値	スコア	順位
a1：単身	単身者が人口に占める割合（%）	12.5	2.6	25
a2：離婚	離婚者が有配偶人口に占める割合（‰）	18.8	1.2	43
a3：家族の悩み	家族の人間関係に関する悩みのある者の割合（%）	8.7	4.3	7
b1：失業	完全失業者が労働人口に占める割合（%）	5.8	1.4	40
b2：過労	週60時間以上就労している者が就労者に占める割合（%）	13.2	3.2	11
b3：仕事の悩み	仕事に関する悩みのある者の割合（%）	26.7	2.2	39
c1：短期居住	5年前、現住市区町村以外の所に住んでいた者の割合（%）	35.5	4.8	2
c2：地域外就業	居住市区町村外で就業している者の割合（%）	53.1	4.0	4
c3：環境の悩み	生活環境に関する悩みがある者の割合（%）	5.6	2.7	17

　家庭の指標をみると、単身率や離婚率は高くないのですが、家族の悩みを有する青年の比率が高くなっています。全国で7位です。外的な指標では知ることのできない、家族生活の内実に問題があることがうかがえます。職場の指標では、過労率の相対順位が高い位置にあります。最後に、地域社会の部分をみると、短期居住率と地域外就業率という、青年と地域社会の乖離の度合いを測る指標の値が高くなっています。それぞれ、全国で2位、4位です。大阪や京都への通勤者のベッドタウンとしての性格を強めてきているのかもしれません。下の要約図をみると、地域の項が突き出ています。近郊県に特有の型です。

京都

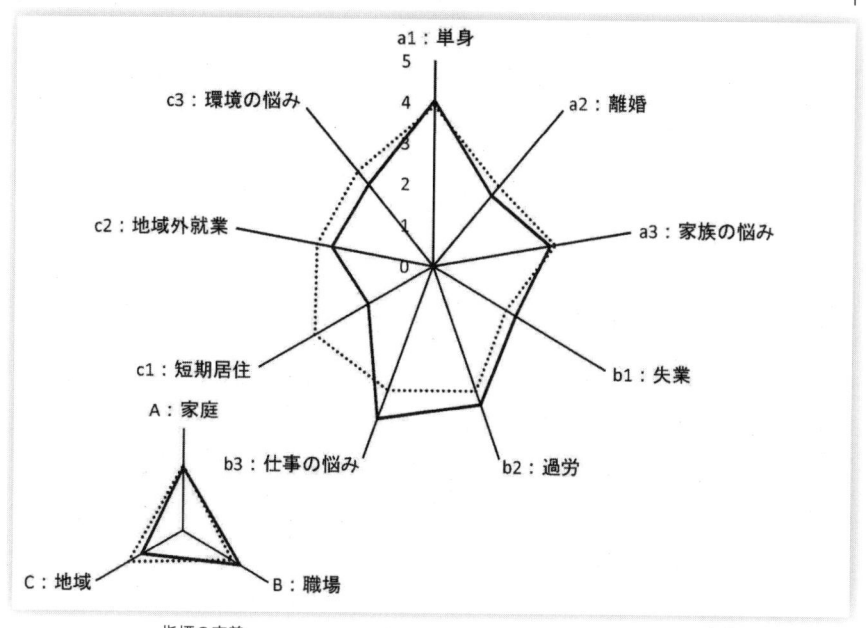

	指標の定義	実値	スコア	順位
a1：単身	単身者が人口に占める割合(%)	16.9	4.0	6
a2：離婚	離婚者が有配偶人口に占める割合(‰)	22.1	2.2	32
a3：家族の悩み	家族の人間関係に関する悩みのある者の割合(%)	7.4	3.0	28
b1：失業	完全失業者が労働人口に占める割合(%)	7.7	2.4	14
b2：過労	週60時間以上就労している者が就労者に占める割合(%)	13.9	3.6	6
b3：仕事の悩み	仕事に関する悩みのある者の割合(%)	30.3	4.0	6
c1：短期居住	5年前、現住市区町村以外の所に住んでいた者の割合(%)	25.1	1.9	45
c2：地域外就業	居住市区町村外で就業している者の割合(%)	34.9	2.6	23
c3：環境の悩み	生活環境に関する悩みがある者の割合(%)	5.5	2.6	22

　古都・京都にきました。家庭の指標をみると、単身率が高くなっています。青年全体の17％、全国で6位です。次に、職場の部分に目を移すと、3指標とも、全国値を上回っています。職のない青年、過労気味の青年、そして仕事の悩みを持つ青年と、3拍子そろって多くなっています。一方、地域社会の指標は、どれも全国水準より低くなっています。とくに、短期居住率が45位と低く、自地域に長く住んでいる青年が比較的多いことがうかがえます。下の要約図をみると、職場の部分が突き出ています。人為的な政策により、この部分の歪みを是正していくことが求められるでしょう。

大阪

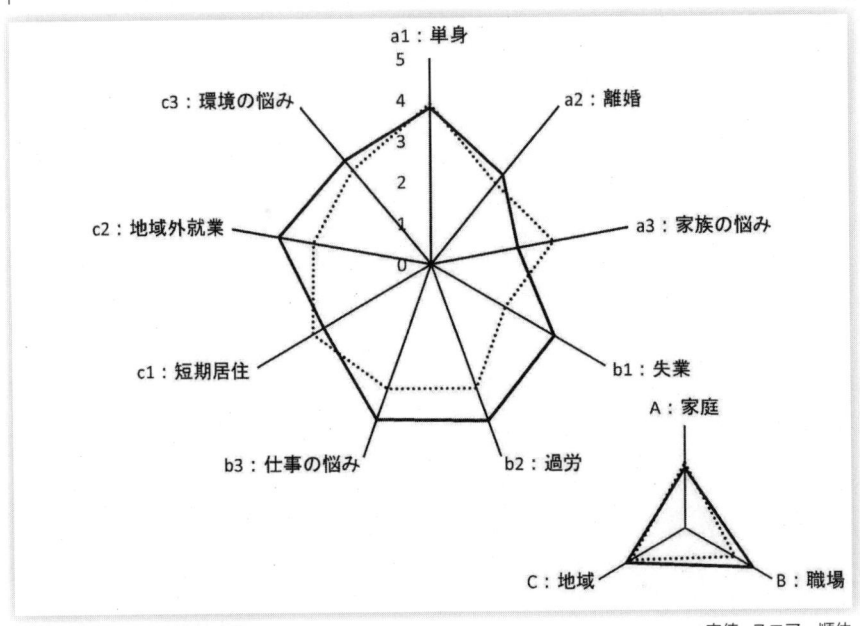

	指標の定義	実値	スコア	順位
a1：単身	単身者が人口に占める割合(%)	16.2	3.8	9
a2：離婚	離婚者が有配偶人口に占める割合(‰)	23.9	2.8	19
a3：家族の悩み	家族の人間関係に関する悩みのある者の割合(%)	6.7	2.2	39
b1：失業	完全失業者が労働人口に占める割合(%)	9.9	3.5	3
b2：過労	週60時間以上就労している者が就労者に占める割合(%)	14.8	4.1	4
b3：仕事の悩み	仕事に関する悩みのある者の割合(%)	30.4	4.0	4
c1：短期居住	5年前、現住市区町村以外の所に住んでいた者の割合(%)	29.4	3.1	29
c2：地域外就業	居住市区町村外で就業している者の割合(%)	50.7	3.8	7
c3：環境の悩み	生活環境に関する悩みがある者の割合(%)	6.1	3.3	7

　西日本一の大都市、大阪における、青年をとりまく環境はどのようなものでしょうか。家庭の指標では、離婚率が全国値をやや凌駕しています。職場の指標は、京都と同様、3つとも、値が高くなっています。失職する青年も多ければ、過労の青年も多いという状況です。また、仕事の悩みを抱える青年も多いようです。地域の指標では、地域外就業率が高い水準にあります。また、大都市ゆえか、生活環境の悩みも少なくないようです。下の要約図をみると、職場の項が大きく突出しています。現状では、他の2つの場が、この部分の歪みを補っているとはいえないようです。人為的な施策が要請されるところです。

兵庫

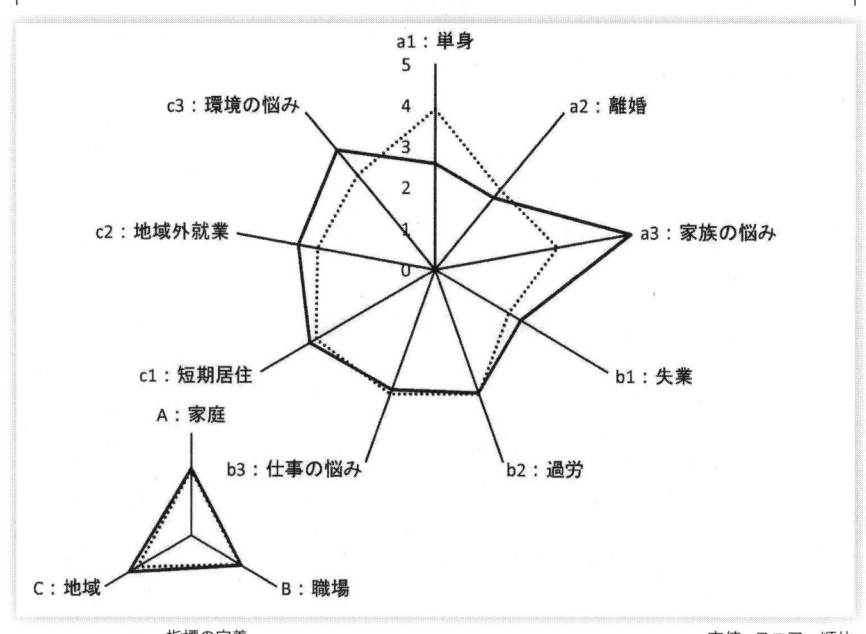

	指標の定義	実値	スコア	順位
a1：単身	単身者が人口に占める割合（%）	12.3	2.6	28
a2：離婚	離婚者が有配偶人口に占める割合（‰）	22.2	2.3	29
a3：家族の悩み	家族の人間関係に関する悩みのある者の割合（%）	9.4	5.0	1
b1：失業	完全失業者が労働人口に占める割合（%）	7.8	2.5	12
b2：過労	週60時間以上就労している者が就労者に占める割合（%）	13.2	3.2	12
b3：仕事の悩み	仕事に関する悩みのある者の割合（%）	28.5	3.1	20
c1：短期居住	5年前、現住市区町村以外の所に住んでいた者の割合（%）	31.1	3.6	15
c2：地域外就業	居住市区町村外で就業している者の割合（%）	45.8	3.4	11
c3：環境の悩み	生活環境に関する悩みがある者の割合（%）	6.5	3.8	5

　家庭環境の指標をみると、家族に関する悩みを持っている青年の比率が高くなっています。青年のおよそ1割、全国で1位です（この点については、興味を持ちますので、次頁にて、やや詳しいデータをお見せします）。職場の指標をみると、失業率と過労率の相対順位がやや高い位置にあります。最後に、地域社会の指標ですが、3つの指標とも、全国値を上回っています。地域社会からの青年の乖離と同時に、生活環境の問題の存在も懸念されます。下の要約図をみると、地域の項が突き出た、近郊県固有の型ができています。

　さて、家族関係に関する悩みですが、性別にみると、男性（6.6%）よりも女

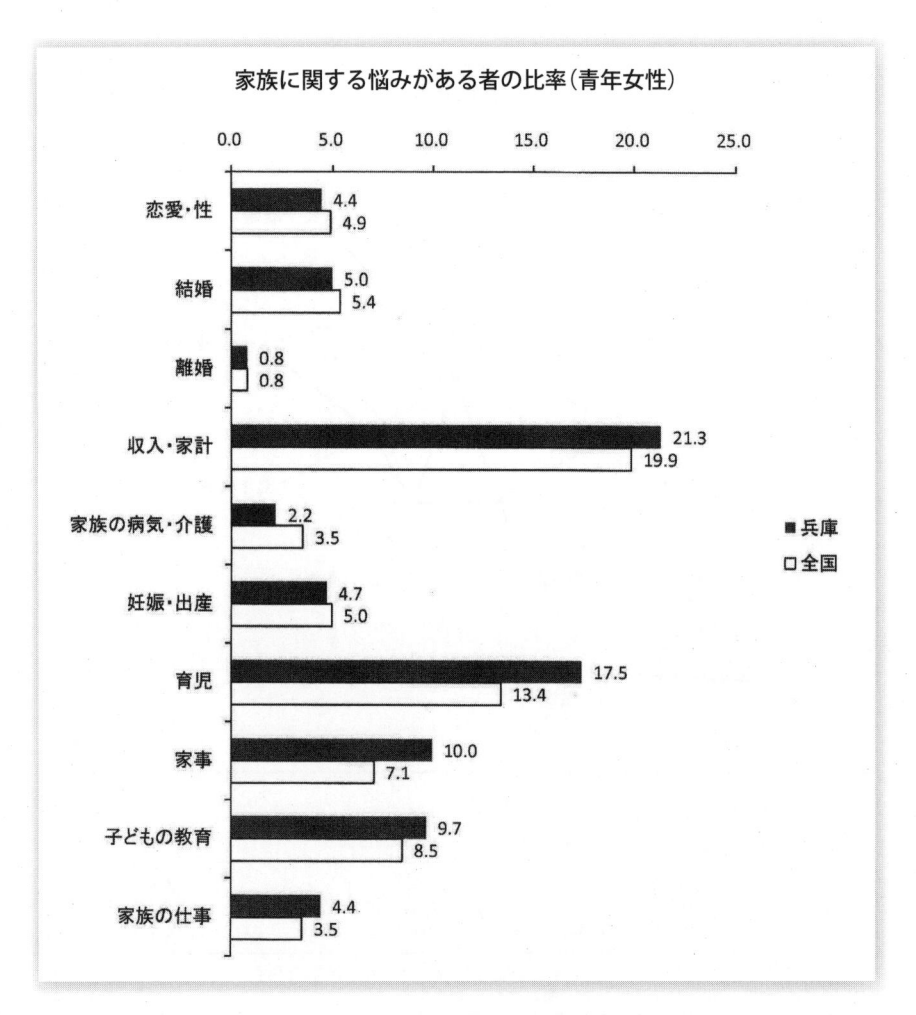

家族に関する悩みがある者の比率（青年女性）

項目	兵庫	全国
恋愛・性	4.4	4.9
結婚	5.0	5.4
離婚	0.8	0.8
収入・家計	21.3	19.9
家族の病気・介護	2.2	3.5
妊娠・出産	4.7	5.0
育児	17.5	13.4
家事	10.0	7.1
子どもの教育	9.7	8.5
家族の仕事	4.4	3.5

性（11.6％）で高くなっています。では、その内実はどのようなものでしょうか。私は、『国民生活基礎調査』で問われている悩みのうち、家族に関連すると思われる項目の肯定率を、女性について明らかにしてみました。結果は、上図のようです。これによると、10項目中5項目において、当県の肯定率が全国値を上回っています。とくに差が大きいのは、育児と家事に関する悩みです。こうみると、全国1位の家族関係の悩みは、女性が抱える、育児や家事関係の悩みによるところが大きいといえそうです。もしかすると、男性の家事分担度が低いなどの事情があるのかもしれません。

奈良

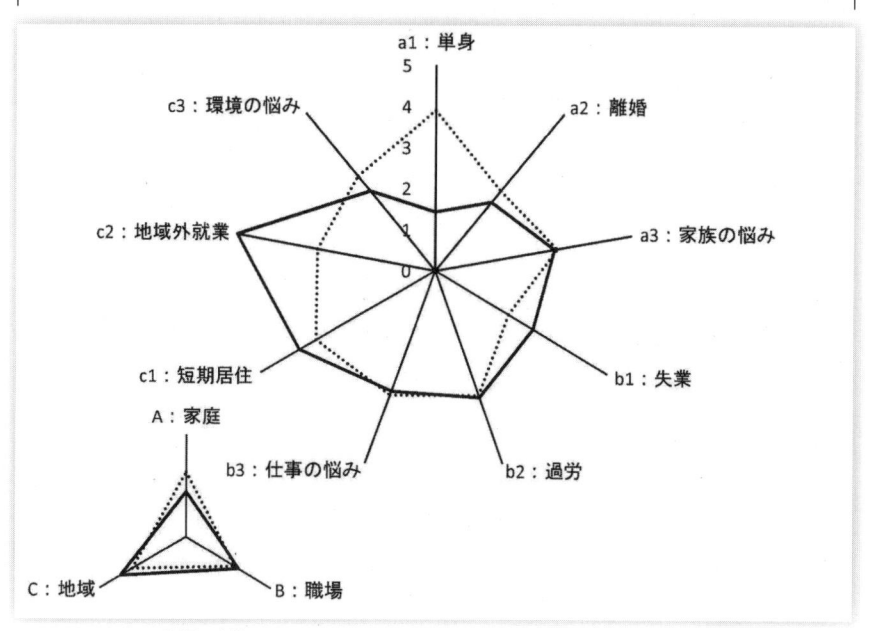

	指標の定義	実値	スコア	順位
a1：単身	単身者が人口に占める割合(%)	8.7	1.4	46
a2：離婚	離婚者が有配偶人口に占める割合(‰)	21.9	2.2	34
a3：家族の悩み	家族の人間関係に関する悩みのある者の割合(%)	7.5	3.0	26
b1：失業	完全失業者が労働人口に占める割合(%)	8.5	2.8	7
b2：過労	週60時間以上就労している者が就労者に占める割合(%)	13.3	3.3	9
b3：仕事の悩み	仕事に関する悩みのある者の割合(%)	28.6	3.1	19
c1：短期居住	5年前、現住市区町村以外の所に住んでいた者の割合(%)	32.2	3.9	9
c2：地域外就業	居住市区町村外で就業している者の割合(%)	65.5	5.0	1
c3：環境の悩み	生活環境に関する悩みがある者の割合(%)	5.4	2.5	24

　家族の指標をみると、単身率がかなり低くなっており、全国で下から2番目です。職場の指標では、失業率が7位と高い位置にあります。過労率も、値は全国水準と同程度ですが、相対順位は9位と、こちらも高い位置におかれています。最後に、地域の指標では、何といっても、地域外就業率の高さが目立ちます。青年就業者全体の65％、全国で1位です。おそらく、大阪への通勤者が多いものと思われます。また、短期居住者率も高いことから、当県では、青年と地域社会との乖離が大きいことが懸念されます。地域社会が青年の活動の場となるためには、人為的なテコ入れが、他県にもまして、求められると思います。

3　都道府県別診断

和歌山

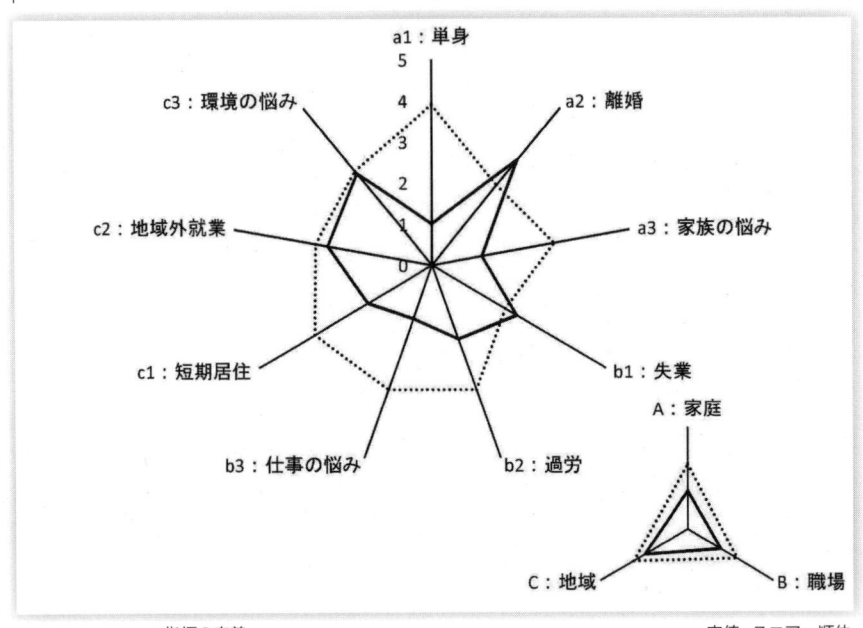

	指標の定義	実値	スコア	順位
a1：単身	単身者が人口に占める割合（％）	7.4	1.0	47
a2：離婚	離婚者が有配偶人口に占める割合（‰）	25.6	3.3	9
a3：家族の悩み	家族の人間関係に関する悩みのある者の割合（％）	5.8	1.3	46
b1：失業	完全失業者が労働人口に占める割合（％）	7.8	2.4	13
b2：過労	週60時間以上就労している者が就労者に占める割合（％）	10.8	1.9	37
b3：仕事の悩み	仕事に関する悩みのある者の割合（％）	25.0	1.4	46
c1：短期居住	5年前、現住市区町村以外の所に住んでいた者の割合（％）	25.1	1.9	46
c2：地域外就業	居住市区町村外で就業している者の割合（％）	35.8	2.6	21
c3：環境の悩み	生活環境に関する悩みがある者の割合（％）	5.8	2.9	12

　多くの指標が、全国値を下回っています。単身率は全国で最下位です。単身者は全体のわずか7％、東京の31％と比べると、差が明らかです。一方で、離婚率に象徴される、家族解体の頻度がやや高くなっています。家族関係の悩みを持つ者の率が少ないことと併せて考えると、このことはやや不可解です。職場の指標では、失業率が全国値を凌駕しています。しかし、過労気味の青年や、仕事の悩みを持つ青年は比較的少ないようです。最後に、地域の指標をみると、どれも全国値より低くなっています。短期居住率は46位です。自地域に長く居続ける青年が多いようです。下の要約図をみると、3項とも凹んでいます。

鳥取

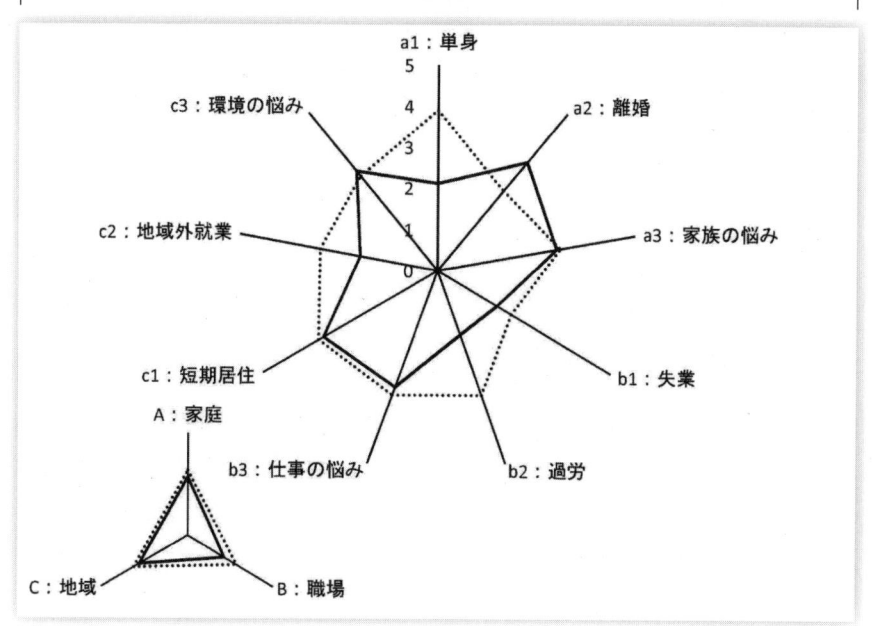

	指標の定義	実値	スコア	順位
a1：単身	単身者が人口に占める割合(%)	10.9	2.1	38
a2：離婚	離婚者が有配偶人口に占める割合(‰)	26.0	3.4	7
a3：家族の悩み	家族の人間関係に関する悩みのある者の割合(%)	7.5	3.0	27
b1：失業	完全失業者が労働人口に占める割合(%)	6.4	1.7	33
b2：過労	週60時間以上就労している者が就労者に占める割合(%)	10.3	1.7	41
b3：仕事の悩み	仕事に関する悩みのある者の割合(%)	28.4	3.0	24
c1：短期居住	5年前、現住市区町村以外の所に住んでいた者の割合(%)	30.0	3.3	24
c2：地域外就業	居住市区町村外で就業している者の割合(%)	26.9	1.9	36
c3：環境の悩み	生活環境に関する悩みがある者の割合(%)	6.0	3.1	9

　山陰地方の鳥取にきました。家庭の指標をみると、離婚率が高くなっています。職場の指標では、失業率と過労率がかなり低いことが注目されます。そのことと連動してか、仕事の悩みを持つ青年の比率も全国値より低くなっています。当県では、青年の職場環境の歪みは、比較的少ないようです。最後に、地域の部分をみると、短期居住者や地域外就業者はあまり多くなく、青年と地域社会の乖離が小さいことがうかがわれます。ところが、生活環境の悩みを持つ青年がやや多くなっています。実相がどのようなものか、調査が必要かと思います。下の要約図をみると、突き出ている項はありません。結構な型です。

島根

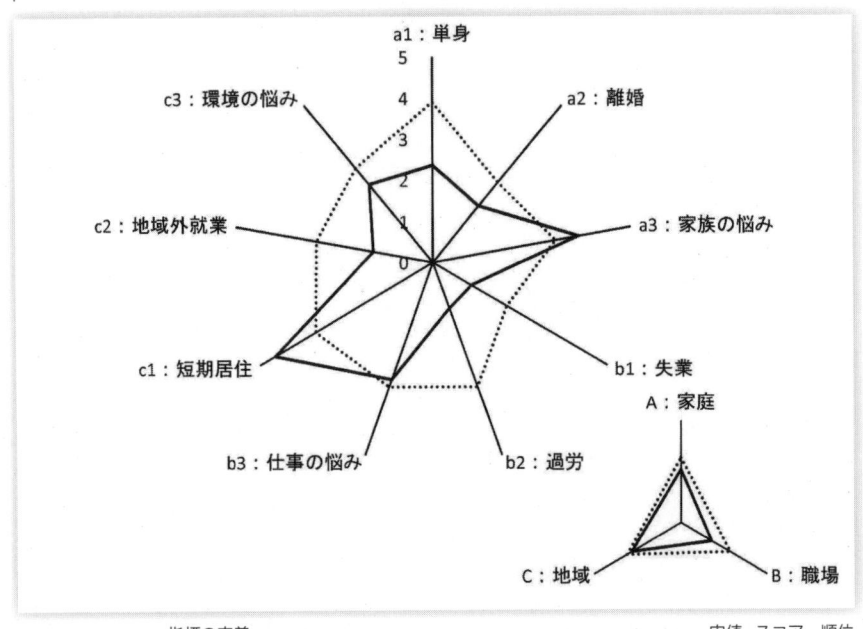

	指標の定義	実値	スコア	順位
a1：単身	単身者が人口に占める割合（%）	11.6	2.4	33
a2：離婚	離婚者が有配偶人口に占める割合（‰）	20.6	1.8	40
a3：家族の悩み	家族の人間関係に関する悩みのある者の割合（%）	8.1	3.7	12
b1：失業	完全失業者が労働人口に占める割合（%）	5.2	1.1	46
b2：過労	週60時間以上就労している者が就労者に占める割合（%）	9.4	1.2	43
b3：仕事の悩み	仕事に関する悩みのある者の割合（%）	28.4	3.0	22
c1：短期居住	5年前、現住市区町村以外の所に住んでいた者の割合（%）	34.6	4.6	6
c2：地域外就業	居住市区町村外で就業している者の割合（%）	21.4	1.5	42
c3：環境の悩み	生活環境に関する悩みがある者の割合（%）	5.4	2.5	25

　家庭環境の状況をみると、単身率や離婚率は低いのですが、家族に関する悩みを持つ青年の比率が高くなっています。家族密度が高い故の悩みということでしょうか。次に、職場の指標をみると、失業率と過労率がかなり低いことが注目されます。失業率は、全国で下から2位です。相対的な傾向ではありますが、職のない青年も少なければ、働きすぎの青年も少ない。当県では、若者に関する固有の労働施策でも策定しているのでしょうか。興味をひきます。最後に、地域社会の部分をみると、短期居住率のみが高くなっています。下の要約図によると、当県では、職場環境の歪みが小さいことが明らかです。

岡山

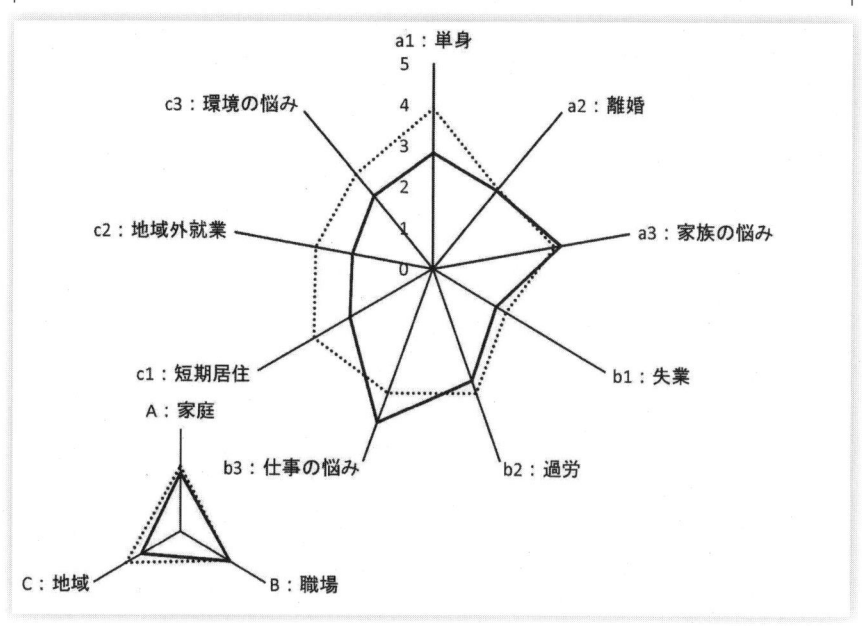

	指標の定義	実値	スコア	順位
a1：単身	単身者が人口に占める割合（％）	13.1	2.8	19
a2：離婚	離婚者が有配偶人口に占める割合（‰）	22.9	2.5	24
a3：家族の悩み	家族の人間関係に関する悩みのある者の割合（％）	7.7	3.2	19
b1：失業	完全失業者が労働人口に占める割合（％）	6.6	1.8	29
b2：過労	週60時間以上就労している者が就労者に占める割合（％）	12.6	2.9	18
b3：仕事の悩み	仕事に関する悩みのある者の割合（％）	30.4	4.0	5
c1：短期居住	5年前、現住市区町村以外の所に住んでいた者の割合（％）	26.9	2.4	41
c2：地域外就業	居住市区町村外で就業している者の割合（％）	28.1	2.0	33
c3：環境の悩み	生活環境に関する悩みがある者の割合（％）	5.3	2.3	29

　家庭環境の指標をみると、家族に関する悩みの持つ青年の比率が、全国値を凌駕しています。次に、職場環境の指標をみると、失業率と過労率は低いのですが、仕事の悩みを持つ青年が多いようです。その比率は30％、全国で5位です。失職や長時間労働とは、違った質の悩みであると思われます。詳しい解明が待たれるかと思います。最後に、地域の部分をみると、3つの指標とも、全国水準より低くなっています。地域社会が、青年の活動の場となるための条件が比較的備わっているようです。当県の青年のボランティア活動実施率が高いことは、こうした基盤条件によるのかもしれません。

広島

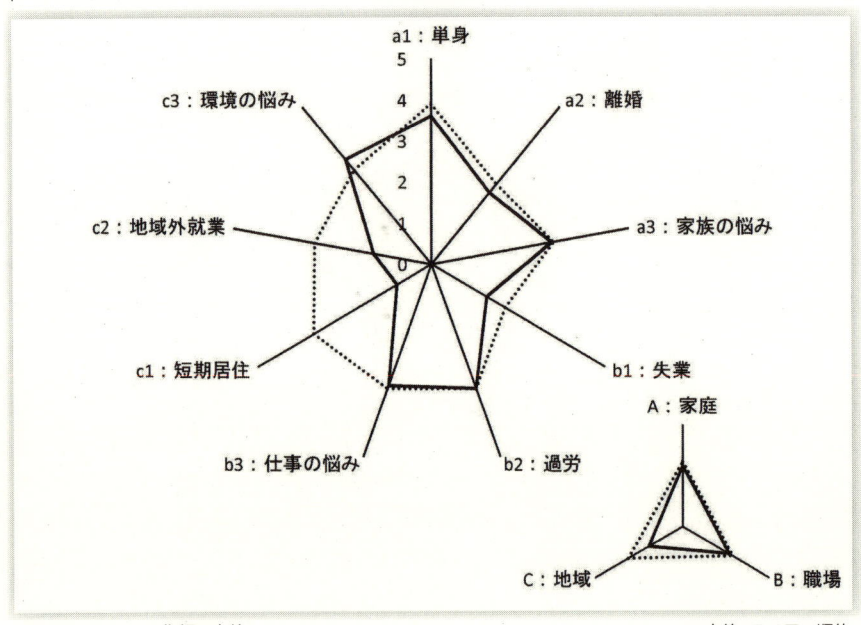

指標の定義		実値	スコア	順位
a1：単身	単身者が人口に占める割合（%）	15.5	3.6	11
a2：離婚	離婚者が有配偶人口に占める割合（‰）	22.2	2.3	30
a3：家族の悩み	家族の人間関係に関する悩みのある者の割合（%）	7.5	3.1	25
b1：失業	完全失業者が労働人口に占める割合（%）	6.1	1.6	35
b2：過労	週60時間以上就労している者が就労者に占める割合（%）	13.2	3.2	10
b3：仕事の悩み	仕事に関する悩みのある者の割合（%）	28.6	3.2	18
c1：短期居住	5年前、現住市区町村以外の所に住んでいた者の割合（%）	22.1	1.0	47
c2：地域外就業	居住市区町村外で就業している者の割合（%）	20.8	1.5	43
c3：環境の悩み	生活環境に関する悩みがある者の割合（%）	6.1	3.3	6

　中国地方の中枢県の広島にきました。家庭の指標をみると、単身率の相対順位が11位と高い位置にあります。職場の指標では、失業率は低いのですが、過労率と、仕事の悩みを持つ青年の比率の相対順位が高くなっています。これら2つの指標は、連鎖している可能性もあります。最後に、地域社会の部分をみると、短期居住率は全国で最下位です。自地域に5年以上居住している青年の比率が、全国で最も高いことになります。また、地域外就業率も低く、青年と地域社会を結びつける基盤的条件がかなり強固であることをうかがわせます。その一方で、環境の悩みをもつ青年が多いことがやや気になります。

山口

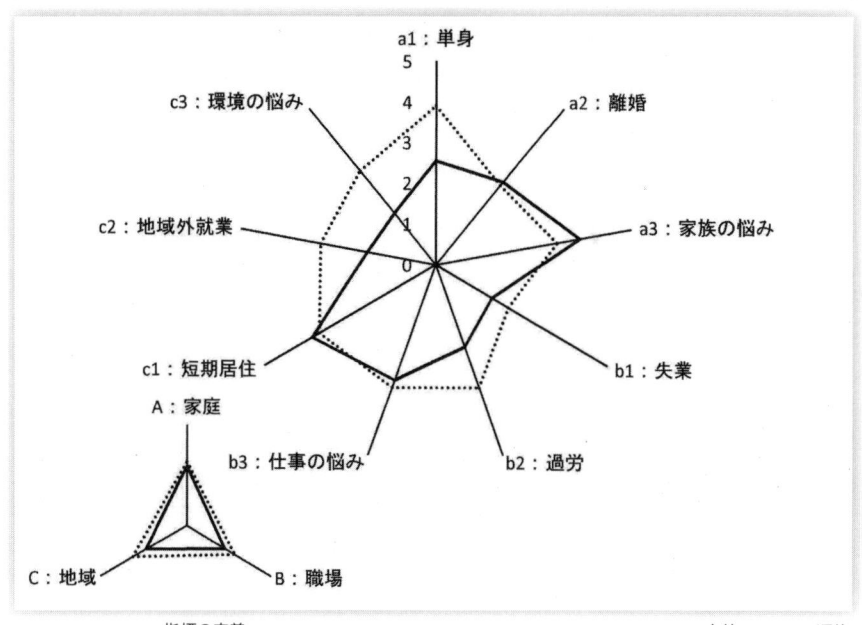

	指標の定義	実値	スコア	順位
a1：単身	単身者が人口に占める割合(%)	12.2	2.5	29
a2：離婚	離婚者が有配偶人口に占める割合(‰)	23.4	2.6	22
a3：家族の悩み	家族の人間関係に関する悩みのある者の割合(%)	8.1	3.7	12
b1：失業	完全失業者が労働人口に占める割合(%)	6.2	1.6	34
b2：過労	週60時間以上就労している者が就労者に占める割合(%)	11.2	2.2	31
b3：仕事の悩み	仕事に関する悩みのある者の割合(%)	28.4	3.0	22
c1：短期居住	5年前、現住市区町村以外の所に住んでいた者の割合(%)	31.2	3.6	14
c2：地域外就業	居住市区町村外で就業している者の割合(%)	24.6	1.8	37
c3：環境の悩み	生活環境に関する悩みがある者の割合(%)	4.7	1.6	40

　家庭環境の指標をみると、離婚率と、家族の悩みを持つ青年の比率が全国値より高くなっています。次に、職場環境の指標をみると、3つの指標とも、全国水準より低い位置にあります。青年の生活の大きな部分を占める職場環境に歪みが少ないことは、結構なことです。最後に、地域社会の部分をみると、短期居住率がやや高いのですが、あとの2つの指標は、値がかなり低くなっています。下の要約図によると、職場と地域の項が凹んでいます。今後は、家族に関する青年の悩みの実相を明らかにするなど、家庭の部分に重点をおいた施策が要請されることになるかと思います。

徳島

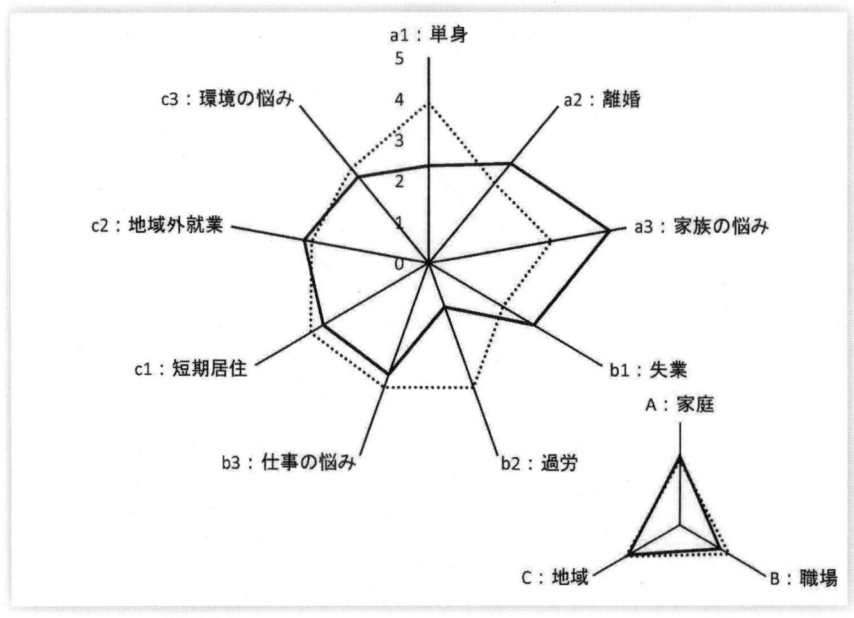

	指標の定義	実値	スコア	順位
a1：単身	単身者が人口に占める割合(%)	11.6	2.4	32
a2：離婚	離婚者が有配偶人口に占める割合(‰)	25.1	3.2	13
a3：家族の悩み	家族の人間関係に関する悩みのある者の割合(%)	9.0	4.6	3
b1：失業	完全失業者が労働人口に占める割合(%)	8.9	3.0	5
b2：過労	週60時間以上就労している者が就労者に占める割合(%)	9.4	1.1	44
b3：仕事の悩み	仕事に関する悩みのある者の割合(%)	28.1	2.9	26
c1：短期居住	5年前、現住市区町村以外の所に住んでいた者の割合(%)	29.2	3.0	30
c2：地域外就業	居住市区町村外で就業している者の割合(%)	42.1	3.2	16
c3：環境の悩み	生活環境に関する悩みがある者の割合(%)	5.6	2.7	15

　まず、家庭の指標をみると、単身率は低いのですが、離婚率と、家族の悩みを有する青年の比率が高くなっています。後者は、全国で3位です。この悩みの内実を明らかにして、対策を講じる必要があるかと思います。次に、職場環境に目を移すと、過労率が低い一方で、失業率が高い水準にあります。当県の失業率は、全国で5位です。当県の場合、職場の問題は、失職という側面に集中しているようです。最後に、地域社会の指標をみると、地域外就業率が全国値を上回っています。下の要約図によると、当県の図形は、全国のものとほぼ重なっています。家庭や地域の項を、より凹ませる余地はあるかと思われます。

香川

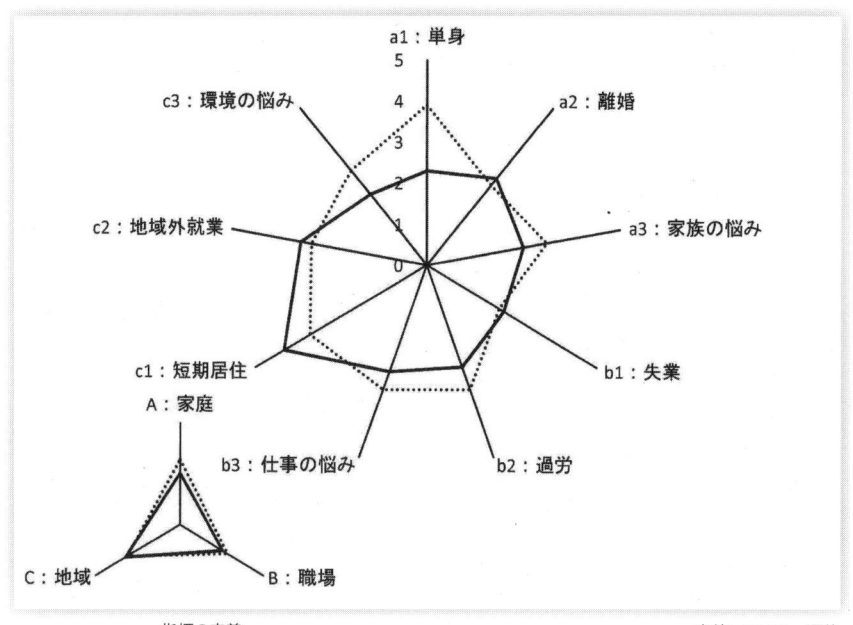

	指標の定義	実値	スコア	順位
a1：単身	単身者が人口に占める割合(%)	11.4	2.3	35
a2：離婚	離婚者が有配偶人口に占める割合(‰)	23.7	2.7	20
a3：家族の悩み	家族の人間関係に関する悩みのある者の割合(%)	7.0	2.5	34
b1：失業	完全失業者が労働人口に占める割合(%)	7.4	2.3	19
b2：過労	週60時間以上就労している者が就労者に占める割合(%)	12.1	2.6	23
b3：仕事の悩み	仕事に関する悩みのある者の割合(%)	27.8	2.8	31
c1：短期居住	5年前、現住市区町村以外の所に住んでいた者の割合(%)	33.1	4.1	8
c2：地域外就業	居住市区町村外で就業している者の割合(%)	43.1	3.2	13
c3：環境の悩み	生活環境に関する悩みがある者の割合(%)	5.2	2.2	33

　家庭環境の指標では離婚率、職場環境の指標では失業率が、全国値を凌駕しています。家族解体と失職という、外的な形態面において、やや問題があることを示唆します。職場環境の他の指標は、値が低く、当県の職場環境の問題は、失職という側面に集中していることがうかがえます。地域環境の指標では、短期居住率と地域外就業率が高くなっています。青年をして、地域社会から乖離せしめる基盤条件があることが懸念されます。今後、この傾向がますます進んでいくならば、人為的な青年集団の創造などの施策が求められるかもしれません。下の要約図をみると、地域社会の項がやや突き出ています。

愛媛

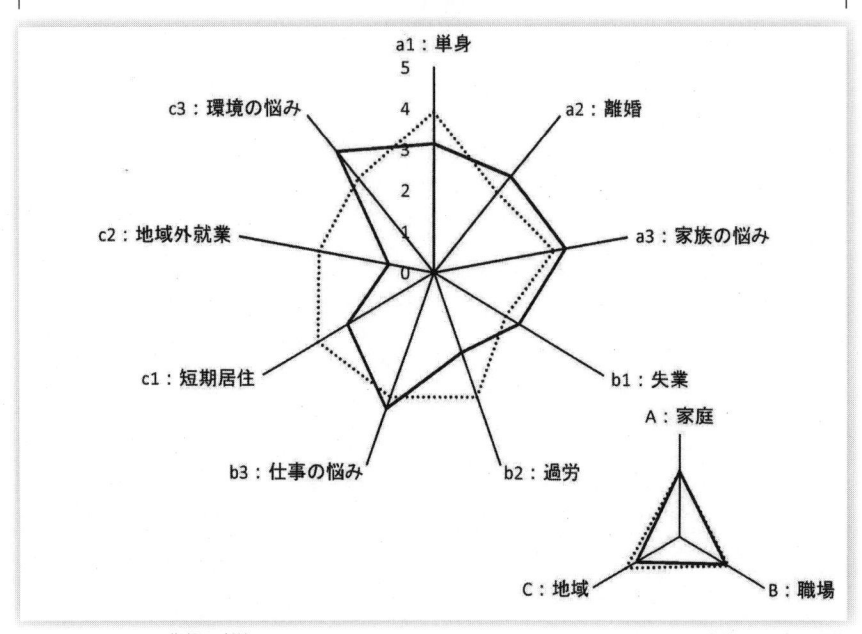

	指標の定義	実値	スコア	順位
a1：単身	単身者が人口に占める割合(%)	14.0	3.1	13
a2：離婚	離婚者が有配偶人口に占める割合(‰)	24.7	3.1	14
a3：家族の悩み	家族の人間関係に関する悩みのある者の割合(%)	7.8	3.4	17
b1：失業	完全失業者が労働人口に占める割合(%)	7.9	2.5	11
b2：過労	週60時間以上就労している者が就業者に占める割合(%)	11.1	2.1	35
b3：仕事の悩み	仕事に関する悩みのある者の割合(%)	29.4	3.5	11
c1：短期居住	5年前、現住市区町村以外の所に住んでいた者の割合(%)	27.5	2.5	38
c2：地域外就業	居住市区町村外で就業している者の割合(%)	17.0	1.2	46
c3：環境の悩み	生活環境に関する悩みがある者の割合(%)	6.5	3.8	4

　家庭の指標をみると、離婚率と、家族の悩みを持つ青年の比率が全国値より高くなっています。次に、職場の指標をみると、過労率は低いのですが、失業率と、仕事の悩みを有する青年の比率がやや高い位置にあります。最後に、地域社会の部分をみると、まず、地域外就業率が大変低いことが注目されます。全国で最下位です。短期居住率も低く、当県では、青年と地域社会を結びつける外的な条件が強固であることがうかがえます。それだけに、自地域の生活問題に敏感になり、生活環境に関する悩みも多い、ということになるのかもしれません。最後の指標については、こうした逆の読み方もできるかと思います。

高知

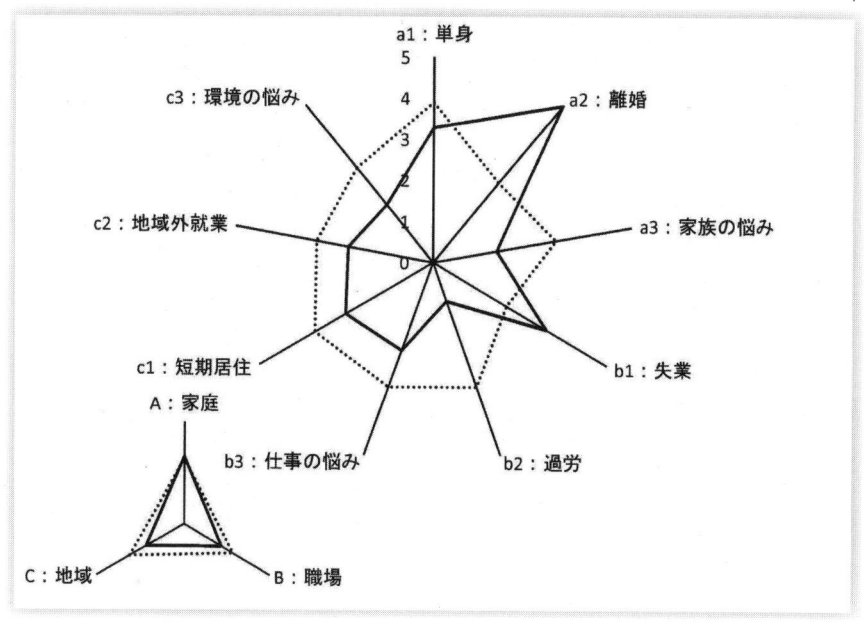

	指標の定義	実値	スコア	順位
a1：単身	単身者が人口に占める割合(%)	14.5	3.3	12
a2：離婚	離婚者が有配偶人口に占める割合(‰)	31.0	5.0	1
a3：家族の悩み	家族の人間関係に関する悩みのある者の割合(%)	6.1	1.6	45
b1：失業	完全失業者が労働人口に占める割合(%)	9.4	3.3	4
b2：過労	週60時間以上就労している者が就労者に占める割合(%)	9.1	1.0	47
b3：仕事の悩み	仕事に関する悩みのある者の割合(%)	26.8	2.3	38
c1：短期居住	5年前、現住市区町村以外の所に住んでいた者の割合(%)	27.4	2.5	39
c2：地域外就業	居住市区町村外で就業している者の割合(%)	29.7	2.2	29
c3：環境の悩み	生活環境に関する悩みがある者の割合(%)	4.9	1.8	38

　家庭環境の指標をみると、家族の悩みを持つ青年の比率は低い一方で、離婚率が高くなっています。全国で1位です。次に、職場の部分に目を転じると、失業率の高さが目につきます。全国で4位です。2章のカルテでみたように、当県のニート率は高いのですが、働こうにも職がない、そして就職活動を断念してしまう、というサイクルの存在を示唆します。しかるに、失業率が高い反面、過労率や、仕事の悩みを有する青年が少ないことは注視されます。地域社会の指標は、どれも値が低い水準にあります。当県の場合、家族解体や失職のような、可視的な形態面の問題兆候が際立っています。

福岡

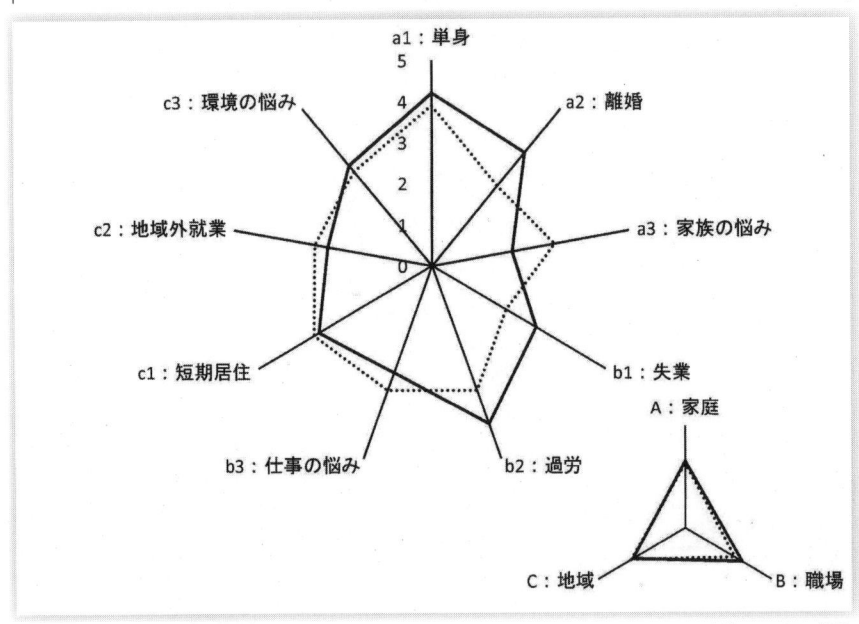

指標の定義		実値	スコア	順位
a1：単身	単身者が人口に占める割合（％）	17.4	4.2	4
a2：離婚	離婚者が有配偶人口に占める割合（‰）	26.5	3.6	6
a3：家族の悩み	家族の人間関係に関する悩みのある者の割合（％）	6.5	2.0	43
b1：失業	完全失業者が労働人口に占める割合（％）	8.8	3.0	6
b2：過労	週60時間以上就労している者が就労者に占める割合（％）	14.8	4.1	3
b3：仕事の悩み	仕事に関する悩みのある者の割合（％）	27.8	2.8	30
c1：短期居住	5年前、現住市区町村以外の所に住んでいた者の割合（％）	30.0	3.3	23
c2：地域外就業	居住市区町村外で就業している者の割合（％）	35.5	2.6	22
c3：環境の悩み	生活環境に関する悩みがある者の割合（％）	6.0	3.2	8

　九州地方にきました。全国でも有数の大都市県、福岡の様相をみてみましょう。まず、家庭環境の指標をみると、単身率と離婚率が高くなっています。一人身の青年も多ければ、家族解体も多い。一方で、家族の悩みを持つ青年は少ないようです。次に、職場の部分をみると、ここでも、失職と過労という、対極の状態にある青年がそれぞれ多くなっています。最後に、地域社会の指標をみると、生活環境の悩みを持つ青年がやや多くなっています。比率は、全国で8位です。大都市ゆえの、騒音や公害問題があるのでしょうか。下の要約図をみると、3つの場のうち、職場環境の歪みが最も大きいことがうかがわれます。

佐賀

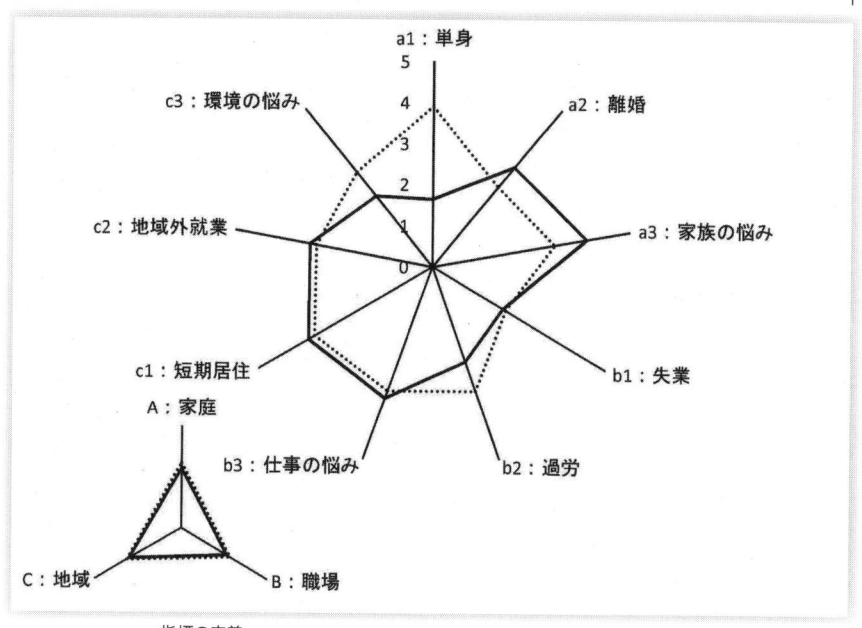

	指標の定義	実値	スコア	順位
a1：単身	単身者が人口に占める割合(%)	9.4	1.6	44
a2：離婚	離婚者が有配偶人口に占める割合(‰)	25.1	3.2	12
a3：家族の悩み	家族の人間関係に関する悩みのある者の割合(%)	8.3	3.9	11
b1：失業	完全失業者が労働人口に占める割合(%)	7.0	2.0	25
b2：過労	週60時間以上就労している者が就労者に占める割合(%)	11.8	2.5	28
b3：仕事の悩み	仕事に関する悩みのある者の割合(%)	29.2	3.4	14
c1：短期居住	5年前、現住市区町村以外の所に住んでいた者の割合(%)	31.1	3.6	16
c2：地域外就業	居住市区町村外で就業している者の割合(%)	41.8	3.1	18
c3：環境の悩み	生活環境に関する悩みがある者の割合(%)	5.2	2.2	34

　家庭環境の指標をみると、単身率は低いのですが、離婚率と、家族の悩みを持つ青年の比率が高い水準にあります。職場の指標では、仕事の悩みを有する青年の比率が、全国値より高くなっています。失職や過労とは、質を異にするものも多いと推測されます。最後に、地域の指標をみると、短期居住率と地域外就業率がやや高い位置にあります。大都市の福岡への通勤者も少なくないことでしょう。今後、こうした条件に由来する、青年と地域社会の乖離が進んでいくかもしれない、ということを認識しておく必要があるかと思います。下の要約図は、全国のものとほぼ重なっています。

長崎

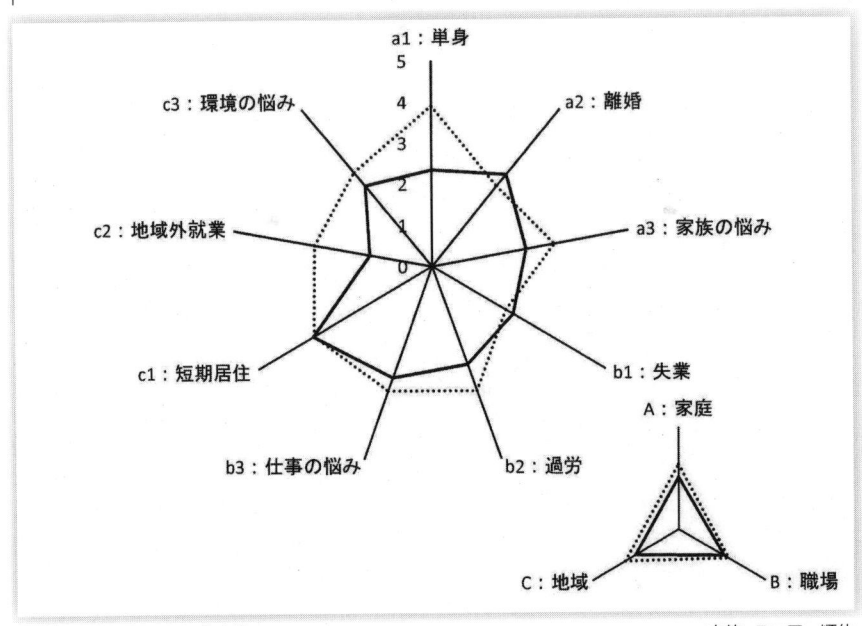

	指標の定義	実値	スコア	順位
a1：単身	単身者が人口に占める割合（％）	11.6	2.3	34
a2：離婚	離婚者が有配偶人口に占める割合（‰）	24.2	2.9	18
a3：家族の悩み	家族の人間関係に関する悩みのある者の割合（％）	6.8	2.4	38
b1：失業	完全失業者が労働人口に占める割合（％）	7.6	2.3	16
b2：過労	週60時間以上就労している者が就労者に占める割合（％）	12.0	2.5	26
b3：仕事の悩み	仕事に関する悩みのある者の割合（％）	28.1	2.9	27
c1：短期居住	5年前、現住市区町村以外の所に住んでいた者の割合（％）	30.6	3.4	22
c2：地域外就業	居住市区町村外で就業している者の割合（％）	22.1	1.6	40
c3：環境の悩み	生活環境に関する悩みがある者の割合（％）	5.5	2.6	23

　家族の指標では、お隣の佐賀と同様、離婚率が高くなっています。しかし、家族の悩みを有する青年は多くはないようです。次に、職場の指標に目を移すと、失業率が全国値を上回っています。過労や仕事関係の悩みは、それほど多くないようです。当県の場合、職場環境の歪みは、もっぱら失職に集中していることがうかがわれます。最後に、地域社会の部分をみると、短期居住率がやや高いだけで、他の2指標は、値が低くなっています。地域外就業が少ないのは、地理的に閉ざされた離島などが多いためでしょうか。下の要約図をみると、家庭、職場、そして地域社会とも、際立った歪みは見受けられません。

熊本

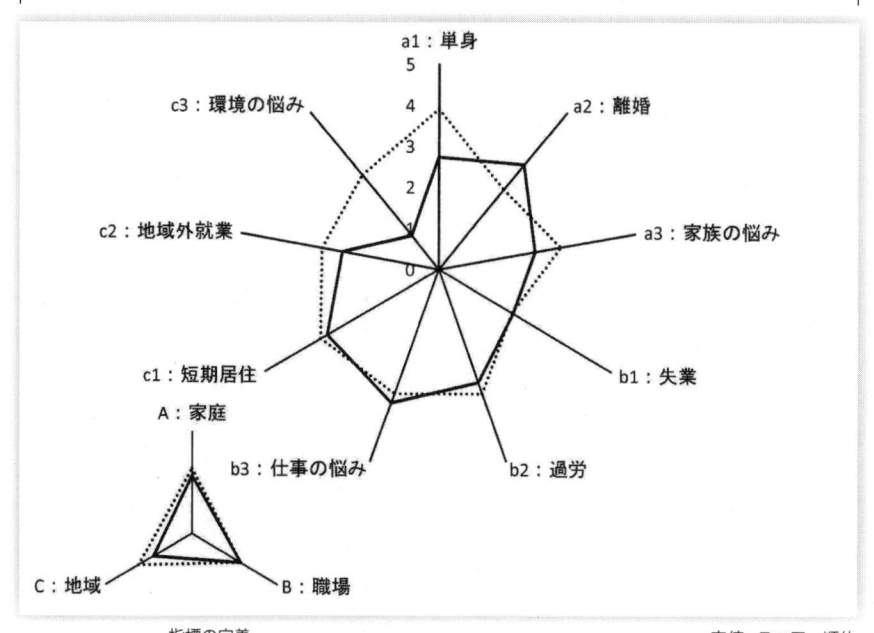

	指標の定義	実値	スコア	順位
a1：単身	単身者が人口に占める割合(%)	12.8	2.7	21
a2：離婚	離婚者が有配偶人口に占める割合(‰)	25.6	3.3	10
a3：家族の悩み	家族の人間関係に関する悩みのある者の割合(%)	6.9	2.5	36
b1：失業	完全失業者が労働人口に占める割合(%)	7.2	2.2	22
b2：過労	週60時間以上就労している者が就労者に占める割合(%)	12.7	2.9	17
b3：仕事の悩み	仕事に関する悩みのある者の割合(%)	29.3	3.5	12
c1：短期居住	5年前、現住市区町村以外の所に住んでいた者の割合(%)	29.8	3.2	26
c2：地域外就業	居住市区町村外で就業している者の割合(%)	33.3	2.5	26
c3：環境の悩み	生活環境に関する悩みがある者の割合(%)	4.3	1.1	45

　家庭環境の指標をみると、長崎と同じく、離婚率が高い一方で、家族関係の悩みが少ない、という傾向がみられます。職場の指標をみると、他の九州の県に比して、3指標の値が高い位置にあります。仕事の悩みを持つ青年の比率は29.3％、九州の県で唯一、全国値を凌駕しています。このことの内実を解明する必要があるかと思います。最後に、地域の指標をみると、こちらは、3指標とも、値が低くなっています。とくに、環境の悩みが少ないことが注目されます。当県の場合、職場環境の歪みに重点をおいて、青年の生活環境を点検することが要請されるかと思います。

大分

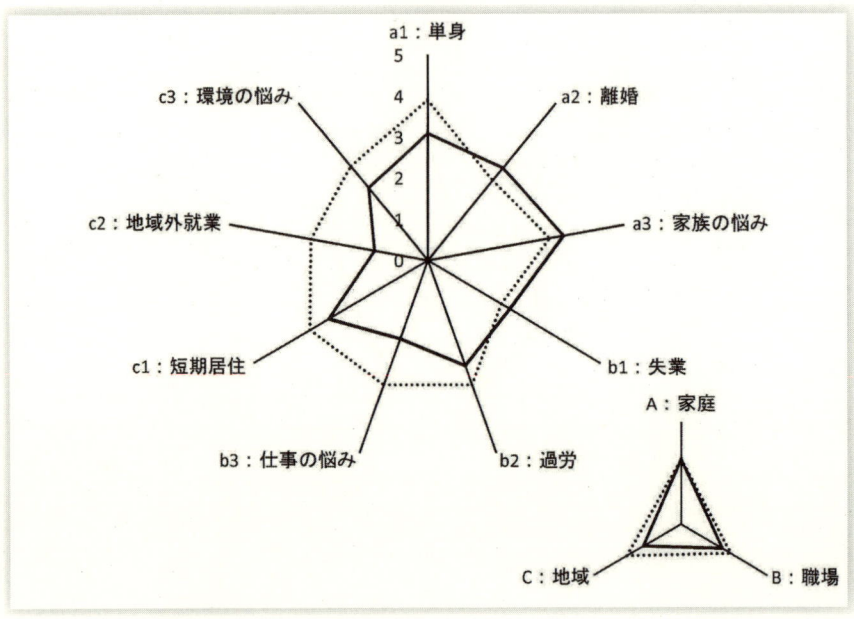

指標の定義	実値	スコア	順位
a1：単身	単身者が人口に占める割合（%）	13.9	3.1	14
a2：離婚	離婚者が有配偶人口に占める割合（‰）	24.3	2.9	17
a3：家族の悩み	家族の人間関係に関する悩みのある者の割合（%）	7.9	3.5	16
b1：失業	完全失業者が労働人口に占める割合（%）	7.6	2.4	15
b2：過労	週60時間以上就労している者が就労者に占める割合（%）	12.3	2.7	20
b3：仕事の悩み	仕事に関する悩みのある者の割合（%）	26.3	2.0	42
c1：短期居住	5年前、現住市区町村以外の所に住んでいた者の割合（%）	28.6	2.9	32
c2：地域外就業	居住市区町村外で就業している者の割合（%）	19.4	1.3	45
c3：環境の悩み	生活環境に関する悩みがある者の割合（%）	5.3	2.3	29

　家庭の指標をみると、離婚率と、家族関連の悩みを有する青年の率が高くなっています。職場の指標では、失業率のみが全国値を凌駕しています。お隣の熊本とは違って、仕事関係の悩みは少ないようです。当県の場合、職場環境の問題は、失職という側面に集中していることがうかがわれます。最後に、地域社会の部分をみると、見事に3指標とも低くなっています。地域外就業率は45位です。青年と地域社会が強く結びつくための基盤条件が備わっています。下の要約図をみると、家庭の項がやや突き出ています。この部分の歪みの是正に、力点をおくことが肝要かと思います。

宮崎

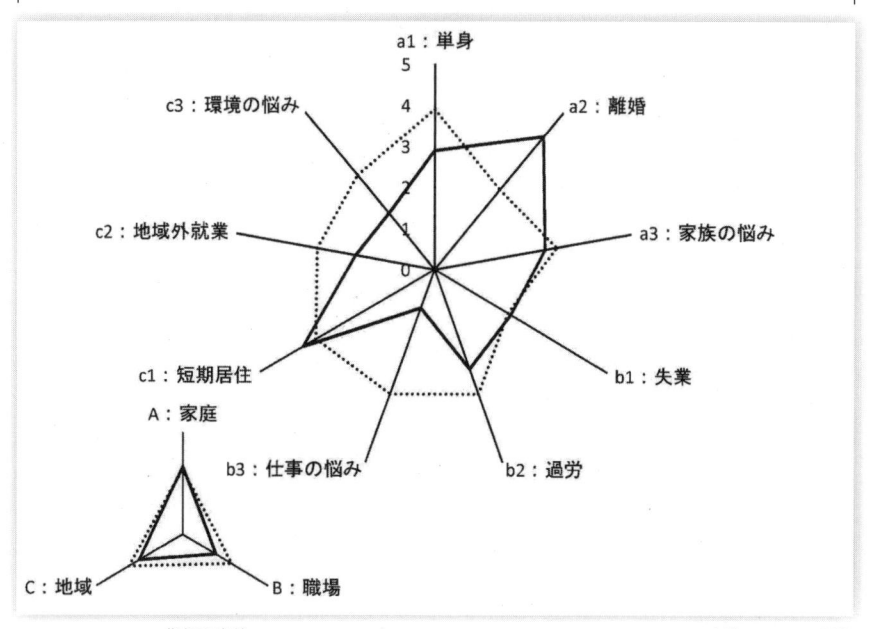

	指標の定義	実値	スコア	順位
a1：単身	単身者が人口に占める割合(%)	13.3	2.9	17
a2：離婚	離婚者が有配偶人口に占める割合(‰)	28.5	4.2	5
a3：家族の悩み	家族の人間関係に関する悩みのある者の割合(%)	7.3	2.8	30
b1：失業	完全失業者が労働人口に占める割合(%)	7.3	2.2	20
b2：過労	週60時間以上就労している者が就労者に占める割合(%)	12.0	2.6	24
b3：仕事の悩み	仕事に関する悩みのある者の割合(%)	24.2	1.0	47
c1：短期居住	5年前、現住市区町村以外の所に住んでいた者の割合(%)	31.8	3.8	12
c2：地域外就業	居住市区町村外で就業している者の割合(%)	27.6	2.0	35
c3：環境の悩み	生活環境に関する悩みがある者の割合(%)	4.8	1.8	39

　家庭環境の指標をみると、家族解体の指標である離婚率が高くなっています。全国で5位です。職場の指標では、値が高いものはありません。仕事の悩みを有する青年の比率が、全国で最も小さいことが注目されます。相対評価ではありますが、当県の場合、職場のメンタルヘルスの問題が最も軽い、ということになります。最後に、地域の指標をみると、こちらも、短期居住率がやや高いだけで、残りの2指標は低い水準にあります。流入青年を、うまく地域社会につなぎとめることができれば、しめたものです。下の要約図をみると、離婚率の高さのゆえ、家庭の項が突き出ています。

鹿児島

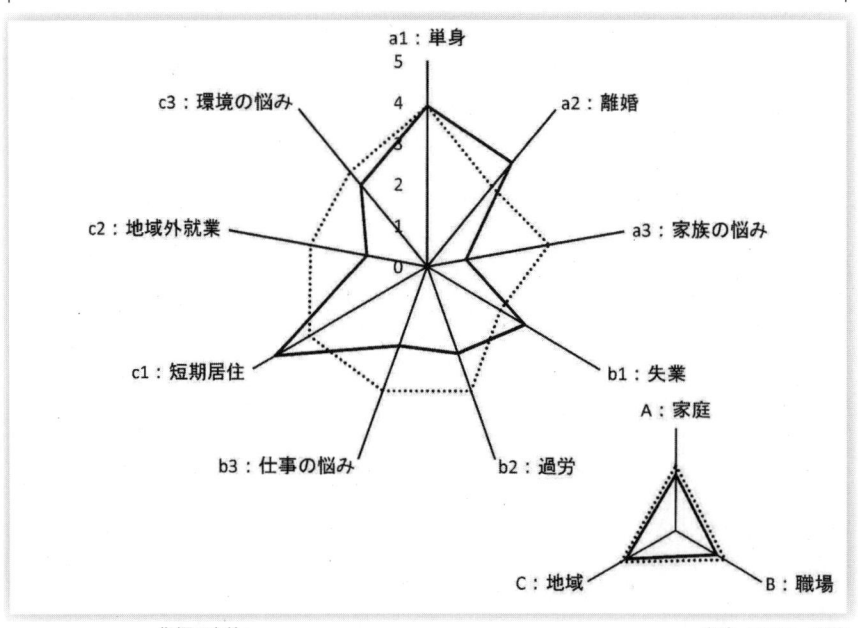

	指標の定義	実値	スコア	順位
a1：単身	単身者が人口に占める割合（％）	16.5	3.9	7
a2：離婚	離婚者が有配偶人口に占める割合（‰）	25.5	3.3	11
a3：家族の悩み	家族の人間関係に関する悩みのある者の割合（％）	5.5	1.0	47
b1：失業	完全失業者が労働人口に占める割合（％）	8.5	2.8	8
b2：過労	週60時間以上就労している者が就労者に占める割合（％）	11.4	2.2	29
b3：仕事の悩み	仕事に関する悩みのある者の割合（％）	26.4	2.1	41
c1：短期居住	5年前、現住市区町村以外の所に住んでいた者の割合（％）	33.9	4.4	7
c2：地域外就業	居住市区町村外で就業している者の割合（％）	21.6	1.5	41
c3：環境の悩み	生活環境に関する悩みがある者の割合（％）	5.5	2.6	20

　家庭の指標をみると、単身率と離婚率が高い位置にあります。一人身が多い、家族解体が多いというように、形態面の指標が高いことと裏腹に、家族関連の悩みを持つ青年が、全国で最も少ないことが注目されます。職場の指標では、失業率がやや高くなっています。過労や仕事の悩みというような、労働の内実の側面を表わす2指標は、値が高くはありません。最後に、地域の指標をみると、宮崎と同じく、短期居住率が高い位置にあります。しかし、地域外就業率は低く、青年が地域で過ごす時間は比較的長いほうであると推測されます。このような基盤条件の活用が求められます。

沖縄

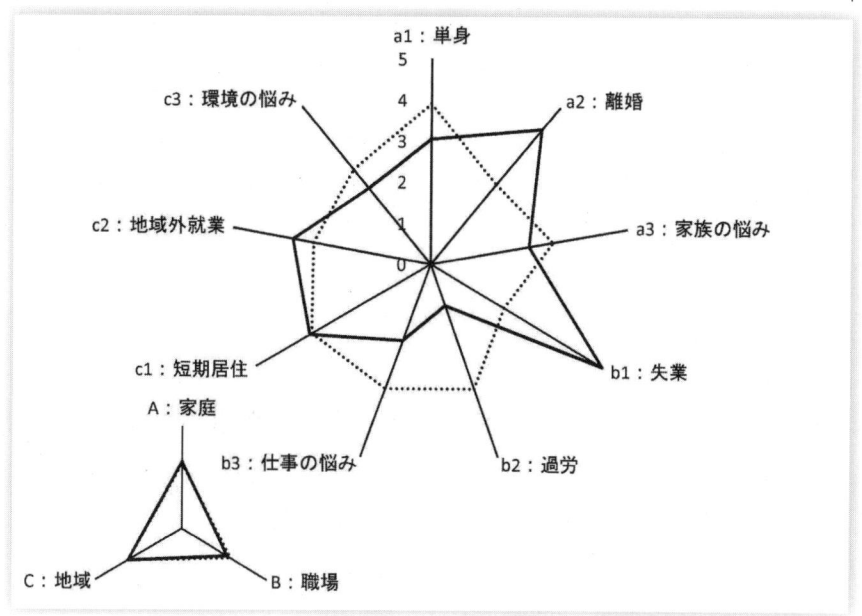

	指標の定義	実値	スコア	順位
a1：単身	単身者が人口に占める割合(%)	13.8	3.0	15
a2：離婚	離婚者が有配偶人口に占める割合(‰)	28.7	4.3	4
a3：家族の悩み	家族の人間関係に関する悩みのある者の割合(%)	7.0	2.5	35
b1：失業	完全失業者が労働人口に占める割合(%)	12.7	5.0	1
b2：過労	週60時間以上就労している者が就労者に占める割合(%)	9.2	1.1	45
b3：仕事の悩み	仕事に関する悩みのある者の割合(%)	26.2	2.0	44
c1：短期居住	5年前、現住市区町村以外の所に住んでいた者の割合(%)	30.7	3.5	21
c2：地域外就業	居住市区町村外で就業している者の割合(%)	46.3	3.5	10
c3：環境の悩み	生活環境に関する悩みがある者の割合(%)	5.3	2.4	26

　まず、家庭環境の指標をみると、離婚率の高さが目につきます。全国で4位です。職場の指標では、何といっても、失業率の突出が目立っています。全国で最高です。しかし、過労や仕事の悩みなど、労働の内実の問題を示す指標の値は低くなっています。当県の場合、職場環境の問題は、もっぱら失職という側面に集中しているようです。最後に、地域社会の部分をみると、地域外就業率が少しばかり高い位置にあります。当県の場合、離婚率や失業率という、外的な（問題）指標の値が高いにもかかわらず、そのことが、青年の主観的な悩みにつながっていないことが特徴です。

4 まとめ

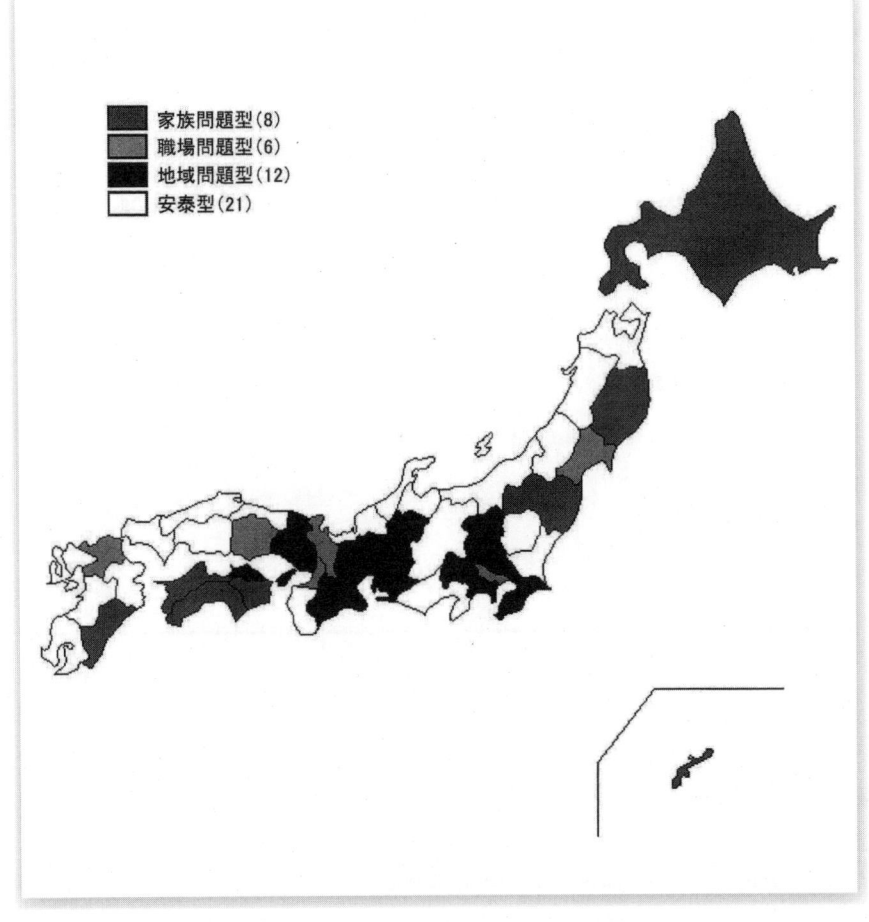

家族問題型(8)
職場問題型(6)
地域問題型(12)
安泰型(21)

　これまで、47都道府県について、青年をとりまく環境がどのようになっているのかを診てきました。癒しの場としての家庭に問題がある県、働く場としての職場に問題がある県、あるいは、自己実現（蘇生）の場としての地域社会に歪みがある県など、多彩なタイプが見出されたと思います。ここで、締めくくりの意味で、前章と同じく、大雑把な類型化をしておこうと思います。各県のカルテの要約図に注目し、家庭の項が最も突き出ている場合は「家庭問題型」、職場の項が最も突き出ている場合は「職場問題型」、地域の項が最も突き出ている場合は「地域問題型」とします。全国値の図形よりも、突出している項が

ない場合は、問題がないという意味で、「安泰型」と名づけます。この方法によって、47都道府県を類型化し、地図上で塗り分けると、左図のようになります。括弧内の数字は、各タイプの数です。

いかがでしょうか。まず、最も多いのは安泰型で21県あります。次に多いのは地域問題型で、その分布をみると、一見して、大都市県の周辺に位置する近郊県の多くが、この型であることが知られます。職場問題型はというと、こちらは、宮城、東京、大阪、そして福岡など、大都市県に多いようです。あと一つの家庭問題型は、四国や九州など、周辺県に多いようです。これらの県は、離婚率が相対的に高いことに由来します。

相対評価ではありますが、青年の生活の場のうち、どの部分に歪みがあるかが、浮き彫りになったことと思います。各県において、自県の状況に即した、政策立案をしていただきたいと存じます。その際、歪みを是正する、という視点だけではなく、好ましいと判断される環境条件を活かす、という見方も重要でありましょう。全国一律の「上から」の政策ではなく、こうした地域レベルの「下から」の実践の集積によって、総体として、目下、誰がみても「厳しい」と判断される、わが国の青年の状況は、好転の方向に向かっていくのではないかと思います。

さて、ここでみた環境の諸指標は、当然、前章で取り上げた、青年のすがたを表わす諸指標と関連していると思います。最後に、この点を明らかにして、本章の議論を終えることにしましょう。まず、手始めにみてみたいのは、過労率と有訴率*8の相関関係です。労働時間が長いことは、心身の健康を損なうことにつながると考えられます。仮にそうであるならば、過労率が高い県ほど、有訴率も高い、という傾向が観察されるはずです。

次頁の図は、横軸に過労率、縦軸に有訴率をとった座標上に、47都道府県をプロットしたものです。このような図を相関図といいます。図をみると、過労率が高い東京、大阪、そして神奈川などの大都市県では、青年の有訴率も高い位置にあります。反対に、過労率が低い沖縄や山形などでは、有訴率が比較的低くなっています。こうみると、先ほど述べた仮説は妥当性を持っているように思えます。事実、各県の散らばりを最も上手く説明する直線（回帰直線）を引くと、図のような右上がりの直線になります。つまり、2つの変数が正の相

*8ーーーー有訴率とは、「病気やけが等で自覚症状のある者」の比率です。12頁を参照ください。

過労率と有訴率の相関

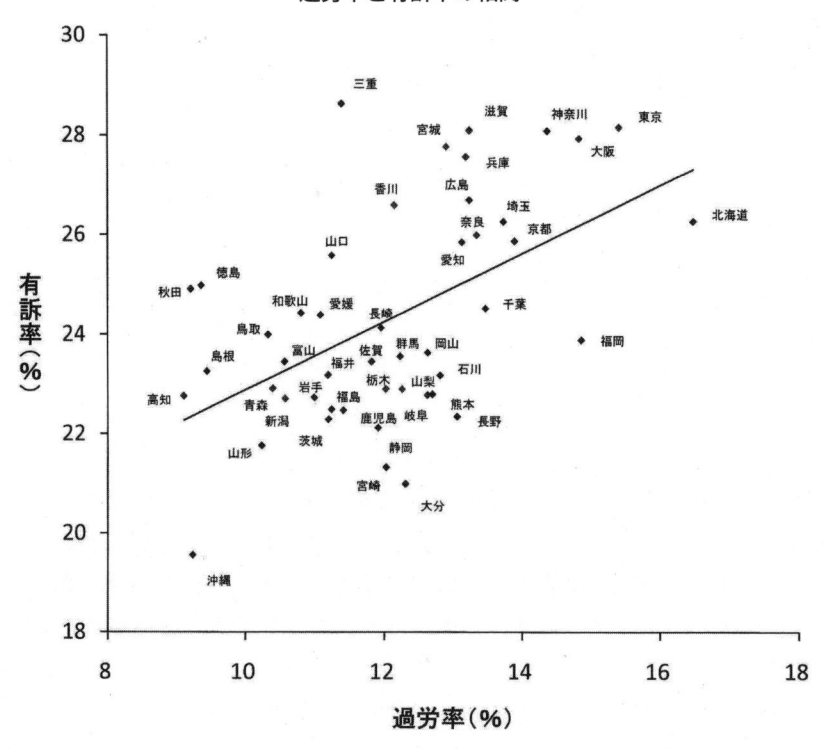

関関係にある、ということです。相関係数*9を計算すると、0.527という数字が得られます。むろん、過労率が高いほど有訴率が高い、という関係が、100％妥当性を持つ、というのではありません。例外もあります。たとえば、沖縄と徳島は、過労率は同水準ですが、有訴率が大きく異なっています。しかるに、傾向として、両変数の間に正の相関関係がみられることは、注目に値すると思います。このことは、環境条件が青年のすがたを規定することの格好の事例です。

では、他の組み合わせについてもみてみましょう。想定される組み合わせの数は、9指標×9指標＝81通りあります。これだけの数の相関図を描くことは、煩雑をきわめますので、それぞれの組み合わせについて、相関係数をのみを掲げることとします。次頁の表は、その一覧です。なお、47というサンプル数

*9————変数間の相関の強度を表すものです。–1から1までの値をとります。–1に近いほど負の相関、1に近いほど正の相関の度合いが強いことを意味します。

	病死	有訴	心の病	学習	スポーツ	ボランティア	犯罪	自殺	ニート
単身	-0.162	0.389	0.287	0.467	0.351	-0.312	0.608	-0.051	-0.189
離婚	0.340	-0.223	-0.119	-0.074	-0.187	0.047	0.177	0.116	0.688
家族悩み	-0.245	0.170	0.573	-0.008	-0.012	0.059	0.039	0.351	-0.141
失業	0.358	-0.106	-0.195	0.014	-0.299	-0.235	0.158	-0.022	0.688
過労	-0.250	0.527	0.348	0.548	0.212	-0.410	0.393	-0.246	-0.363
仕事悩み	-0.333	0.459	0.639	0.079	-0.095	-0.097	0.372	0.077	-0.214
短期居住	-0.099	0.023	0.101	0.249	0.369	0.074	-0.114	-0.081	-0.192
域外就労	-0.166	0.258	-0.089	0.476	0.175	-0.411	0.008	-0.256	-0.208
環境悩み	-0.107	0.521	0.323	0.426	0.063	-0.332	0.507	-0.047	-0.022

を考慮した場合、相関係数の絶対値が0.3を超えれば、当該変数間の相関関係は、統計的に有意であるといえます。その部分には、網かけをしています。

注目される相関関係について、コメントしましょう。まず、病死率は、離婚率や失業率と正の相関にあります。つまり、家族解体や失職が多い県ほど、青年の病死の頻度が高い、ということです。所属集団の喪失（剥奪）は、人間の生にまで影響することが知られます。また、ボランティア活動実施率と地域外就労率の負の相関も興味深いです。青年と地域社会が強く結びついている県ほど、ボランティア活動の頻度が高いようです。地域社会は、各種のボランティア集団が結成され、その活動が展開される舞台であることを考えると、自地域で過ごす時間の長い青年が多い県ほど、ボランティア活動実施率が高い、という傾向は理に適っています。

続いて、逸脱行動の部分に目を転じると、犯罪者出現率は単身率と強い正の相関関係にあります。家族など、愛着の対象を持っている人間は、彼らを悲しませたくないという思いから、犯罪を思いとどまる、という犯罪理論があります[*10]。この説に依拠すると、単身青年が多い県ほど、犯罪者出現率が高い、という傾向も合点がいくような気がします。次に、自殺率の欄をみると、予想に反して、失業率とは無相関で、家族の悩みを持つ青年の比率と関連しています。青年の自殺予防にあたっては、雇用対策と併行して、家族関係（葛藤）の

---

*10────ボンド理論というものです。社会とのボンド（絆）を持っている人間は、犯罪を思いとどまる、という考え方です。近親者への愛着（attachment）は、ここでいうボンドの一つに数えられます。なお、他のボンドとしては、投資、巻き込み、そして規範観念というものが挙げられます。この理論の詳細については、次の文献を参照してください。T.ハーシ（森田洋司・清水新二訳）『非行の原因』文化書房博文社、1995年。

調整など、彼らの生活の内実にまで踏み込んだ施策が求められる、ということでしょうか。最後に、ニート率についてみると、この指標と失業率の強い関連が注目されます。「働きたくないから働かない」ではなく、「働こうにも働けない」という構図がみえてきます。

　表には、他にも、興味深い相関関係がみられますが、コメントはこれくらいにしましょう。ところで、表の中には、「？」というような相関関係がみられます。たとえば、過労率と学習行動実施率の0.548という正の相関関係は、何を意味するのでしょうか。過労気味の青年ほど、気晴らしに学習行動をする、ということでしょうか。このようなことは、あまり考えられません。この相関は、都市性という特性を媒介にした、見かけの相関と考えるべきでしょう*11。表の中には、こうした見かけの相関と思われるものもありますので、ご注意いただきたく思います。

　それはさておき、各県の青年のすがたは、それぞれの環境指標と少なからず関連していることが明らかになりました。前著『47都道府県の子どもたち』でも指摘したことですが、青年の状況を好ましい方向に仕向けて行くには、これらの環境条件のうち、是正が効くものは是正する、是正が効かないものは、それを所与の条件とみなし、その影響力を最小限に抑える、というような見方が肝要であるかと思います。たとえば、環境の指標のうち、過労率は、青年のすがたを表わす指標と強く関連していますが、この指標の値を下げることは、人為的な努力によって可能であると思われます。一方、有訴率や犯罪者出現率と強く関連している単身率は、政策的には、なかなか動かし難いものです。「一人身はよくない、家庭を持て」と命令する権利は、誰にもありません。社会の私事化傾向（privatization）は、抗い難い所与の条件とみるべきでしょう。それならば、同居家族に代わる、青年の心の拠り所となる集団を、職場や地域社会など、他の生活の場で創造していくようなことが求められるでしょう。先にも書きましたが、このような実践的努力を、「上から」降ろしていくのではなく、個々の地域レベルの「下から」積み上げていくことが重要であるかと思います。

＊11―――都市地域ほど過労率が高い。また、都市地域ほど学習行動実施率が高い。よって、過労率が高い地域ほど学習行動実施率が高いという、見かけの相関が出てくることになります。このような相関のことを、専門用語で疑似相関といいます。

5 資料

■[a1] 単身率

	実値	順位		実値	順位		実値	順位
北海道	19.9	2	石川	13.1	18	岡山	13.1	19
青森	10.5	39	福井	9.9	42	広島	15.5	11
岩手	12.8	22	山梨	12.3	27	山口	12.2	29
宮城	16.9	5	長野	12.8	20	徳島	11.6	32
秋田	9.9	43	岐阜	10.3	40	香川	11.4	35
山形	9.9	41	静岡	12.7	23	愛媛	14.0	13
福島	11.8	31	愛知	16.3	8	高知	14.5	12
茨城	12.4	26	三重	11.9	30	福岡	17.4	4
栃木	12.5	24	滋賀	12.5	25	佐賀	9.4	44
群馬	11.4	36	京都	16.9	6	長崎	11.6	34
埼玉	13.5	16	大阪	16.2	9	熊本	12.8	21
千葉	15.7	10	兵庫	12.3	28	大分	13.9	14
東京	30.9	1	奈良	8.7	46	宮崎	13.3	17
神奈川	19.6	3	和歌山	7.4	47	鹿児島	16.5	7
新潟	11.1	37	鳥取	10.9	38	沖縄	13.8	15
富山	9.3	45	島根	11.6	33	全国	16.5	**

■[a2] 離婚率

	実値	順位		実値	順位		実値	順位
北海道	29.1	3	石川	18.5	44	岡山	22.9	24
青森	29.2	2	福井	18.1	47	広島	22.2	30
岩手	24.5	15	山梨	23.5	21	山口	23.4	22
宮城	23.0	23	長野	21.5	38	徳島	25.1	13
秋田	22.3	27	岐阜	18.4	45	香川	23.7	20
山形	21.6	36	静岡	22.1	31	愛媛	24.7	14
福島	25.7	8	愛知	19.5	41	高知	31.0	1
茨城	22.2	28	三重	21.6	37	福岡	26.5	6
栃木	22.4	26	滋賀	18.8	43	佐賀	25.1	12
群馬	22.0	33	京都	22.1	32	長崎	24.2	18
埼玉	21.8	35	大阪	23.9	19	熊本	25.6	10
千葉	22.4	25	兵庫	22.2	29	大分	24.3	17
東京	24.4	16	奈良	21.9	34	宮崎	28.5	5
神奈川	21.5	39	和歌山	25.6	9	鹿児島	25.5	11
新潟	19.4	42	鳥取	26.0	7	沖縄	28.7	4
富山	18.4	46	島根	20.6	40	全国	23.0	**

■[a3] 家族の悩み

	実値	順位		実値	順位		実値	順位
北海道	7.6	23	石川	6.6	41	岡山	7.7	19
青森	7.0	32	福井	6.9	37	広島	7.5	25
岩手	8.8	6	山梨	7.2	31	山口	8.1	12
宮城	8.4	10	長野	8.1	14	徳島	9.0	3
秋田	8.8	4	岐阜	7.0	33	香川	7.0	34
山形	9.3	2	静岡	6.4	44	愛媛	7.8	17
福島	8.5	9	愛知	7.6	21	高知	6.1	45
茨城	7.6	20	三重	7.7	18	福岡	6.5	43
栃木	7.5	24	滋賀	8.7	7	佐賀	8.3	11
群馬	6.7	39	京都	7.4	28	長崎	6.8	38
埼玉	6.6	42	大阪	6.7	39	熊本	6.9	36
千葉	8.8	5	兵庫	9.4	1	大分	7.9	16
東京	8.0	15	奈良	7.5	26	宮崎	7.3	30
神奈川	7.3	29	和歌山	5.8	46	鹿児島	5.5	47
新潟	8.6	8	鳥取	7.5	27	沖縄	7.0	35
富山	7.6	22	島根	8.1	12	全国	7.5	**

■[b1] 失業率

	実値	順位		実値	順位		実値	順位
北海道	8.1	10	石川	5.6	42	岡山	6.6	29
青森	10.0	2	福井	5.0	47	広島	6.1	35
岩手	7.4	18	山梨	6.5	30	山口	6.2	34
宮城	8.2	9	長野	5.9	39	徳島	8.9	5
秋田	7.5	17	岐阜	6.1	36	香川	7.4	19
山形	5.9	38	静岡	5.3	44	愛媛	7.9	11
福島	7.3	21	愛知	5.6	43	高知	9.4	4
茨城	7.2	23	三重	5.7	41	福岡	8.8	6
栃木	6.4	31	滋賀	5.8	40	佐賀	7.0	25
群馬	6.9	26	京都	7.7	14	長崎	7.8	16
埼玉	7.0	24	大阪	9.9	3	熊本	7.2	22
千葉	6.9	27	兵庫	7.8	12	大分	7.6	15
東京	6.7	28	奈良	8.5	7	宮崎	7.3	20
神奈川	6.4	32	和歌山	7.8	13	鹿児島	8.5	8
新潟	6.0	37	鳥取	6.4	33	沖縄	12.7	1
富山	5.3	45	島根	5.2	46	全国	7.2	**

■ [b2] 過労率

	実値	順位		実値	順位		実値	順位
北海道	16.5	1	石川	12.8	16	岡山	12.6	18
青森	10.4	40	福井	11.2	34	広島	13.2	10
岩手	11.0	36	山梨	12.3	21	山口	11.2	31
宮城	12.9	15	長野	13.1	14	徳島	9.4	44
秋田	9.2	46	岐阜	12.6	19	香川	12.1	23
山形	10.2	42	静岡	11.9	27	愛媛	11.1	35
福島	11.2	32	愛知	13.1	13	高知	9.1	47
茨城	11.2	33	三重	11.4	30	福岡	14.8	3
栃木	12.0	25	滋賀	13.2	11	佐賀	11.8	28
群馬	12.2	22	京都	13.9	6	長崎	12.0	26
埼玉	13.7	7	大阪	14.8	4	熊本	12.7	17
千葉	13.5	8	兵庫	13.2	12	大分	12.3	20
東京	15.4	2	奈良	13.3	9	宮崎	12.0	24
神奈川	14.3	5	和歌山	10.8	37	鹿児島	11.4	29
新潟	10.6	38	鳥取	10.3	41	沖縄	9.2	45
富山	10.6	39	島根	9.4	43	全国	13.2	**

■ [b3] 仕事の悩み

	実値	順位		実値	順位		実値	順位
北海道	29.2	13	石川	27.2	34	岡山	30.4	5
青森	26.6	40	福井	27.6	32	広島	28.6	18
岩手	28.5	21	山梨	27.8	29	山口	28.4	22
宮城	32.2	2	長野	30.2	7	徳島	28.1	26
秋田	31.0	3	岐阜	27.1	36	香川	27.8	31
山形	28.8	16	静岡	28.2	25	愛媛	29.4	11
福島	28.9	15	愛知	26.3	42	高知	26.8	38
茨城	25.4	45	三重	29.5	9	福岡	27.8	30
栃木	27.0	37	滋賀	26.7	39	佐賀	29.2	14
群馬	27.5	33	京都	30.3	6	長崎	28.1	27
埼玉	29.4	10	大阪	30.4	4	熊本	29.3	12
千葉	27.1	35	兵庫	28.5	20	大分	26.3	42
東京	32.4	1	奈良	28.6	19	宮崎	24.2	47
神奈川	28.0	28	和歌山	25.0	46	鹿児島	26.4	41
新潟	29.9	8	鳥取	28.4	24	沖縄	26.2	44
富山	28.8	16	島根	28.4	22	全国	28.8	**

■[c1] 短期居住率

	実値	順位		実値	順位		実値	順位
北海道	26.4	43	石川	29.1	31	岡山	26.9	41
青森	26.1	44	福井	28.0	35	広島	22.1	47
岩手	31.1	17	山梨	35.2	4	山口	31.2	14
宮城	28.4	34	長野	34.9	5	徳島	29.2	30
秋田	27.0	40	岐阜	31.0	18	香川	33.1	8
山形	27.7	37	静岡	29.6	27	愛媛	27.5	38
福島	26.4	42	愛知	31.0	19	高知	27.4	39
茨城	31.5	13	三重	30.8	20	福岡	30.0	23
栃木	29.9	25	滋賀	35.5	2	佐賀	31.1	16
群馬	31.9	11	京都	25.1	45	長崎	30.6	22
埼玉	35.5	3	大阪	29.4	29	熊本	29.8	26
千葉	36.1	1	兵庫	31.1	15	大分	28.6	32
東京	29.5	28	奈良	32.2	9	宮崎	31.8	12
神奈川	32.1	10	和歌山	25.1	46	鹿児島	33.9	7
新潟	28.4	33	鳥取	30.0	24	沖縄	30.7	21
富山	27.9	36	島根	34.6	6	全国	30.5	**

■[c2] 地域外就業率

	実値	順位		実値	順位		実値	順位
北海道	15.0	47	石川	33.6	25	岡山	28.1	33
青森	23.9	38	福井	37.4	19	広島	20.8	43
岩手	29.7	30	山梨	50.9	6	山口	24.6	37
宮城	31.7	28	長野	34.9	24	徳島	42.1	16
秋田	19.5	44	岐阜	48.1	8	香川	43.1	13
山形	33.1	27	静岡	29.4	31	愛媛	17.0	46
福島	28.4	32	愛知	42.9	15	高知	29.7	29
茨城	47.8	9	三重	41.9	17	福岡	35.5	22
栃木	43.0	14	滋賀	53.1	4	佐賀	41.8	18
群馬	45.3	12	京都	34.9	23	長崎	22.1	40
埼玉	65.4	2	大阪	50.7	7	熊本	33.3	26
千葉	63.1	3	兵庫	45.8	11	大分	19.4	45
東京	28.0	34	奈良	65.5	1	宮崎	27.6	35
神奈川	52.0	5	和歌山	35.8	21	鹿児島	21.6	41
新潟	22.5	39	鳥取	26.9	36	沖縄	46.3	10
富山	36.5	20	島根	21.4	42	全国	39.7	**

■ [c3] 生活環境の悩み

	実値	順位		実値	順位		実値	順位
北海道	5.6	16	石川	4.4	44	岡山	5.3	29
青森	4.9	37	福井	4.6	42	広島	6.1	6
岩手	6.6	3	山梨	5.2	35	山口	4.7	40
宮城	5.5	20	長野	4.7	41	徳島	5.6	15
秋田	5.3	27	岐阜	5.2	31	香川	5.2	33
山形	4.2	46	静岡	5.5	19	愛媛	6.5	4
福島	5.7	13	愛知	5.7	14	高知	4.9	38
茨城	4.6	43	三重	5.8	11	福岡	6.0	8
栃木	5.3	27	滋賀	5.6	17	佐賀	5.2	34
群馬	5.8	10	京都	5.5	22	長崎	5.5	23
埼玉	5.0	36	大阪	6.1	7	熊本	4.3	45
千葉	5.5	18	兵庫	6.5	5	大分	5.3	29
東京	7.5	1	奈良	5.4	24	宮崎	4.8	39
神奈川	6.7	2	和歌山	5.8	12	鹿児島	5.5	20
新潟	5.2	32	鳥取	6.0	9	沖縄	5.3	26
富山	4.2	46	島根	5.4	25	全国	5.8	**

[付論]
青年の状況の時代診断

自殺率に依拠して

1 長期的な視点による時代診断

　本書の冒頭で引用した毎日新聞の記事からうかがわれるように、今日の青年の状況は、総じて厳しいものである、という認識が広まっています。5頁にて提示した自殺者数のグラフをみても、最近の伸び率が最も大きいのは、30代であることが知られます。しかるに、たかだか最近10年間の数字だけをみて、「かつてないほど事態は深刻である」と判断を下すのは早計でありましょう。私は、年輩の人の話を聞くのが好きですが、「われわれの時代のほうが大変だった」、「昔に比べればいいほうだ」というような発言をよく聞きます。はて、昔と比べてどうなのか。昔といっても、人によってイメージするところは異なるかと思いますが、少なくとも、戦後の60年間くらいを見通す必要があるでしょう。ここでは、こうした長期的な視点から、現在の青年の状況を相対視してみようと思います[*1]。

　この問題に対して、私は、統計的なアプローチで迫ってみたいと思います。危機の度合いを測る何らかの統計指標を取り上げ、その長期的な時代推移をみる、というやり方です。その統計指標ですが、私が用いようと考えているのは自殺率です。自ら命を断つ者がどれほどいるかは、時代の危機兆候を示す格好のバロメーターといえましょう[*2]。また、わが国の自殺統計は非常に充実していて、かなり過去にまで遡って、細かい属性別に自殺率を計算することができる、という利点もあります。

　私は、1950年、1955年、1960年、1965年、1970年、1975年、1980年、1985年、1990年、1995年、2000年、2005年、そして直近の2008年について、

[*1]　　　主題は異なりますが、「格差・貧困論議には長期的な視野が欠けている」という問題意識から、戦後の日本の格差を詳細に跡づけた研究として、次のものがあります。橋本健二『格差の戦後史』河出書房新社、2009年。

[*2]　　　E・デュルケムが、自殺率を指標にして、19世紀の西欧社会の病理をえぐり出そうとしたことは、よく知られています。E・デュルケム（宮島喬訳）『自殺論』中公文庫、1985年。

男性の年齢層別自殺率を計算しました。自殺率は性差が大きいので、ここでは、率そのものが高く、また、社会状況の変化を鋭敏に反映すると考えられる男性の自殺率をみることにしています。なお、自殺率とは、自殺者数を人口で除した値です。分子の自殺者数は厚生労働省『人口動態統計』、分母の人口は総務省『国勢調査報告』から得ています。ただし、2008年の人口は、総務省『人口推計年報』による推計値を使っています。

右頁の上の表は、算出された自殺率（10万人あたり）の一覧です。観測期間中の最大値と最小値には、網かけをしています。まず、本書で問題にしている25〜34歳の青年層をみると、2008年の31.3という値は、史上最高というわけではありません。1955年と1960年において、これよりも高い値が観測されています。1955年では44.0と、今日よりも青年の自殺率がかなり高かったことが分かります。2000年以降の最近において、自殺率のピークを持っているのは、35〜64歳という、中高年層であるようです。

下の表は、観測期間中の最大値を5.0、最小値を1.0とした場合、各年の値がどうなるかを示したスコア値の一覧です。たとえば、青年層の場合、最大値が44.0、最小値が18.3ですから、スコア値をY、実値をXとすると、2つの点（18.3、1.0）と（44.0、5.0）を通る一次関数式$Y=0.156X-1.848$という関係式が得られます。2008年のスコア値は、この式によって、$(0.156×31.3)-1.848≒3.0$となります。このスコア値から、観測期間中の自殺率の分布幅（1.0〜5.0）において、各年の値がどのような位置にあるかが分かります。また、異なる年齢層の間で、自殺率の相対水準を同列に比較することも可能です。下のグラフは、このスコア値の推移を折れ線グラフで表わしたものです。

さて、表のスコア値をみると、2008年の青年層は3.0となっています。観測期間中の分布幅（1.0〜5.0）のちょうど中間であり、「普通」と判定されるところです。表では、3.5以上を「危険水域」とみなして網かけをしていますが、その分布をみると、35〜64歳の中高年層では、2000年以降の全ての値が「危険水域」と判定されています。2008年でみて、最もスコア値が高いのは、35〜44歳の4.7です。今日の中高年層は、戦後60年という長期的な視点からみても、危機兆候を呈している、と判定されます。しかるに、青年層は昔に比べれば安泰だ、何もしなくてもよい、ということではありません。冒頭でみたように、近年の自殺者数の伸び幅が最も大きいのは、まぎれもなく青年層です。今から5年後、10年後には、一気に過去最高水準の自殺率を記録するかもしれ

男性自殺率（10万人あたり）

	1950	1955	1960	1965	1970	1975	1980	1985	1990	1995	2000	2005	2008
15～24歳	30.1	59.7	40.6	15.2	13.9	19.6	16.5	13.0	9.1	11.1	15.6	17.4	19.7
25～34歳	30.4	44.0	33.7	20.7	20.0	25.4	25.0	23.3	18.3	19.8	26.1	31.3	31.3
35～44歳	23.1	23.9	18.5	15.5	17.7	25.8	28.9	30.3	21.4	23.8	34.4	40.1	38.0
45～54歳	35.5	34.5	27.1	22.1	20.0	26.6	33.2	49.2	32.0	35.8	54.4	56.7	49.7
55～64歳	60.6	50.7	43.5	36.8	32.1	32.9	32.3	41.0	32.5	39.0	65.6	57.0	53.8
65歳以上	99.7	85.1	70.9	62.7	58.4	57.2	50.9	53.5	46.4	38.0	46.9	42.3	42.0

男性自殺率スコア（最大値＝5.0、最少値＝1.0としたときの値）

	1950	1955	1960	1965	1970	1975	1980	1985	1990	1995	2000	2005	2008
15～24歳	2.7	5.0	3.5	1.5	1.4	1.8	1.6	1.3	1.0	1.2	1.5	1.7	1.8
25～34歳	2.9	5.0	3.4	1.4	1.3	2.1	2.0	1.8	1.0	1.2	2.2	3.0	3.0
35～44歳	2.2	2.4	1.5	1.0	1.4	2.7	3.2	3.4	2.0	2.3	4.1	5.0	4.7
45～54歳	2.7	2.6	1.8	1.2	1.0	1.7	2.4	4.2	2.3	2.7	4.7	5.0	4.2
55～64歳	4.4	3.2	2.4	1.6	1.0	1.1	1.0	2.1	1.1	1.8	5.0	4.0	3.6
65歳以上	5.0	4.1	3.1	2.6	2.3	2.2	1.8	2.0	1.5	1.0	1.6	1.3	1.3

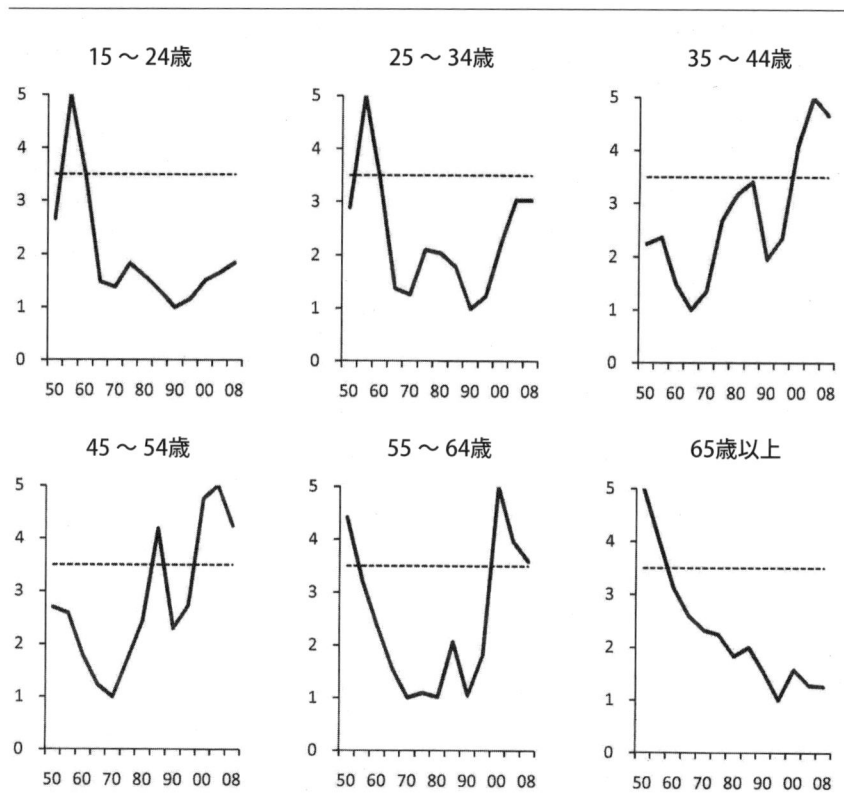

1 長期的な視点による時代診断

1950年・1955年

- 1950年
- ----- 1955年

1960年・1965年

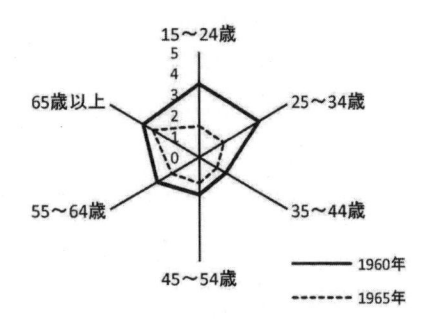

- 1960年
- ----- 1965年

1970年・1975年

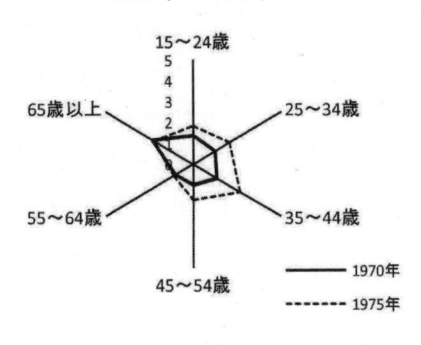

- 1970年
- ----- 1975年

1980年・1985年

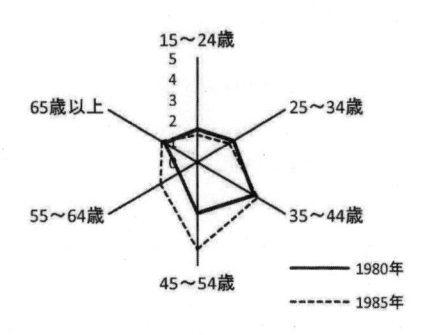

- 1980年
- ----- 1985年

1990年・1995年

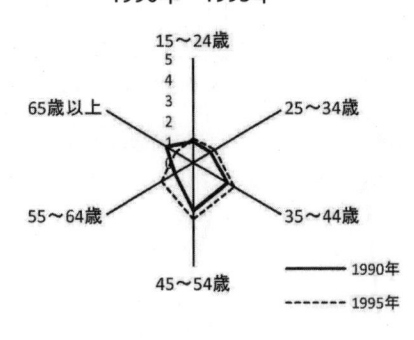

- 1990年
- ----- 1995年

2000年・2005年

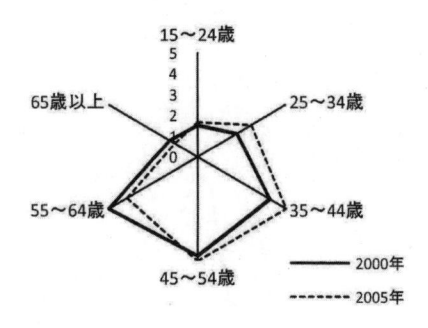

- 2000年
- ----- 2005年

2008年

15〜24歳
25〜34歳
35〜44歳
45〜54歳
55〜64歳
65歳以上
—— 2008年

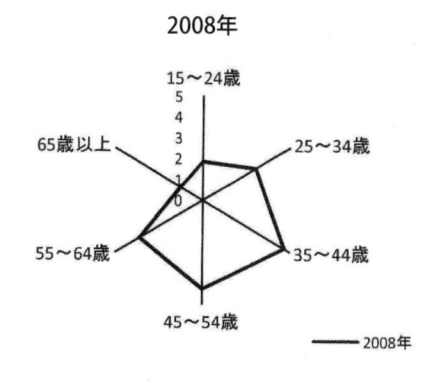

ません。必要な対策はなされるべきです。青年層の自殺率と関連が深い社会的諸要因については、後ほど検討します。

ところで、あと一つの表現上の工夫として、213頁のスコア値の表を、タテに読み込んだグラフを作ってみました。左頁の図がそれです。これらは、いってみれば、それぞれの年（時代）の断面図です。この図から、各年の様相を総合的に把握することができます。古い年から順にコメントしていきましょう。

ア）1950年・1955年：戦後間もない復興期にあたります。1950年は、社会保障制度の不備や、同居家族との葛藤などの原因から、高齢者の自殺率が高かったようです。ところが55年になると、様相が一変して、子どもや青年の危機兆候が目立ってきます。当時はまだ、戦前の旧制度と戦後の新制度が併存していた時代でしたが、この両者に引き裂かれる青年も多かったことでしょう。たとえば、自由な恋愛結婚を志向しつつも、旧来の「家の壁」に阻まれ、それが叶わず、無理心中に身を焦がす青年男女など[*3]。また、社会の激変期にあった当時は、急激な価値観の変化に戸惑い、厭世感に苛まれる純真な青年もいたことでしょう。

イ）1960年・1965年：高度経済成長期です。当時の活気を物語るかのように、全ての年齢層において、自殺率が大きく減じていきます。65年の断面をみると、65歳以上を除く全ての層のスコア値が2.0未満です。夢と希望にあふれた、幸福な時代であったのかもしれません。

ウ）1970年・1975年：74年のオイルショックを契機に、高度経済成長も一段落します。75年になると、これまでの傾向と反転して、青年層と壮年層の自殺率が微増します。

エ）1980年・1985年：低成長時代です。チャート図の面積が大きくなってきます。

オ）1990年・1995年：バブル経済末期、およびその余韻が漂う時期です。人々

[*3] ────岡崎文規「自殺の生態学」大原健士郎編『現代のエスプリ別冊・自殺学』至文堂、1975年、116頁を参照。

が浮かれていたためか、不気味にも、チャート図の面積が小さくなっています。

　カ）2000年・2005年：平成不況に突入。中高年の自殺率が激増し、図形の面積が拡大します。2005年になると、青年層の自殺率も上昇してきます。

　キ）2008年：変わらず、危機兆候が続いています。

　以上、戦後の各時代の断面図をみてきました。長期的な視野でみても、今日の状況は、穏やかなものであるとはいえないようです。はて、2010年、2015年の断面図はどうなるでしょうか。事態が悪化しないことを祈るばかりです。

2　自殺率の規定要因──時系列分析をもとに

　前節にて、各年齢層の自殺率の大まかな時系列曲線を明らかにしたのですが、この指標の推移は当然、さまざまな生活不安指標の推移と近似していることでしょう。たとえば、24頁に掲げたグラフをもう一度みていただきたいのですが、30代男性では、自殺率と展望不良の曲線は、気味が悪いほど似通っています。この節では、他の生活不安指標も取り上げて、自殺率の時系列曲線と最も近似しているものはどれかを明らかにしてみたいと思います。この作業は、自殺率の社会的規定要因を明らかにすることであり、ひいては、自殺率の将来予測の手がかりを与えてくれることでしょう。

　さて、自殺率と併行して増減すると考えられる生活不安指標としては、どのようなものが考えられるでしょうか。私はまず、生活基盤の動揺を表わす指標として、失業率と離婚率を取り上げることにしました。職場ないしは家庭という、重要な集団を喪失する者がどれほどいるかを表わす指標です。これらの増減は、自殺率のそれとかなり関連すると思われます。失業率は、完全失業者数を労働力人口で除した値（％）です。資料源は、総務省『労働力調査』です。離婚率は、離婚を届け出た者が人口に占める比率です*4。単位は一万人あたりです。分子の離婚者数は厚生労働省『人口動態統計』、分母の人口は総務省『人口推計年報』から得ています。

　次に取り上げるのは、生活不安意識の指標です。人々の生活不安の量を測るには、外的な指標だけでは不十分です。当人たちが、自らの生活についてどのように感じているかという、意識の側面も重要です。私は、人々の生活不安意

---

*4────離婚率は、有配偶人口をベースにして出すのが望ましいのですが、有配偶人口は、『国勢調査』の実施年しか分かりません。ここでは逐年の時系列データを分析するので、代替策として、人口をベースとした離婚率を出すことにしています。

識の量を測るにあたって、内閣府が毎年実施している『国民生活に関する世論調査』のデータを用いることにしました。この調査から、①「生活が去年の今頃と比べて低下している（苦しくなった）」と答えた者の比率（％）、②「生活程度が下」と答えた者の比率（％）、③「現在の生活に不満だ」と答えた者の比率（％）、④「生活が、これから先、悪くなっていく」と答えた者の比率（％）、の長期的な推移を知ることができます。以後、①を生活苦、②を下層意識、③を生活不満、そして④を展望不良と表記します。

私は、男性の各年齢層について、これらの生活不安指標の時系列的推移を明らかにしました。得ることができたのは、1983年から2008年までのおよそ4半世紀のデータです。ところで、これらの指標の時系列曲線を描くと、かなり凹凸が激しくなっています。何らかの突発的な事情からか、ある年の値が急激に高く（低く）なったりすることが多々あります。これでは、自殺率との大局的な関連を見誤る恐れが生じてきます。そこで私は、実値の推移ではなく、3年次の移動平均法で均した値の推移をみることにしました。この方法によると、ある指標Sのt年の値は、$(S_{t-1}+S_t+S_{t+1})／3$となります。たとえば、2000年の値は、1999年、2000年、そして2001年の値の平均値ということです。このような操作を施すことで、凹凸が激しい世論調査のデータの時系列曲線も滑らかになり、長期的な傾向を見出すのに適したものになります（下図）。

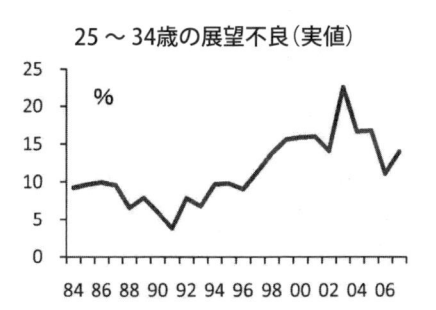

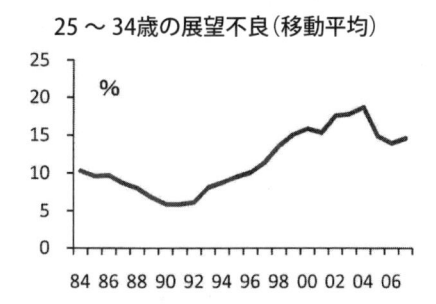

25～34歳の展望不良（実値）　　　25～34歳の展望不良（移動平均）

次頁以降では、男性の各年齢層について、自殺率と生活不安指標の時系列曲線（移動平均法で均したもの）を重ね合わせてみます。自殺率と近似している指標はどれかをみてください。なお、全ての年齢層において、グラフの目盛を揃えていますので、時系列的傾向が見出しにくい場合もあることを、あらかじめお断りしておきます。

ア）15〜24歳

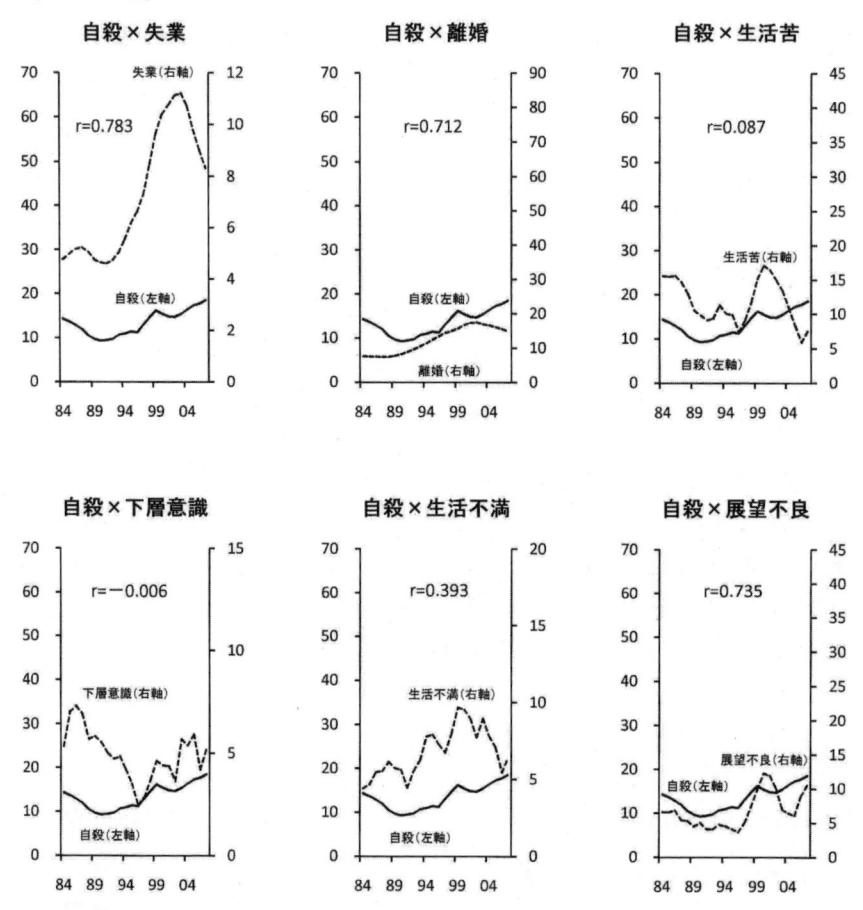

自殺×失業	自殺×離婚	自殺×生活苦
r=0.783	r=0.712	r=0.087

自殺×下層意識	自殺×生活不満	自殺×展望不良
r=−0.006	r=0.393	r=0.735

　若い順にみていきましょう。まずは、15〜24歳です。この層の場合、自殺率の水準は高くありませんので、目盛りを広くとったグラフでは、推移が読みにくいかもしれません。それはさておき、相関係数を頼りに、自殺率と生活不安指標の時系列的共変関係の強さを割り出してみると、失業率、離婚率、そして展望不良[*5]との関連が比較的強いようです。自殺率と最も強く関連しているのは失業率です。親の庇護下にある若者の場合、失業率と自殺率はあまり関連しないように思えますが、実際は、少なからず関連していることが分かります。

[*5]――――この年齢層については、世論調査の生活不安指標は、20〜24歳のデータを使っています。未成年は、調査の対象になっていないからです。

イ) 25～34歳

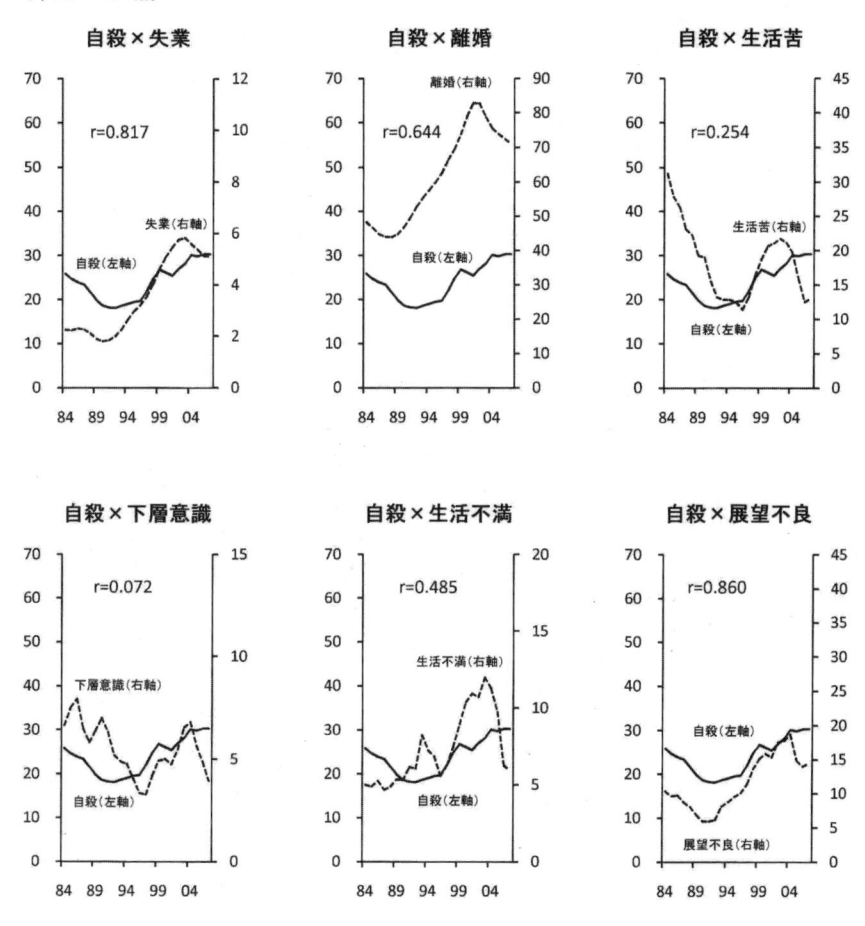

自殺×失業
r=0.817

自殺×離婚
r=0.644

自殺×生活苦
r=0.254

自殺×下層意識
r=0.072

自殺×生活不満
r=0.485

自殺×展望不良
r=0.860

　続いて、本書で問題にしている、25～34歳の青年層です。15～24歳に比して、自殺率と生活不安指標の時系列的共変関係が明瞭になっています。相関係数からいうと、自殺率と最も強い共変関係を持っているのは、展望不良です。将来を悲観的に考える者が増えるほど、自殺率も高まる。前途ある青年層についていうならば、実に分かりやすい構図です。しからば、劣悪な状況におかれようとも、将来展望が開けているならば、青年の自殺率は高まらない、ということが示唆されます。1960年代の高度経済成長期にかけて、青年層の自殺率は急降下するのですが、展望が開けていた当時の状況を反映している、といえるでしょう。青年層にとって、将来展望がいかに重要なものであるかがうかがわれます。

ウ) 35～44歳

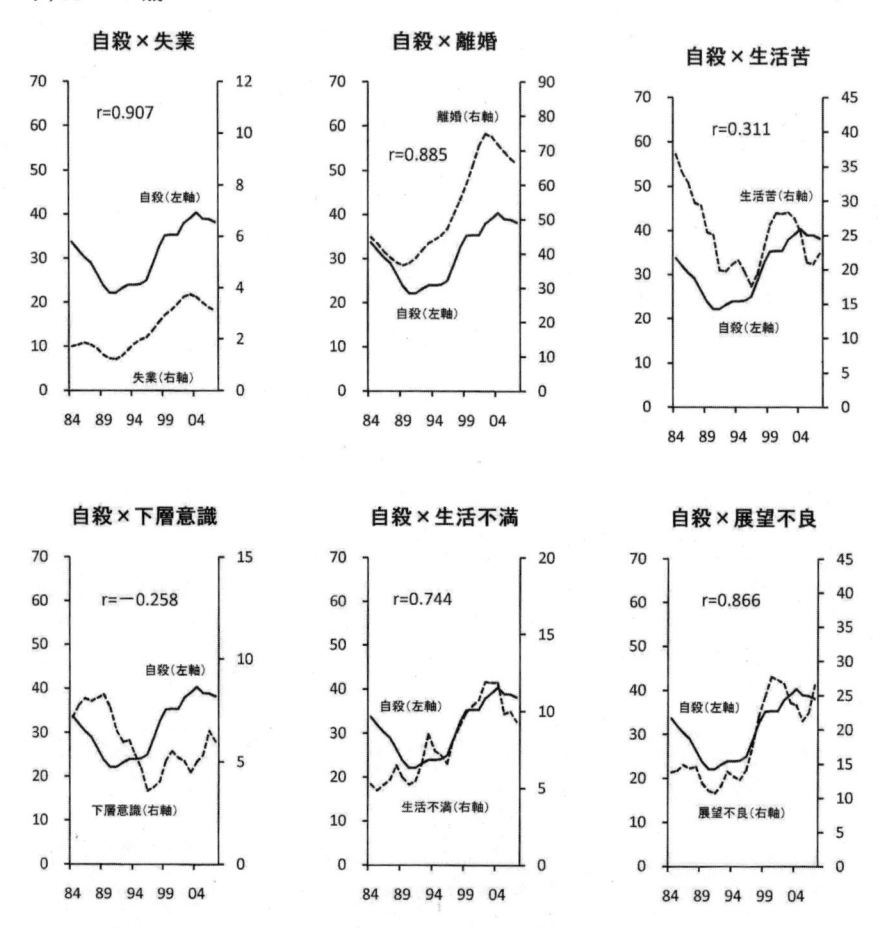

自殺×失業
r=0.907

自殺×離婚
r=0.885

自殺×生活苦
r=0.311

自殺×下層意識
r=−0.258

自殺×生活不満
r=0.744

自殺×展望不良
r=0.866

　前の年齢層に比して、自殺率の水準がまた一段と高くなります。そして、自殺率と失業率ないしは離婚率の時系列的共変関係が大変明確になってきます。失業率との相関係数は0.907、離婚率とのそれは0.885です。この年齢層の男性にとっては、職場や家族という集団が重要な意味を持っており、これらを剥奪されることが、彼らの生にいかに深刻な影響を与えるかが知られます。また、生活不満意識の量との関連も強くなってきます。15～24歳では0.393、25～34歳では0.485であった相関係数が、0.744と一気に高くなっています。この年齢層になると、生活不満の内容が、生の可否をも左右する、深刻なものになるのかもしれません。なお、青年層と同じく、展望不良との強い関連もみられます。

エ) 45〜54歳

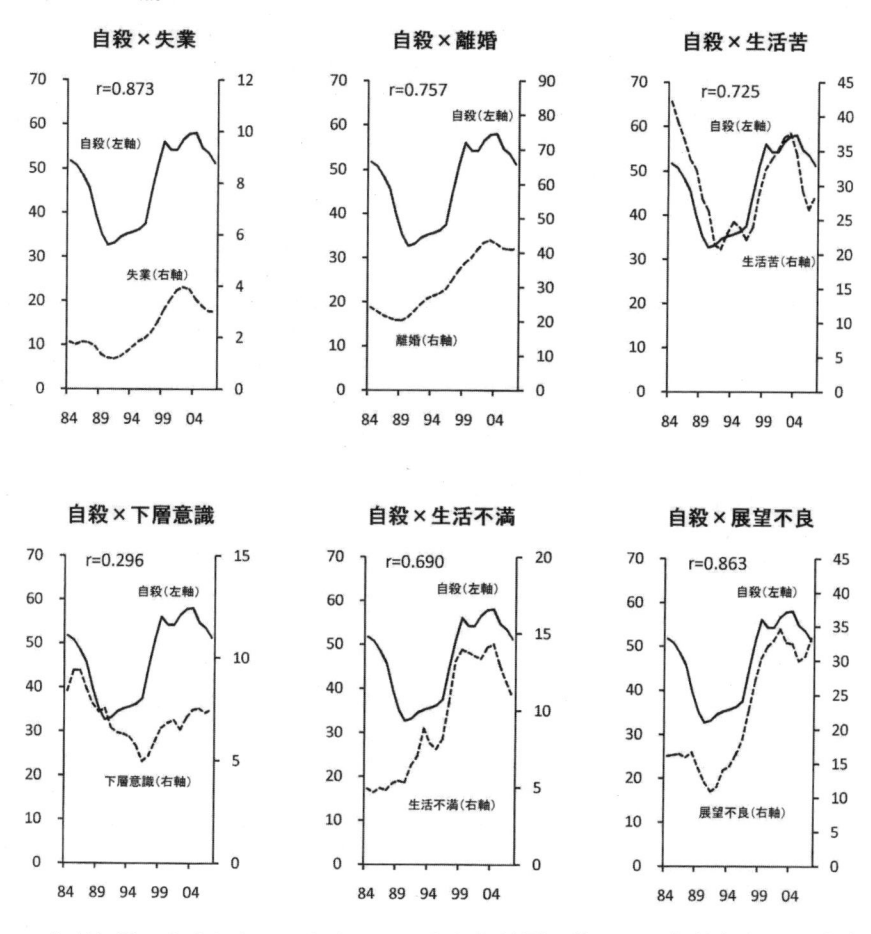

自殺×失業	自殺×離婚	自殺×生活苦
r=0.873	r=0.757	r=0.725

自殺×下層意識	自殺×生活不満	自殺×展望不良
r=0.296	r=0.690	r=0.863

　中高年層にきました。これまでみてきた年齢層に比して、自殺率のアップダウンが激しくなっています。平成不況に入った、90年代半ば以降の自殺率の増加傾向が明らかです。ここでも、自殺率は、失業率や離婚率と強く関連しています。失業率との相関係数は0.873、離婚率とのそれは0.757です。ところで、この年齢層になると、自殺率と生活苦の関連が鮮明になってきます。35〜44歳では、相関係数が0.311であったのが、0.725にまで急上昇しています。45〜54歳といえば、子どもや老親の扶養など、さまざまな社会的責任が最も重くのしかかる時期であると思います。それだけに、彼らが感じるところの生活苦は、自殺にも直結し得るほどの、深刻な内実のものであるのでしょう。

オ）55〜64歳

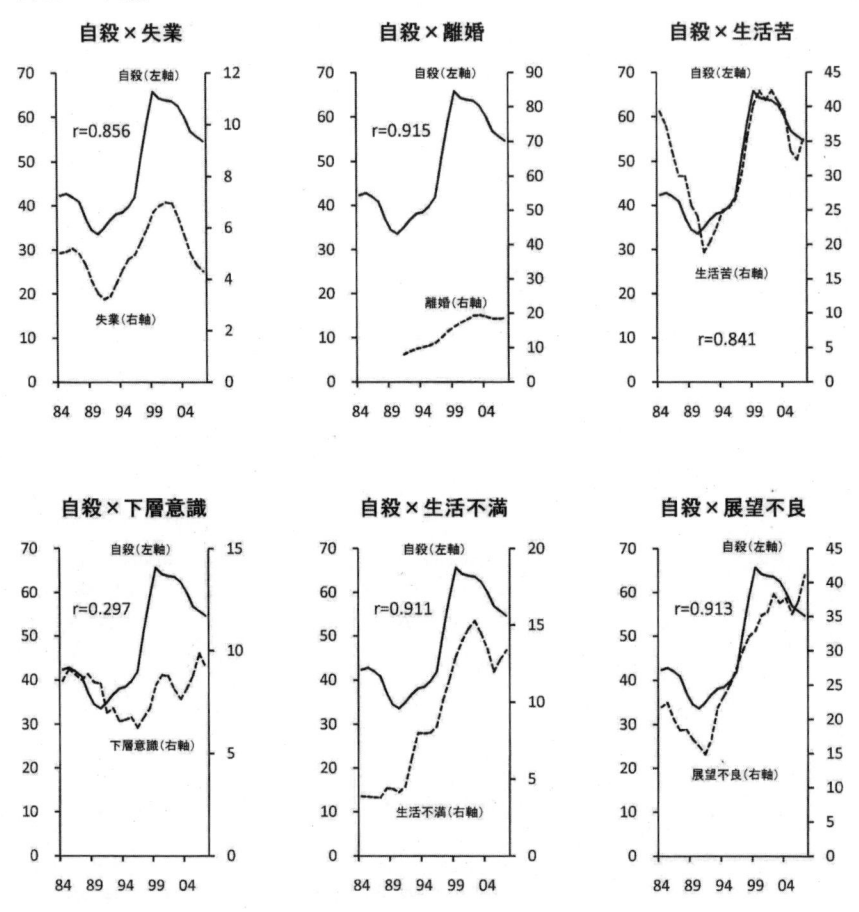

自殺×失業 r=0.856
自殺×離婚 r=0.915
自殺×生活苦 r=0.841

自殺×下層意識 r=0.297
自殺×生活不満 r=0.911
自殺×展望不良 r=0.913

　55〜64歳は、本書でみている年齢層の中で、最も自殺率が高い層です。90年代半ば以降、自殺率がうなぎ昇りに上昇しています（しかし、近年は低下の傾向にあります）。この層の自殺率は、社会状況の変化（悪化）を最も鋭敏に反映している、といえるでしょう。事実、6つの生活不安指標との相関関係をみると、5つの指標との相関係数が0.8を超えています[*6]。とくに注目されるのは、展望不良との強い相関関係です。老後の生活苦を悲観しての自殺も多いことと推察されます。

[*6]　離婚率は、1991年以降の移動平均値を使っています。1989年以前では、60代前半の離婚者数を知ることができないからです。よって、自殺率との相関係数は、1991年以降のデータから出したものです。

カ) 65歳以上

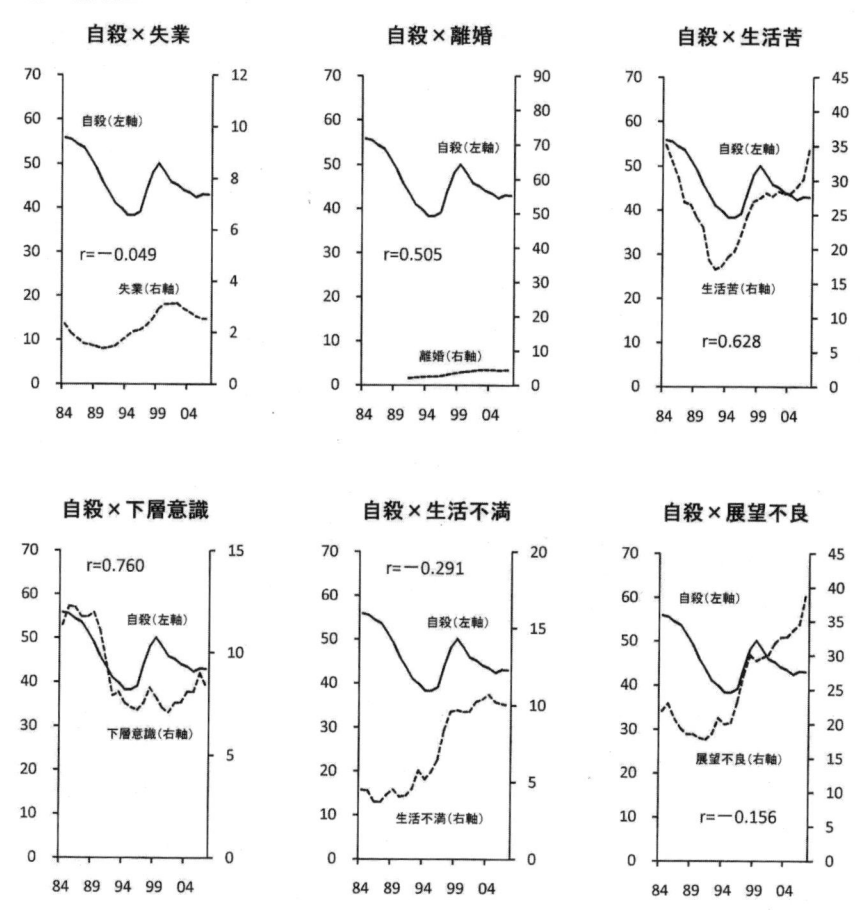

自殺×失業	自殺×離婚	自殺×生活苦
r=−0.049	r=0.505	r=0.628

自殺×下層意識	自殺×生活不満	自殺×展望不良
r=0.760	r=−0.291	r=−0.156

　最後に、65歳以上の高齢層です。高齢層の自殺率は波状に推移しています。さて、高齢層の自殺率は、他の年齢層に比して、自殺率と生活不安指標の関連は強くないようです。自殺率と失業率はほぼ無相関です。離婚率とは若干の正の相関があります。職を辞した高齢男性にとって、家族をも失うことは、痛手になるようです。あと一つ注目されるのは、自殺率と下層意識が強く関連していることです。これは、高齢層独自の傾向です。高齢層の場合、財産のある者と、もっぱら年金に依存せざるを得ない者というように、生活格差が大きいと思われます。相対的欠乏感（下層意識）を抱いた高齢層が、生活態度を不安定にし、自殺へと後押しされるのではないかと推察されます。

3 青年の自殺率の将来予測

　各年齢層の自殺率の時系列曲線は、生活不安指標のそれとかなり近似していることが分かりました。その関連性はあまりに明瞭で、後者が分かれば、前者をある程度正確に予測できるほどです。この節では、最後の一仕事として、これまでの経験則をもとに、25～34歳の青年男性の自殺率が将来どうなるかを予測してみようと思います。具体的には、自殺率と生活不安指標の関連を定式化し、それをもとに、将来の自殺率の予測値を出してみようという試みです。今後、青年の失業率や生活不安が高まったら、どういうことになるのか。占い師の予言に頼るのもいいですが、ここでは、数字に語ってもらうことにしましょう。

　219頁のグラフをもう一度みていただきたいのですが、青年の自殺率は、諸々の生活不安指標と強く関連しています。ここで、この関連性を定式化してみます。今、自殺率をY、失業率をX_1、離婚率をX_2、生活苦をX_3、下層意識をX_4、生活不満をX_5、展望不良をX_6、とすると、以下の関係式が得られます[7]。

$$Y = 3.61X_1 - 0.18X_2 + 0.03X_3 + 0.58X_4 - 0.89X_5 + 0.59X_6 + 17.97$$

　1983年から2007年までの24年間の自殺率[8]の実測値と、この式から出される予測値の推移を描いてみると、下図のようになります。両者がかなり重なっ

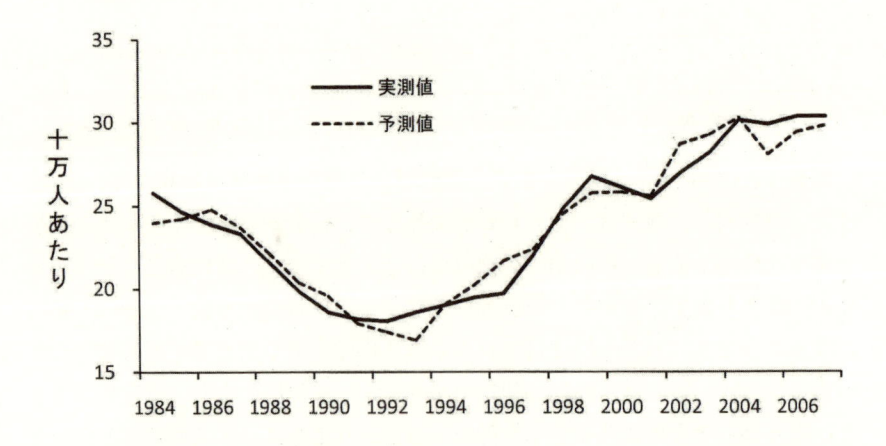

[7]　各要因（X_1～X_6）の係数は、重回帰分析という統計手法によって得られる、偏回帰係数です。上記の式のように、要因（X）を複数含む関係式のことを重回帰式といいます。皆さんがよくご存知のY＝aX＋bなどは、要因が一つしか含まれていないので、単回帰式といいます。

[8]　3年次の移動平均法で均した値です。

ていることが分かります。この予測式の精度（的中度）は、まずまずのものとみてよいでしょう。

それでは、この予測式を使って、青年男性の自殺率の将来推計をしてみます。そのためには、X_1〜X_6に入る値を確定しなければなりません。私は、以下のような表をもとに、2019年のX_1〜X_6の値を想定してみました。

	X_1	X_2	X_3	X_4	X_5	X_6
1997年	3.3	65.9	13.6	2.9	5.9	11.4
2008年	5.2	69.3	17.4	2.8	7.4	18.7
増加率	1.58	1.05	1.28	0.97	1.25	1.64
2019年	8.2	72.9	22.3	2.7	9.3	30.7

2019年の値は、2008年の値に、1997年から2008年までの増加率を乗じたものです。今後の12年間も、直近の過去12年間と同じペースで、青年の生活不安が増えるであろう、という仮定を置いています。いってみれば、最悪のシナリオです。こうして得られたX_1〜X_6の値を、先ほどの予測式に代入すると、2019年の自殺率の予測値は46.6と算出されます。1955年の44.0を上回る値です。

さて、あと一つ明らかにしてみたいのは、失業率が1％上がるごとに、自殺率はどれほど上がるかです。失業率は、政策的にある程度可変的であるだけに、政策担当者の方々は、この点に関心があることでしょう。過去の24年間のデータから、失業率（X_1）が1ポイント上がるごとに、離婚率（X_2）は8.7ポイント、生活不満（X_5）は1.3ポイント、そして展望不良（X_6）は2.5ポイント上昇し、生活苦（X_3）は0.4ポイント、下層意識（X_4）は0.2ポイント下降することが分かっています[*9]。

このような関係があることを仮定して、上表の2008年の値を起点にして、失業率が1％ずつ増えていった事態を想定してみましょう。失業率が、2008年

*9————たとえば、過去24年間の移動平均値のデータをもとに、離婚率と失業率の関係を一次式で定式化すると、$X_2=8.695X_1+30.94$となります。つまり、失業率が1ポイント上がるごとに、離婚率は8.7ポイント上がる、ということです。やや難しくいうと、失業率に対する離婚率の弾性値は8.7である、ということです。

3 青年の自殺率の将来予測

の値よりも1％上がって6.2％になった場合、離婚率は69.3＋8.7＝78.0、生活苦は17.4－0.4＝17.0、下層意識は2.8－0.2＝2.6、生活不満は7.4＋1.3＝8.7、展望不良は18.7＋2.5＝21.2、となります。同様にして、失業率が7.2％、8.2％、9.2％、そして10.2％にまでなった事態を想定すると、下の表のようになります。Yの自殺率は、X_1～X_6の値を先の予測式に代入して得られたものです。

Y	X_1	X_2	X_3	X_4	X_5	X_6
30.8	5.2	69.3	17.4	2.8	7.4	18.7
33.2	6.2	78.0	17.0	2.5	8.7	21.2
35.5	7.2	86.7	16.6	2.3	10.0	23.8
37.8	8.2	95.4	16.3	2.1	11.2	26.3
40.1	9.2	104.1	15.9	1.8	12.5	28.9
42.3	10.2	112.8	15.5	1.6	13.7	31.4

いかがでしょうか。この表によると、失業率が1ポイント上がるごとに、自殺率は2.2～2.4ポイント上がることが知られます。実数にすると、およそ200人の、前途ある青年男性の自殺者が出る計算になります[10]。他の年齢層について、同じ予測をすると、もっと恐ろしい数字が出ることが予想されますが、本書で問題にしているのは青年層ですので、分析はこれくらいにしておきます。

[10] 25～34歳の青年男性人口はおよそ8,500千人です。よって、この母数に、自殺率2.3（10万人あたり）を乗じて195.5、約200人という自殺者の実数が得られます。

あとがき

　私は、2008年7月、『47都道府県の子どもたち―あなたの県の子どもを診断する―』という本を武蔵野大学出版会から出しました。幸い、この本は、図書館関係に好評であったようで、私が在住している東京都では、53の公共図書館のうち、42館で導入されているようです（2010年3月時点）。他にも、ざっと調べましたところ、全国の多くの公共図書館の蔵書になっていることを知りました。感謝の念を抱くと同時に、自県の状況を全国的な視野から相対視してみたいという、関係者の方々の要望が少なからず存在するのだな、という実感を持ちました。本書は、この前著の続編に位置するものであります。それぞれ、子ども、青年という、異なる診断対象を据えておりますので、双方併せてご参照、ご活用いただけますと、ありがたく存じます。

　前著と同様、本書においても、もっぱら既存統計を駆使した分析を行いました。このような研究スタイルを私に教えて下さったのは、学部時代の指導教官の松本良夫先生です。本書の付論で展開した「時代診断」の発想などは、かつて行った、先生との共同研究に多くを負うています（松本良夫・舞田敏彦「20世紀各時期の生活安全度の測定」『武蔵野大学現代社会学部紀要』第5号、2004年など）。改めまして、先生にお礼申し上げます。また、大学院博士課程の指導教官を務めてくださいました、陣内靖彦先生に対し、感謝の意を表します。私のような不出来の学生を博士課程に入れてくださり、4年間もの間、博士学位論文完成までご指導くださいました。研究者としての出発点に立ったことの証である博士号を私に与えて下さったのは、陣内先生です。そのことに恥じぬよう、今後とも、精進して参ります。陣内先生は、今年の3月にて、東京学芸大学を定年退職されました。至らぬ学生でしたが、本当にお世話になりました。最後になりましたが、前著に引き続き、出版に関わる数々の労をとっていただいた、武蔵野大学出版会の芦田頼子氏に厚くお礼申し上げます。

　2010年6月

　　　　　　　　　　　　　　　　　　　　　　　　　舞田　敏彦

| 著者紹介 | 舞田 敏彦（まいた としひこ） |

生　年	1976年
学　歴	2005年3月、東京学芸大学大学院博士課程修了
学　位	博士（教育学）
現　職	武蔵野大学、杏林大学兼任講師
専　攻	教育社会学、社会病理学、社会統計学
主要業績	『47都道府県の子どもたち—あなたの県の子どもを診断する—』武蔵野大学出版会（2008年）、「成人の通学行動の社会的諸要因に関する実証的研究」『日本社会教育学会紀要』No.45（2009年）、「性別・年齢層別にみた自殺率と生活不安指標の時系列的関連」『武蔵野大学政治経済学部紀要』第1号（2009年）、「地域の社会経済特性による子どもの学力の推計」『教育社会学研究』第82集（2008年）、「子どもの長期欠席と地域社会の関連に関する基礎的実証研究」『現代の社会病理』第22号（2007年）

47都道府県の青年たち
わが県の明日を担う青年のすがた

発行日	2010年6月30日　初版第1刷
著者	舞田 敏彦
発行	武蔵野大学出版会
	〒202-8585 東京都西東京市新町1-1-20
	武蔵野大学構内
	Tel. 042-468-3003　Fax. 042-468-3004
印刷	モリモト印刷株式会社
装丁・本文デザイン	田中眞一

©Toshihiko Maita
2010 Printed in Japan
ISBN 978-4-903281-16-2

武蔵野大学出版会ホームページ
http://www.musashino-u.ac.jp/shuppan/